#BeWerbung

Thomas Frey

#BeWerbung

Wie Sie Ihren Traumjob suchen, finden und bekommen

Thomas Frey
Personalpotential | Thomas Frey
Mülheim, Deutschland

ISBN 978-3-662-62380-0   ISBN 978-3-662-62381-7 (eBook)
https://doi.org/10.1007/978-3-662-62381-7

Die Deutsche Nationalbibliothek verzeichnet diese Publikation in der Deutschen Nationalbibliografie; detaillierte bibliografische Daten sind im Internet über http://dnb.d-nb.de abrufbar.

Springer
© Der/die Herausgeber bzw. der/die Autor(en), exklusiv lizenziert durch Springer-Verlag GmbH, DE, ein Teil von Springer Nature 2020
Das Werk einschließlich aller seiner Teile ist urheberrechtlich geschützt. Jede Verwertung, die nicht ausdrücklich vom Urheberrechtsgesetz zugelassen ist, bedarf der vorherigen Zustimmung des Verlags. Das gilt insbesondere für Vervielfältigungen, Bearbeitungen, Übersetzungen, Mikroverfilmungen und die Einspeicherung und Verarbeitung in elektronischen Systemen.
Die Wiedergabe von allgemein beschreibenden Bezeichnungen, Marken, Unternehmensnamen etc. in diesem Werk bedeutet nicht, dass diese frei durch jedermann benutzt werden dürfen. Die Berechtigung zur Benutzung unterliegt, auch ohne gesonderten Hinweis hierzu, den Regeln des Markenrechts. Die Rechte des jeweiligen Zeicheninhabers sind zu beachten.
Der Verlag, die Autoren und die Herausgeber gehen davon aus, dass die Angaben und Informationen in diesem Werk zum Zeitpunkt der Veröffentlichung vollständig und korrekt sind. Weder der Verlag, noch die Autoren oder die Herausgeber übernehmen, ausdrücklich oder implizit, Gewähr für den Inhalt des Werkes, etwaige Fehler oder Äußerungen. Der Verlag bleibt im Hinblick auf geografische Zuordnungen und Gebietsbezeichnungen in veröffentlichten Karten und Institutionsadressen neutral.

Einbandabbildungen: Fred Fuchs, Köln
Springer ist ein Imprint der eingetragenen Gesellschaft Springer-Verlag GmbH, DE und ist ein Teil von Springer Nature.
Die Anschrift der Gesellschaft ist: Heidelberger Platz 3, 14197 Berlin, Germany

Vorwort

„… Als Vertriebsleiter habe ich umfangreiches Know-how in der Führung und Entwicklung von international agierenden Vertriebsteams aufgebaut. Mit der Verarbeitung und der anschließenden Realisierung von Wachstumsstrategien gelang es mir, neue Branchen, und Vertriebskanäle zu erschließen. Nationale und internationale Kunden habe ich als verantwortlicher Manager zu kontinuierlichem und nachhaltigem Umsatzwachstum geführt. Erfolgsfaktoren dafür waren stets das Gespür für Trends, die Entwicklung neuer Produktideen und deren Platzierung am Markt in Verbindung mit dem Abschluss langfristiger Lieferverträge. Design, Funktionalität und Qualität der Produkte waren mir dabei immer sehr wichtig. …"

„… Ich übernehme gerne Verantwortung und verfolge konsequent meine Ziele. Bei der Optimierung von Logistikprozessen und den damit verbundenen Organisationen habe ich stets die Effizienz und den Kundennutzen im Fokus. …"

„… In meinen Kernbranchen verfüge ich über ein exzellentes und gut gepflegtes Netzwerk, aber auch über gute Kontakte in anderen Industriezweigen. …"

„… Meine beruflichen Erfolge basieren auf unternehmerischer Gestaltungs- und Durchsetzungskraft, kollegialer Teamarbeit und einem motivierenden Führungsverhalten. Seitens meines Vorgesetzten fanden darüber hinaus mein Verhandlungsgeschick, meine zielstrebige und pragmatische Arbeitsweise sowie meine von hoher Identifikation mit den Unternehmenszielen geprägte Einsatz- und Leistungsbereitschaft wiederholt lobende Anerkennung. Ich bin deshalb überzeugt, auch in der von Ihnen zu besetzenden Vakanz viel Positives bewegen und einen nachhaltigen Beitrag zum weiteren Erfolg Ihres Kundenunternehmens leisten zu können. …"

„… Meine ausgeprägten Produktions- und Maschinenkenntnisse, gepaart mit einem fundierten Fachwissen über deren Anwendung und Umsetzung, kombiniert mit dem richtigen Einsatz von ERP-Systemen, förderten die Struktur und die Effizienz in den jeweiligen Unternehmen. …"

- Management komplexer Projekte und Führen der zugehörigen Auftrags- und Nachtragsverhandlungen
- Strategische Ausrichtung der Firma auf Wachstum durch Anpassung der Aufbau- und Ablauforganisation

- *Verringerung der monatlichen Volatilität in Auftragseingang und Umsatz durch Akquirieren von Seriengeschäft und Anpassungen in der Vertriebsstruktur*
- *Nachhaltige Erzielung von Kosteneinsparungen durch Einsatz von Investitionsstrategien und Produktionsverlagerungen*
- *Nachhaltige Verbesserung der Wettbewerbssituation durch strategischen Eintritt in neue Wachstumsmärkte, mit erheblichen Kostenvorteilen*
- *Entwicklung und Umsetzung von technischen, kaufmännischen, vertrieblichen und einkaufsbezogenen Konzepten*
- *Hohe technische und betriebswirtschaftliche Sachkompetenz mit ausgeprägter Hands-on-Mentalität, stark in der Organisation*
- *Breiter internationaler und nationaler Erfahrungshintergrund*
- *Internationales Projektmanagement, langjährige Führungserfahrung*
- *Dynamische kunden- und ergebnisorientierte Führungskraft*
- *Ausgeprägte unternehmerische Fähigkeiten*
- *Technisches Verständnis, ausgeprägtes analytisches Denken, lösungsorientiert, kundenorientiert, proaktiv und engagiert*

FRAGE: Wer wird aus diesen Informationen schlau?
Welche konkreten Informationen werden transportiert? Aus meiner Sicht sind hier wohlklingende Sätze vorhanden, jedoch wird keine einzige griffige Aussage mitgeteilt.

Oft, sehr oft, erhalte ich Bewerbungen, die mit solch (wohlklingenden Sätzen) gefüllt sind. Ich erinnere mich dann gerne an meine Zeit als Sachbearbeiter zurück, wenn mir mein damaliger Vorgesetzter (in den 90er-Jahren) einige meiner Stellungnahmen und Berichte quasi „um die Ohren gehauen hat", wenn ich zu viel „Schwafelei" in meinen Texten eingebaut hatte. Seinerzeit habe ich in der Zeitwirtschaft eines Möbelproduzenten gearbeitet und zum Beispiel Stellungnahmen zu Arbeitsabläufen verfasst.

Als mir dann schließlich als Vorgesetzter in den 00er-Jahren durch diverse Mitarbeiter Informationen in Form von Berichten oder Stellungnahmen übermittelt wurden, habe ich auch diesen häufig mitgeteilt, dass kurze, knappe und aussagekräftige Informationen zu übermitteln seien und mir meine Zeit nicht durch das Forschen nach wesentlichen Inhalten in Berichten gestohlen werden solle. Aber dazu später mehr ...

Immer wieder stoße ich auf Kommunikation, welche nicht zielführend und präzise ist. Wir leben in einer Zeit, in welcher zwei Ressourcen in der zwischenmenschlichen Verständigung ungemein knapp sind:

- Ungeteilte Aufmerksamkeit
- Zeit

Ungeteilte Aufmerksamkeit bedeutet, dass mir jemand seine Zeit schenkt und während dieser Zeit mit allen Sinnen bei mir ist und sich auf das konzentriert, was ich an Inhalt transportiere, ohne beispielsweise nebenbei auf dem Handy zu *daddeln*.

Zeit bedeutet, dass mir jemand seine knappe Zeit zur Verfügung stellt, daher fühle ich mich dazu verpflichtet, diesem Menschen seine wertvolle Zeit nicht mit unwesentlichen Infos zu stehlen.

Auch vor diesem Hintergrund ist es mehr denn je notwendig, zielgerichtet und mit Verstand zu kommunizieren, auf allen Kanälen, mit allen Sinnen: **omnichannel.**

Ich habe hier ganz bewusst diesen Einstieg gewählt, weil ich mit diesem Buch Informationen, nein, griffige Informationen mitgeben möchte, auf den Punkt kommend, ohne *„Bullshitbingolaberrhabarber"* und vor allem, ich möchte dem geneigten Leser nicht die Zeit stehlen!

Denn gerade im Bewerbungsprozess ist Kommunikation, genauer ausgedrückt, GEZIELTE Kommunikation enorm wichtig. Und Kommunikation fängt bereits mit dem Lesen und somit dem Verstehen von Stellenanzeigen an und setzt sich fort, bis zum erfolgreichen Bestehen der Probezeit.

In Kap. 1 möchte ich zunächst darlegen, wie wichtig es ist, sich selbst zu kennen und dadurch zu erkennen, welche Arbeit, welcher Job, welche Aufgabeninhalte und welche Arbeitsumgebungen zu einem passen.

Daher möchte ich Sie mitnehmen auf eine Reise, sich selbst besser zu verstehen und dabei die unterschiedlichen Facetten Ihrer Persönlichkeit kennenzulernen. In diesem Kapitel möchte ich Sie weiterhin vorbereiten, und Ihnen helfen, durch die gewonnenen Erkenntnisse die wichtigen Schlüsselwörter (Keywords) für den weiteren erfolgreichen Bewerbungsprozess zu ermitteln.

In Kap. 2 bekommen Sie einen „Kompass" an die Hand, um eine erfolgreiche Suche und Findung von passenden Vakanzen im Dschungel des Internets zu gewährleisten.

Früher, zu meiner Zeit in den 90er-Jahren, war die Suche nach einer passenden Stelle eigentlich einfacher. Warum? Ich musste nur die Zeitung lesen oder ggf. mehrere Zeitungen (Samstagsausgaben) abonnieren, und schon war ich über den Stellenmarkt informiert. Ich kann mich noch gut an die großen Anzeigen mit dem schwarzen großen Telefonhörer erinnern … einige von Ihnen sicherlich auch.

Heute, im dichten Netz der Vielfältigkeit via Mobile, Apps, Videokanal, Instant-Messaging, Stellenbörsen, Jobmessen, Zeitungen (immer weniger), Suchmaschinen, soziale Netzwerke, ist der Dschungel an Informationen fast schon undurchsichtig geworden.

Kap. 3 liefert Hinweise, wie Sie sich am Telefon, via Video oder natürlich auch ganz persönlich präsentieren. Auch die aktuelle Pandemie (Covid-19) wird nicht verhindern, dass künftig das persönliche Gespräch (zumindest bei einigen Jobs) nicht wegzudenken sein wird. Zudem möchte ich Sie sensibilisieren, auf die Signale der Kommunikation Ihrer Gesprächspartner zu achten. Denn gerade hier ist ein sensibles Auge sehr wichtig. Ich möchte Ihnen deutlich machen, wie Sie teilweise gescannt und analysiert werden können. Daher liegt in diesem Kapitel der Schwerpunkt auf „sichtbarer" Kommunikation.

Das Kap. 4 bezieht sich auf die rechtlichen Aspekte des Bewerbungsprozesses. So haben beispielsweise das AGG (Allgemeine Gleichbehandlungsgesetz) und die DSGVO (Datenschutz-Grundverordnung) zu einer Veränderung der Kommunikation im Bewerbungsprozess geführt. Ein weiterer Aspekt in diesem Kapitel behandelt den Arbeitsvertrag mit den entsprechenden Formulierungen (eben auch die Kommunikation).

In Kap. 5 gehe ich mit Ihnen die ersten Tage im neuen Unternehmen durch und möchte auch hier die Bedeutsamkeit einer guten Kommunikation darlegen.

Kap. 6 rundet das Buch ab und bringt Sie wieder zurück auf Start, nämlich zu Kap. 1.

Genug des Vorwortes, fangen wir an …

Noch ein kleiner (aber sehr wichtiger) Hinweis: Um Ihnen den Lesefluss zu erleichtern, wird in diesem Buch auf die gleichzeitige Verwendung weiblicher und männlicher Sprachformen verzichtet und das generische Maskulinum verwendet. Sämtliche Personenbezeichnungen gelten gleichermaßen für beide Geschlechter.

Mülheim, Deutschland   Thomas Frey

Danksagung

An dieser Stelle möchte ich mich bei einigen Menschen bedanken, welche mir durch ihr Wirken ein Vorbild waren und daher für meinen beruflichen Werdegang einen maßgeblichen Beitrag geleistet haben.

Alfred Mußmann war in den 90er-Jahren Betriebsleiter bei Welle Möbel. Als ich junger Sachbearbeiter bei diesem Möbelhersteller war, hat mir Herr Mußmann durch die Art und Weise seiner damaligen Personalführung mitgegeben, dass Respekt und wertschätzender Umgang mit Mitarbeitern unglaublich wichtig sind. Ein Spruch von ihm werde ich niemals vergessen: Ein Kapitän ohne Mannschaft ist kein Kapitän.

Hartmut Romfeld war in den 00er-Jahren mein Vorgesetzter bei der Wella AG/Procter & Gamble. Herr Romfeld hat mir durch sein Vorleben in schwierigen Situationen mitgegeben, dass eine strategische Vorgehensweise und die damit verbundene Art der Präsentation von Arbeitsergebnissen entscheidend für einen ganzen Unternehmensbereich sein können. Durch ihn habe ich auch den Wert der Diplomatie mit anderen Augen gesehen. Vor allem hat mich ein Spruch beeinflusst: Tue Gutes und sprich darüber.

Raimund Loch war in den 00er-Jahren mein Personalreferent bei der Wella AG/Procter & Gamble. Mit seinen Fachkenntnissen im Arbeitsrecht und seiner Art des würdevollen Umgangs mit Menschen war Raimund mir oft ein Vorbild.

Und natürlich möchte ich mich bei den Menschen bedanken, welche für dieses Buch einen wichtigen Beitrag geleistet haben:

Meine Frau **Beate** hat mit sehr viel Geduld in diesem Buch ganz viele Rechtschreibfehla gefunden. Zudem hat sie einige komplexe Satzkonstruktionen in einfache verständliche Sätze verwandelt.

Frau **Mareike Teichmann**, meine Lektorin von Springer Gabler, war mir eine wertvolle Ratgeberin, gab mir sehr viel Unterstützung und hat mit ihren wertvollen Hinweisen sehr zum Gelingen dieses Buches beigetragen. Dank Frau Teichmann sind einige Erklärungen griffiger geworden, die letzten Kommafehler wurden aufgedeckt, und einige Hintergründe zu bestimmten Themen wurden durch ihre Hinweise gut ergänzt und somit besser erklärt.

Und zum Schluss gilt mein Dank den Verantwortlichen vom Springer Verlag, welche den Mut haben, dieses Buch zu veröffentlichen.

Inhaltsverzeichnis

1	**Welche Arbeit passt zu mir?**	**1**
1.1	Die logischen Ebenen – oder wie ordne ich mich selbst ein?	6
1.2	Arbeitsstil	18
1.3	Kompetenzen	24
	1.3.1 Fachkompetenz	26
	1.3.2 Methodenkompetenz	29
	1.3.3 Soziale Kompetenz	31
	1.3.4 Persönliche Kompetenz	34
	1.3.5 Kompetenzfalle	37
1.4	Die eigene persönliche Ausstattung	41
1.5	Manager oder Leader?	46
1.6	Berufsbilder	51
1.7	Bewusstes berufliches Ziel festlegen	54
	Literatur	58
2	**Wie finde ich die passende Arbeit?**	**59**
2.1	Kommunikation/Darstellung in sozialen Netzwerken	63
	2.1.1 Kurze Vorstellung der Social-Media-Plattformen	63
	2.1.2 Das eigene Video	71
	2.1.3 Suchmaschinenrecruiting	76

	2.1.4 Profile in sozialen Netzwerken	83
2.2	Die eigene Website	91
2.3	Die passende Arbeit suchen	94
	2.3.1 Die Kontaktaufnahme durch einen Recruiter/ Personalberater (Sucher)	94
	2.3.2 Die Stellenanzeige	98
	2.3.3 Die Initiativbewerbung	103
	2.3.4 Die Kontaktaufnahme zu einem Personalberater/ Headhunter	105
	2.3.5 Die Jobsuche via soziale Netzwerke wie XING, LinkedIn & Co.	109
	2.3.6 Der Besuch von Jobmessen/Karrieretagen	113
2.4	Die Bewerbungsunterlagen	115
	2.4.1 Das Anschreiben	115
	2.4.2 Der Lebenslauf	119
	2.4.3 Projektprofil	122
	2.4.4 Tätigkeitsprofil	124
	2.4.5 Das Portfolio	125
	2.4.6 Die Arbeitgeberzeugnisse	126
	2.4.7 Die Schul- und Ausbildungszeugnisse	129
	2.4.8 Das Bewerbungsfoto	129
	2.4.9 Bescheinigungen	131
	2.4.10 Die Zusammenfassung der Unterlagen (Datenformat)	131
	2.4.11 Der Versand	135
Literatur		140

3	**Die passende Arbeit bekommen**	**143**
3.1	Das Vorstellungsgespräch vorbereiten	145
3.2	Das Vorstellungsgespräch	146
	3.2.1 Das Vorstellungsgespräch via Telefon	147
	3.2.2 Videorecruiting via App – das Stand-Alone-Videointerview	148
	3.2.3 Das Videointerview	149
	3.2.4 Das persönliche Interview	152

	3.2.5 Die Wahrnehmung im Gespräch	155
	3.2.6 Typische Interviewfragen	173
3.3	Analyseverfahren	179
Literatur		183

4 Vertragliches und Rechtliches — 185
- 4.1 Der Arbeitsvertrag — 187
  - 4.1.1 Das Gehalt — 187
  - 4.1.2 Weitere Arbeitgeberleistungen — 192
  - 4.1.3 Arbeitszeiten und Erreichbarkeit — 192
  - 4.1.4 Der Aufgabenbereich — 193
- 4.2 Das Allgemeine Gleichbehandlungsgesetz (AGG) — 195
- 4.3 Die Datenschutz-Grundverordnung (DSGVO) — 198
- Literatur — 200

5 Ziel erreicht: die ersten Tage … — 203

6 Zum Ende — 209

Über den Autor

Thomas Frey erwarb sich sein Expertenwissen während seiner langjährigen Tätigkeit als Führungskraft in unterschiedlichen Positionen. So war er als Betriebsleiter und Personalleiter tätig, bis er schließlich als Verantwortlicher für Produktion & Logistik von Friseureinrichtungen bei Wella/Procter & Gamble tätig war. Als angesehene Führungskraft hatte er nicht nur globale Verantwortung, sondern war auch für diverse Projekte verantwortlich, wie die Implementierung eines ERP-Systems oder die erfolgreiche Installation einer globalen Plattform für den Bereich Customer Service.

Im Jahre 2011 gründete Thomas Frey die Personalberatung „Personalpotential". Thomas Frey unterstützt als Personalberater diverse Unternehmen aus den Bereichen Produktion, Bauindustrie und Handel dabei, Fach- und Führungskräfte zu gewinnen.

In Seminaren und Vorträgen vermittelt Frey gelebtes Experten-Know-how mit dem Schwerpunkt wertgerechte und BEWUSSTE Kommunikation.

Weiterhin begleitet Thomas Frey durch ein lösungs- und zielorientiertes Coaching Menschen im beruflichen Kontext. Dabei bildet die individuelle Förderung der Selbstreflexion und die damit verbundene selbstgesteuerte Verbesserung der Wahrnehmung des Erlebens und des Verhaltens den Schwerpunkt.

Weiterhin ist Thomas Frey als Autor aktiv. Seit 2016 wurden zahlreiche seiner Artikel zu den Themen Personal und Digitalisierung veröffentlicht. Sein erstes Buch erschien im Jahr 2018.

Abbildungsverzeichnis

Abb. 1.1	Pyramide der logischen Ebenen nach Robert B. Dilts. © grafische Gestaltung: Thomas Frey 2021. All Rights Reserved	7
Abb. 1.2	Einordnung in die logischen Ebenen. © Thomas Frey 2021. All Rights Reserved	14
Abb. 1.3	Ausrichtung der verschiedenen Arbeitsstile. © grafische Gestaltung: Thomas Frey 2021. All Rights Reserved	23
Abb. 1.4	Kreislauf der Kompetenzen. © grafische Gestaltung: Thomas Frey 2021. All Rights Reserved	25
Abb. 1.5	Die Kompetenzfalle. © grafische Gestaltung: Thomas Frey 2021. All Rights Reserved	38
Abb. 1.6	Das eigene persönliche Format bestimmen. © Thomas Frey 2021. All Rights Reserved	57
Abb. 2.1	Bewerbungsquellen. © Thomas Frey 2021. All Rights Reserved	62
Abb. 2.2	Bewerbungen prüfen. © Thomas Frey 2021. All Rights Reserved	116
Abb. 2.3	Muster Bewerbungsfoto. © Thomas Frey 2021. All Rights Reserved	130
Abb. 2.4	PDF-Dateien zusammenfassen – unsortiert. © Thomas Frey 2021. All Rights Reserved	133
Abb. 2.5	PDF-Dateien zusammenfassen – manuell sortiert. © Thomas Frey 2021. All Rights Reserved	134

Abb. 2.6	PDF-Dateien zusammenfassen – optimierte Vorgehensweise, automatisch sortiert. © Thomas Frey 2021. All Rights Reserved	134
Abb. 3.1	Der Hintergrund als Hintergrund. © Thomas Frey 2021. All Rights Reserved	151
Abb. 3.2	Fingerstellung im Selbstcoaching. © Thomas Frey 2021. All Rights Reserved	154
Abb. 3.3	Wahrnehmungskanäle – Informationsfluss. © Thomas Frey 2021. All Rights Reserved	158
Abb. 3.4	Wahrnehmungskanäle – Informationsfilter. © Thomas Frey 2021. All Rights Reserved	159
Abb. 3.5	Die passende Sitzordnung. © Thomas Frey 2021. All Rights Reserved	169

Tabellenverzeichnis

Tab. 1.1	Liste gängiger Werte im beruflichen Kontext	16
Tab. 1.2	Checkliste Werte	17
Tab. 1.3	Arbeitsstile und deren Einordnung	24
Tab. 1.4	Der persönliche Kompetenzcheck	40
Tab. 1.5	Zusammenfassung der persönlichen Ausstattung	41
Tab. 2.1	Auszug der Datenschutzeinstellungen bei YouTube (Google Support o. J.)	70
Tab. 2.2	Plattformen im Vergleich	72
Tab. 2.3	Boolesche Begriffe und deren Bedeutung	79
Tab. 2.4	Suchfilter und Einstellungen sozialer Netzwerke (Beispiel)	84
Tab. 2.5	Beispiel der Festlegung von Fähigkeiten und Kenntnissen im sozialen Netzwerk	88
Tab. 2.6	Deutung von Inhalten einer Stellenanzeige	100
Tab. 2.7	Aufbau von Stellenanzeigen	101
Tab. 2.8	Auswahl gängiger Jobbörsen 2020	102
Tab. 2.9	Gängige Job-Apps in Deutschland (siehe auch Talention o. J.; Die Bewerbungsschreiber o. J.)	111
Tab. 2.10	Personalmessen – Stand 2020	114
Tab. 2.11	Tabelle Zeugnissprache im Vergleich	128
Tab. 3.1	Sprachmuster im Vorstellungsgespräch	170

1

Welche Arbeit passt zu mir?

Zusammenfassung Wer eine neue Stelle sucht, sollte zuerst sich selbst kennen. Denn nur der, der sich selbst kennt, weiß auch, welche Stellen wirklich passen. Arbeit besteht aus vielen Komponenten, dazu zählen die Umgebung, Verantwortung und Kompetenzen, Menschen mit denen man sich beruflich justieren muss, und ganz wichtig, was bereitet einem Freude und was nervt.

Dieses Kapitel bietet die Möglichkeit, sich selbst besser kennenzulernen, sich zu hinterfragen, und das nicht nur in Bezug auf die Kompetenzen, sondern auch in Bezug auf das, was einem im beruflichen Alltag wichtig ist und Freude bereitet. Auch das Thema Führung muss bei einem Wechsel hinterfragt werden und für sich neu definiert sein. Dieses Kapitel ist somit die wesentliche Grundlage dafür, den für sich passenden Beruf zu finden.

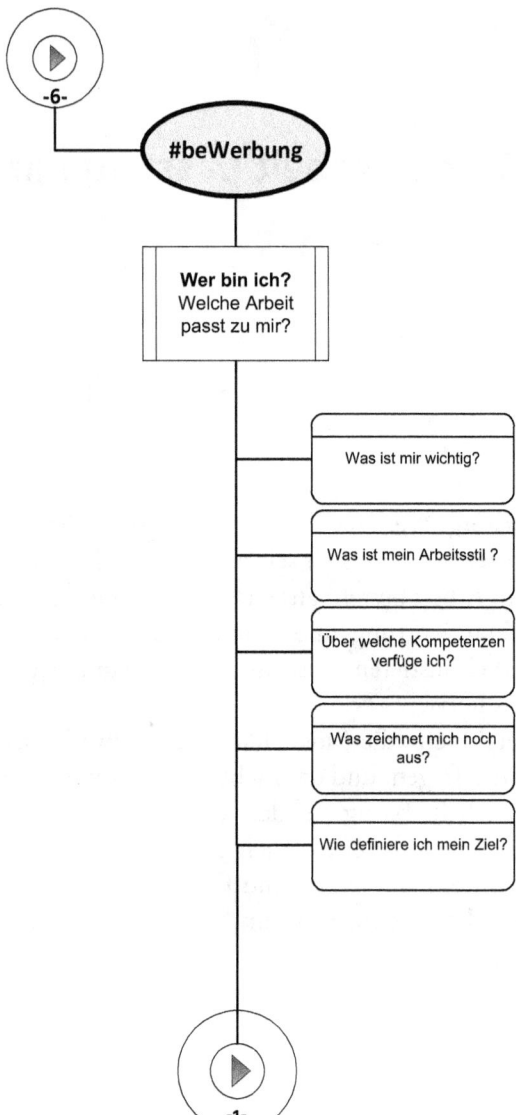

Um diese Frage für sich **selbst** beantworten zu können ist es notwendig, sich **selbst** zu analysieren und sich über sich selbst BEWUSST zu sein. Das fängt mit einfachen Themen an, wie:

- Bin ich gerne an einem Ort oder lieber unterwegs?
- Höre ich gerne zu oder bin ich mehr der Sprecher?
- Bin ich detailverliebt oder mehr oberflächlich veranlagt?
- Zählt für mich der Gesamtzusammenhang oder nur das Ergebnis?
- Bin ich gern alleine und schätze die Abgeschiedenheit oder bin ich der teamorientierte Mitstreiter?

Diese Fragen sollten sich im Übrigen sowohl Berufseinsteiger als auch langjährig beruflich erfahrene Menschen beantworten.

Hinzu kommt, dass sich die Arbeitswelt in einem enormen Wandel befindet.

Neben der aktuellen Pandemie (Covid-19/Corona) ist das derzeit beherrschende Thema sicherlich die digitale Transformation. Die ist ohne Frage nach wie vor ein branchenübergreifendes Topthema. Und dieses erstreckt sich schon lange nicht mehr nur auf die „IT-Berufe", sondern geht längst durch alle Sparten und Arbeitsfelder. Digitale Transformation bedeutet ganz einfach, dass bestimmte Geschäftsprozesse aus der uns umgebenden analogen Welt in eine digitale neue Form gebracht werden.

Beispiel Handwerk: Denken Sie einmal an fachlich versierte Handwerksmeister, die mittlerweile gar keine eigene feste Werkstatt mehr haben, aber trotzdem eine breite Palette an Dienstleistungen anbieten. Der Besuch auf der Website eines Installateurs reicht doch beispielsweise heute für die Information zu seinen Leistungen und zur Terminvereinbarung längst aus. Geschäftsräume für Laufkundschaft? Purer Luxus.

Beispiel Handel: Gerade erst haben die ersten Handelsketten das Thema ESL als Abkürzung für „electronic shelf labeling", also die Waren- und Preisauszeichnung auf digitalem Wege – Sie kennen das vielleicht schon aus der Metro – für sich entdeckt. Und schon kommt, dank des Themas VR, also der Virtuellen Realität, ein großes, weiteres Betätigungsfeld auf die Händler zu. VR ist eine Technik, die sogar das Einkaufen vor Ort, so wie wir es derzeit noch kennen, in Teilen überflüssig machen könnte. Stellen Sie sich mal vor, Sie gehen auf dem Sofa mit dem Handy und der VR-Brille auf dem Kopf durch eine digitale Warenwunderwelt, Sie schauen in die virtuellen Regale, erhalten zu jedem Produkt, das es dort gibt, sofort jede beliebige Auskunft, jeden Test, jede Käuferbewertung. Diese nächste digitale Revolution könnte unser Leben erneut massiv verändern.

Dies sind nur zwei beliebige Beispiele von vielen. Es lassen sich weitere finden, bei denen die digitale Transformation unsere Erlebniswelt schon stark und unumkehrbar beeinflusst hat. Denken Sie doch einfach mal daran, wie wenige Reisebüros es heute noch in Ihrer Umgebung gibt … und wer weiß, wie viele es künftig noch geben wird, wenn sich die Auswirkungen der Pandemie im Endstadium befinden und das Verhalten der Kunden langfristig sichtbar und bemerkbar wird. Denn die Pandemie hat in nur zwei Monaten dazu geführt, dass sich nicht nur das Leben und Wirken im Handel und im Handwerk massiv verändert haben.

Daraus folgt: Um nicht unter die Räder zu kommen, müssen viele Unternehmen – und dabei insbesondere die des Mittelstands – ihre bestehenden Geschäftsmodelle und -prozesse an die neuen Marktbedingungen anpassen. Die Digitalisierung wird (gerade in diesen Zeiten) mehr und mehr zu einem entscheidenden Faktor für den wirtschaftlichen Erfolg.

Und hier schließt sich der Kreis zum Thema Beruf und Karriere. Denn auch die Anforderungen an Arbeitnehmerinnen und Arbeitnehmer verändern sich in vielen Fällen stetig. So wie die Arbeitswelt bunt, lebendig und vielfältig ist, so braucht es Menschen mit unterschiedlichen Neigungen, Kompetenzen, Werten und Ansprüchen, um den Anforderungen ganz unterschiedlicher Kundenschichten und unterschiedlicher Märkte gerecht zu werden.

Es braucht Menschen, die einerseits gerne bereit sind, neue Wege zu gehen, die aber andererseits wissen, wann es gilt, das *Bestehende*, beispielsweise gut etablierte Prozesse und Programme, zu bewahren oder sie sicher in die Zukunft zu führen.

An dieser Stelle muss ich es einfach noch einmal betonen: Wir reden von Digitalisierung, von denkenden Maschinen und Programmen, welche automatisiert ablaufen oder von dienstbaren Robotern. Doch wir dürfen eines keinesfalls vergessen:

Es sind Menschen, die durch kaufmännisches, kreatives, organisatorisches, technisches oder handwerkliches Geschick dafür Sorge tragen, dass sich letztendlich die Menschen eines Landes, die Bewohner einer Stadt, die Kunden eines Unternehmens, die Sportler einer Mannschaft, dass also all diese anderen Menschen sich mit den jeweils gebotenen Möglichkeiten wohlfühlen.

Es sind Menschen, die durch erlerntes Wissen einerseits, durch Forscherdrang und Experimentierfreude andererseits dazu beitragen, dass die Welt sich entwickelt. Dass unsere Welt, wie wir zumindest hoffen wollen, lebenswert bleibt. Dass gefährliche Verletzungen oder Krankheiten, wie Pandemien, besiegt werden. Dass Erfindungen die Welt verändern und im besten Fall voranbringen. Dass etwas Neues erschaffen und entwickelt werden kann.

Und so sind es eben auch Menschen, die die „digitale Revolution" und die damit verbundenen gesellschaftlichen Veränderungen vorantreiben.

Schlagen wir jetzt mal endgültig die Brücke zu den beruflichen Herausforderungen der Welt von heute. Und nehmen wir dazu mal als Beispiel den Bereich Verkauf und Vertrieb.

Dieser Bereich ist für jedes Unternehmen ein Bereich von strategischer Bedeutung. Denn nur, wenn Produkte und Leistungen erfolgreich an den Kunden gebracht werden, können Betriebe und Unternehmen langfristig solide wirtschaften. Für die Vertriebsmitarbeiter von Unternehmen, die technisch anspruchsvolle Leistungen anbieten, stellen sich in mehrfacher Hinsicht besondere Herausforderungen. Ihre Verkaufsprofis müssen gleich zwei Talente verbinden:

- ein fundiertes technisches Wissen zu den Merkmalen und Leistungen einzelner Produkte auf der einen Seite
- sowie Kommunikations- und Beratungsfähigkeiten für den Kundendialog auf der anderen Seite.

Der rapide technologische Fortschritt in allen Bereichen des täglichen Lebens hat zur Folge, dass nicht nur Mitarbeiter wie diese Vertriebstalente sich mehr denn je auf dem Laufenden halten müssen.

Für Berufseinsteiger und -aufsteiger gilt gleichermaßen:

> Lebenslanges Lernen wird zur unumgänglichen Pflicht. Wer das vergisst, wird schnell vergessen.

Die Aufgabe für sich selbst besteht somit auch darin, dafür zu sorgen, dass „man" sich nicht auf seinen Lorbeeren ausruht, sondern regelmäßig die eigenen Kenntnisse „updatet". Denn gerade in den kommenden Zeiten werden diejenigen Menschen durch das besagte Raster fallen, die in dieser hochkomplexen Arbeitswelt am Markt nicht mehr bestehen können, weil das notwendige Handwerkszeug einfach fehlt oder veraltet ist.

Und genau das sollte Ihnen als Arbeitnehmer oder als Arbeitssuchender mit klarer Qualifikation Mut machen: Sie brauchen Ihren oder einen Job – aber keine Sorge, Ihr Job braucht auch SIE!

1.1 Die logischen Ebenen – oder wie ordne ich mich selbst ein?

Widmen wir uns nun ganz konkret einigen Werkzeugen, die es ermöglichen, sich selbst besser zu verstehen.

Im Folgenden möchte ich zunächst auf die Ebenen von Robert B. Dilts eingehen, einem amerikanischen Verhaltensforscher sowie Autor, Trainer und Berater im Bereich des neurolinguistischen Programmierens (NLP).

Das Modell der logischen Ebenen wurde von Robert B. Dilts Mitte der 80er-Jahre weiterentwickelt, unter Bezugnahme auf das Modell der Ebenen des Lernens und der Veränderung, welches von Gregory Bateson entworfen wurde. Bateson verwendete dabei die Theorie der logischen Typen in der Mathematik von Bertrand Russell.

Mit diesen „Ebenen der Veränderung" wird es ermöglicht, einem Menschen, Gefühls-, Verhaltens-, und Denkmuster bewusst zu machen. Durch gezieltes Coaching lassen sich dann beispielsweise Glaubenssätze aufbrechen oder auch weiterentwickeln. Die logischen Ebenen sind Teil der NLP-Ausbildung.

Dilts befasst sich vor allem mit dem Motivationsgefüge, das unserem inneren Wertekatalog zugrunde liegt und unsere Sichtweise auf die Arbeitswelt durchleuchtet. Das Pyramidenmodell von Dilts gibt Aufschluss, wo ein Problem angesiedelt sein könnte, und trägt damit zur Klärung bei. Idealtypisch ist eine Problemlösung stets auf der nächsthöheren Ebene möglich. Eine Ebene organisiert die Informationen der darunterliegenden, somit führen Veränderungen auf einer Ebene zu Veränderungen auf der nächsttieferen. Dabei stellt jede Ebene spezielle Ressourcen bereit:

Die Dilts-Pyramide (Abb. 1.1) liefert Informationen darüber, auf welcher Ebene sich die individuelle Bereitschaft oder der Wille zur Veränderungsarbeit befindet. Findet eine Veränderung auf einer Ebene tatsächlich statt, so zieht dies auch Veränderungen in den anderen Ebenen mit sich.

Somit ist hier meines Erachtens ein sehr werthaltiges Instrument vorhanden, das einem persönlich hilft, sich selbst und seine Umgebung besser verstehen zu können. Ein Mensch, der die logischen Ebenen kennt und versteht, kann diese Erkenntnisse wirksam für sich selbst anwenden, um die eigenen persönlichen Schlüsse zu ziehen, welche für die berufliche Wahl beziehungsweise für den Bewerbungsprozess nützlich sind.

Abb. 1.1 Pyramide der logischen Ebenen nach Robert B. Dilts. © grafische Gestaltung: Thomas Frey 2021. All Rights Reserved

Diese Ebenen veranschaulichen, wie sich Menschen mit unterschiedlichen Ausprägungen, Werten und Fähigkeiten entsprechend ihrer persönlichen Disposition im Arbeitstag bewegen.

Die erste (in diesem Schaubild die unterste) Ebene, die natürlich nicht nur im Hinblick auf unsere berufliche Tätigkeit die Basis unserer persönlichen Selbstdarstellung bildet, ist zwangsläufig die Umwelt.

Umwelt
Die Umwelt ist der Sockel, auf dem unser berufliches Tun und Handeln aufbaut. Das ist ganz einfach nachvollziehbar, wenn man die unterschiedlichen Ausprägungen verschiedener Berufsfelder – und die daraus resultierenden unterschiedlichen Rahmenbedingungen – vergleicht. Zum Beispiel:

- Arbeitet jemand für ein regionales Handelsunternehmen oder für einen weltweit agierenden Konsumgüterhersteller?
- Bewegt sich ein Mensch als Polizist in der Großstadt oder als Förster im Wald?
- Ist ein Arbeitnehmer im Großraumbüro eines anspruchsvollen Planungsbüros tätig, als Monteur auf der Baustelle aktiv oder bewegt er als Transporteur Waren durch den täglichen Verkehr?

Die Umwelt, welche durch das Unternehmen geschaffen wird (Co-Working-Zone, Großraum- oder Einzelbüro, Kollegen und Kunden sowie die Ausstattung) prägt das berufliche Umfeld, in dem wir uns bewegen. Dieser räumliche Faktor prägt uns zwangsläufig – und hat genau deswegen einen wesentlichen Einfluss auf unser Verhalten.

Verhalten
Da unsere Umwelt immer ganz eigene Anforderungen an die Art, wie wir uns geben, stellt, muss unser Verhalten sich danach ausrichten. Daraus ergeben sich situative Rahmenbedingungen, die unterschiedlich kompensiert werden. Dazu zählen beispielsweise:

1 Welche Arbeit passt zu mir? 9

- Das Verhalten eines Vorgesetzten, der wütend einen Mitarbeiter zur Rede stellt
- Das Verhalten eines Controllers, der ruhig und faktenorientiert die komplexesten Charts präsentiert
- Das Verhalten eines technisch geschulten und kaufmännisch gebildeten Einkäufers, der seinen Charme und seine Freundlichkeit einsetzt, um mit seinen Lieferanten einen Rahmenvertrag auszuhandeln

Das Verhalten, welches ein Arbeitnehmer an den Tag legt, hat unmittelbare Auswirkungen auf das Betriebsklima und damit auf die Arbeitsqualität und mündet in die Fähigkeiten.

Fähigkeiten

Diese offenbaren sich im Alltag, sind somit oftmals das Ergebnis von Verhaltensweisen und werden entsprechend eingesetzt. Somit entfaltet sich das Potenzial, das ein Arbeitnehmer in sich selbst wahrnehmen kann. Diese Fähigkeiten sind so unterschiedlich wie die Berufsfelder, beispielsweise gibt es:

- Die Fähigkeit zum konstruktiven Dialog, die ein Vertriebler einsetzt, wenn er dem Kunden ein Angebot unterbreitet
- Die Fähigkeit zur Vermittlung, die ein Coach einsetzt, um in einem Führungskräfteseminar komplexe Themen mit praxisnahen Beispielen zu erläutern
- Die Fähigkeit der Kreativität, die ein Designer einsetzt, der mit gutem Gespür für Farben und Materialien ein illustriertes Konzept erstellt
- Die Fähigkeit handwerklichen Geschicks, die der Schreiner einsetzt, der mit seiner Hände Arbeit ein Möbelstück gestaltet

Diese Fähigkeiten, oder auch Schlüsselkompetenzen (Können, Kontinuität, Konsistenz) bilden den Kern jeder Produktivität.

Umwelt, Verhalten, Fähigkeiten münden schließlich in die Werte.

Werte

Werte (oder anders ausgedrückt, charakterliche Eigenschaften) steuern unsere individuellen Handlungsweisen in unterschiedlichen Lebenssituationen. Sie bestimmen (oftmals unbewusst) die Art der Lebensführung. Sie bilden den Kern der persönlichen Identität. Werthaltungen sind Persönlichkeitseigenschaften – vergleichbar mit Temperament oder Neigungen.

- Ein direkter Vorgesetzter schätzt beispielsweise das Durchsetzungsvermögen
- Der neue Geschäftsführer ist eher ein Diplomat
- Ein Designer arbeitet gerne teamorientiert und hat in der Gruppe die besten Ideen
- Ein Controller legt lieber still für sich die Zahlentabellen im Kalkulationsprogramm neu fest
- Ein Vertriebler gewinnt mit einer unbändigen Entschlossenheit und Ausdauer neue Kunden

Werthaltungen bilden den Kern der persönlichen Identität. Persönliche Werthaltungen sind Persönlichkeitseigenschaften wie Temperament, Neigungen, Bedürfnisse. Vereinfacht gesagt sind Werte das, was uns im Leben wichtig ist. Sie sind unsere innersten Überzeugungen und Glaubenssätze, die uns manchmal bewusst, oft aber diffus erscheinen oder sogar völlig unbewusst sind. Sie zeigen uns aber schlussendlich, was für uns Bedeutung hat.

Denn sie sind die wahre Antriebskraft unseres Verhaltens, beeinflussen unsere Entscheidungen und unser Handeln.

Werte aus der Arbeitswelt sind z. B.:

Durchsetzungsvermögen …

… ist die Fähigkeit, das, was man für gut und richtig erachtet (Meinungen, Ideen, Vorstellungen, Ideen oder Ansichten), gegenüber anderen durch Argumentation und mitunter auch Forderungen zu verteidigen und dafür einzustehen, um ein bestimmtes Ziel zu erreichen. Dabei werden Logik und Gesetzmäßigkeiten entsprechend berücksichtigt. Fokussierung auf das Ergebnis, die Fähigkeit zur Selbstreflexion und das Selbstbewusst-sein sind Indikatoren des Durchsetzers.

Diplomatie ...
... ist die Fähigkeit, über Kompromissbereitschaft und nicht gezeigter Emotionalität sein Ziel zu erreichen. Ein Diplomat wägt sorgfältig ab, welche Worte er verwendet und welche Informationen er streut und welche weggelassen werden. Empathie und das Vermögen gut zuzuhören sowie die Kunst, durch entsprechende Wortwahl nicht zu lügen, prägen im Wesentlichen die Vorgehensweise der Diplomatie.

Entschlossenheit ...
... ist die Fähigkeit, mit starker Willenskraft ein Ziel zu verfolgen und dran zu bleiben. Ausgeprägte Handlungsorientierung verbunden mit einem zielorientierten Handeln und die Bereitschaft, einen Beschluss unverzüglich umzusetzen, sind persönliche Eigenschaften einer entschlossenen Person.

Teamfähigkeit ...
... ist die Bereitschaft zur kooperativen und konstruktiven Zusammenarbeit mit anderen. Dabei ist die persönliche und die organisatorische Zusammenarbeit zu unterscheiden. Toleranz gegenüber der Meinung anderer, die Bereitschaft zum respektvollen Umgang und Kompromissbereitschaft bilden das Fundament zur Teamfähigkeit.

Genauigkeit ...
... ist die Fähigkeit, eine Aufgabe oder Tätigkeit so lange zu verfolgen, bis das Ergebnis exakt der Erwartungshaltung entspricht. Ordnung, Struktur und Regeln definieren und sich daran zu orientieren, verbunden mit der Bereitschaft, diese regelmäßig einer Überprüfung zu unterziehen, sind Anzeichen für den Wert der Genauigkeit.

Misserfolgstoleranz ...
... ist die Fähigkeit, auch dann Energie für Aufgaben bereitzustellen, wenn das Erreichen des gesetzten Ziels als unsicher erscheint. Bei Schwierigkeiten mit erneuten (gleichen oder neuen) Lösungsversuchen zu agie-

ren und eine Aufgabe trotz Behinderungen bis zum Abschluss zu verfolgen. Diese Herangehensweise bildet den Kern einer ausgeprägten Misserfolgstoleranz.

Offenheit ...
... ist die Fähigkeit und Bereitschaft, sich mit einer neuen Aufgabe oder mit einem Menschen zu einem bestimmten Thema oder einer Beziehung direkt und unvoreingenommen zu beschäftigen und auseinanderzusetzen. Dabei legt ein Mensch, der einen Drang zur Offenheit verspürt, Wert auf Ehrlichkeit und Direktheit, da auch schwierige Themen gerne ohne „wohlwollende" Umschreibungen offen angesprochen werden sollen.

Selbstständigkeit ...
... ist die Fähigkeit und die Bereitschaft, Entscheidungen selbst zu treffen und umzusetzen. Dabei ist ein großer Freiraum in Bezug auf eigenständiges Handeln notwendig – und die Möglichkeit, Entscheidungen treffen zu können. Der Drang zum eigenverantwortlichen Handeln kann sich weiterhin dahingehend auswirken, dass eine freie Einteilung der Arbeitszeit, des Arbeitsortes, der Arbeitsdauer sowie der Arbeitsart gewünscht wird.

Kontrolle ...
... ist ein Wert, der Menschen dazu befähigt, durchgeführte Tätigkeiten zu überprüfen und Ergebnisse zu hinterfragen. Dazu gehören auch das kontrollierte Steuern von Prozessen und das Implementieren von Zwischenstopps, um Teilergebnisse abzufragen. Auch selbst kontrolliert zu werden, ist diesen Menschen nicht unangenehm.

Zuverlässigkeit ...
... ist ein Wert, der dazu führt, mit anderen Menschen pünktlich, zu seinem Wort stehend oder hilfsbereit zu agieren. Wenn Aufgaben nicht rechtzeitig erledigt werden können, erfolgt beizeiten ein entsprechender Hinweis, daher bilden Ehrlichkeit und Respekt in der Interaktion mit anderen Menschen starke Pfeiler für diese Menschen.

Das Verhalten, die Fähigkeiten und Werte, welche neben der Ausbildung zu den Kompetenzen führen bilden die Basis für die Zugehörigkeit, die nächste Ebene der logischen Ebenen.

Zugehörigkeit

Und das hat einen ganz einfachen Grund: Menschen orientieren sich gerne an Menschen mit gleichen Interessen und Neigungen. So umgeben sich beispielsweise Personalmanager auf Kongressen gerne mit anderen Personalern, schätzen Handwerker den Austausch mit den Kollegen und stimmen sich Monteure auf der Baustelle gerne mit den anderen Handwerkern ab, um gemeinsam das Projekt zum Erfolg zu führen. Dies hat allerdings nichts mit dem sprichwörtlichen Herdentrieb zu tun – vielmehr suchen wir in der Gruppe, genauer gesagt, in der Bezugsgruppe, die Sicherheit, in einer komplexen, sich stetig verändernden Welt auf Individuen mit gleichem Background, vermeintlich oder de facto gleichen Vorstellungen, Wünschen und Hoffnungen zu treffen. Denn eins wollen wir weder im privaten noch im beruflichen Bereich für immer sein: allein!

So führt auf der nächsten Ebene die Auswahl dieser „Bezugsgruppen" zu einer Identität.

Identität

Die Identität entwickelt sich, wenn sich ein Mensch mit dem, *was, wofür* und *für wen* er etwas gestaltet, herstellt oder entwickelt, voll und ganz identifiziert. Rückblickend wird nahezu jeder Mensch die Spuren prüfen, die er hinterlassen hat. Er wird wissen, ob die von ihm unternommenen beruflichen Schritte die richtigen waren. Diese Identifikation mit einem Unternehmen, einer Branche, den Produkten oder den Menschen bildet eine der höchsten Stufen der inneren Zufriedenheit und mündet schließlich in der Mission.

Mission

Die Mission ist das eigene Ziel, welches sich der Mensch im beruflichen Leben steckt. Diese „Mission" ist oft (unbewusst) das, was den Antrieb bildet, den Kurs bestimmt. Der tiefere Sinn für das, was angestrebt und erreicht werden soll und weshalb etwas getan werden muss.

Zusammenfassend

Soviel zu den Ebenen, auf denen wir das Konstrukt unserer beruflichen Laufbahn errichten. Sie sehen, dabei spielen viele Aspekte eine Rolle, die wir selbst durch unsere Entscheidungen beeinflussen können. Viele andere Dinge leiten wir jedoch unbewusst von einzelnen Schritten ab.

Das eigene Wirken zu hinterfragen, die Dinge, die man verändern kann, kraftvoll anzugehen und sich um das Verständnis der Dinge, die hinter den Kulissen unserer Fassade ablaufen, immer wieder zu bemühen:

Diese Schritte sind unumgänglich, wenn wir unsere berufliche Zukunft nicht ausschließlich als Quelle des Gelderwerbs betrachten wollen (wobei natürlich auch das ein Antrieb ist …).

Zufriedenheit im Job erreichen wir dennoch vor allem dann, wenn wir unser Können, unsere Fähigkeiten, in idealer Weise mit unseren Werten verknüpft, in einem Umfeld realisieren können, das uns in bestmöglicher Weise entspricht.

Übrigens: Dieses Umfeld für Sie und mit Ihnen den passenden Job zu finden – das ist eine der Aufgaben, die mich persönlich an meinem Beruf so begeistert.

Abb. 1.2 verdeutlicht, welche interne Auswirkung eine positive oder negative Sichtweise in Bezug auf die jeweilige Ebene bewirken kann.

Positive Sichtweise	Ebene	Negative Sichtweise
Ich kann alles erreichen	Mission	Ich darf hier nicht sein
Da kann ich Spuren hinterlassen	Identität	Ich gehöre nicht dazu
Das ist mein Team	Zugehörigkeit	Ich bin nicht der Richtige
Ich darf sein, wer ich bin	Werte	Ich habe die falsche Einstellung
Das ist genau meine Arbeitsweise	Fähigkeiten	Ich kann das nicht
Die Art und Weise passt zu mir	Verhalten	Ich kenne das nicht
In der Umgebung kann ich handeln	Umwelt	Ich bin hier unerwünscht

(Positive Schlussfolgerungen ← | → Negative Schlussfolgerungen)

Abb. 1.2 Einordnung in die logischen Ebenen. © Thomas Frey 2021. All Rights Reserved

Checkliste Werte
Damit Sie in der Lage sind, eine entsprechende „Eigenanalyse" durchführen zu können, möchte ich Ihnen hiermit ein Instrument liefern.

Wenn Sie die folgende Analyse ehrlich durchführen, erhalten Sie als Ergebnis wirksame Informationen auf Fragen von Personalverantwortlichen wie:

„Was ist ihnen bei der Arbeit besonders wichtig?"
„Welche Stärken und Schwächen sehen Sie bei sich selbst?"
„Weshalb sind Sie in dem, was Sie tun, erfolgreich?"
„Weshalb interessiert Sie gerade diese Aufgabe?"

Nachfolgend finden Sie eine Auflistung diverser Werte, speziell aus dem Kosmos der Arbeitswelt (siehe Tab. 1.1). Im weiteren Verlauf habe ich eine Checkliste vorbereitet und diese beispielhaft ausgefüllt. Erstellen Sie sich gerne eine eigene Checkliste auf Basis der Vorlage, welche die Werte beinhaltet, die ganz speziell für Sie eine große Bedeutung haben, und legen Sie anschließend eine Rangfolge fest.

Somit sind Sie in Bezug auf die weiter oben aufgeführten Fragestellungen gut vorbereitet.

Im unteren Beispiel (siehe Tab. 1.2) ist der Wert „Durchsetzungsvermögen" auf dem letzten Platz der Rangfolge (Rang 14), somit wäre in diesem Fall eine mögliche Antwort in Bezug auf Stärken/Schwächen:

„Ich arbeite gerne in und mit Teams zusammen und bin sehr diplomatisch geprägt. Ich bringe die notwendige Geduld mit, wenn es um das Lösen von komplexen Aufgaben geht. Auf der anderen Seite bin ich nicht der große Durchsetzer, da ich ein eher kompromissbereiter Mensch bin".

Tab. 1.1 Liste gängiger Werte im beruflichen Kontext

Wert	Wert	Wert
Abenteuerlust	Frieden	Ordnung
Abgrenzung	Fürsorge	Partnerschaftliches Arbeiten
Abwechslung	Geborgenheit	Perfektion
Achtsamkeit	Geduld	Fantasie
Achtung	Gehorsamkeit	Prestige
Aktualität	Gelassenheit	Pünktlichkeit
Anerkennung	Genauigkeit/Präzision	Qualität
Ausdauer	Genuss	Rationalität
Ästhetik	Gerechtigkeit	Respekt
Balance	Gesundheit	Ruhe
Begeisterung	Gewinnen	Ruhm
Beharrlichkeit	Glaube	Schnelligkeit
Bequemlichkeit	Großmut	Selbstständigkeit
Bescheidenheit	Großzügigkeit	Selbstverantwortung
Bildung	Harmonie	Selbstwert
Dankbarkeit	Hilfe geben/Helfen	Seriosität
Dienen	Humor	Service
Diplomatie	Idealismus	Sicherheit
Disziplin	Innovation	Solidarität
Durchsetzungsvermögen	Intelligenz	Sparsamkeit
Dynamik	Kampf	Strebsamkeit
Effektivität	Komfort	Systematisches Arbeiten
Effizienz	Kongruenz	Tatkraft
Egoismus	Konkurrenzfähigkeit	Toleranz
Ehre	Konsequenz	Tradition
Ehrgeiz	Konstanz	Transparenz
Ehrlichkeit	Kontrolle	Unbekümmertheit
Eitelkeit	Körperbewusstsein	Unterhaltung
Emotionalität	Kraft/Stärke	Verhältnismäßigkeit
Empathie	Kreativität	Veränderung
Energie	Kundenorientierung	Verantwortung
Entscheidungsfreude	Lernen	Verlässlichkeit
Erfolg	Liebe	Verständnis
Erkenntlichkeit	Loyalität	Vertrauen
Experimentierfreude	Macht	Vertrautheit
Fairness	Menschlichkeit	Wertschätzung
Familie	Muße	Wettbewerb
Fleiß	Mobilität	Wissen
Flexibilität	Moral	Wirksamkeit
Fortschritt	Mut	Zielstrebigkeit
Freiheit bei der Arbeit	Neugierde	Zugehörigkeit
Freizeit	Offenheit	Zurückhaltung
Freundschaft	Optimismus	Zusammenarbeit

Tab. 1.2 Checkliste Werte

LFD	Wert	Bedeutung	Rang
1	Zuverlässigkeit	Die Lieferung der Arbeitsergebnisse in der gewünschten Zeit, der gewünschten Menge und in der erwarteten Qualität	3
2	Entschlossenheit, Ausdauer	Willensstärke und Hartnäckigkeit bei der Vorgehensweise hinsichtlich Neuerungen oder Problemlösungen	12
3	Neugierde, Forscherdrang	Hintergründe erforschen, warum etwas funktioniert, Drang, Bestehendes zu verbessern	13
4	Teamfähigkeit, Anpassungsfähigkeit	Im Team als Mitglied agieren, sich im Team einordnen und kooperativ Lösungen generieren	1
5	Diplomatie, Kompromissbereitschaft	Die Meinung anderer akzeptieren, Kompromisse eingehen, das Wohl des Ganzen im Blick haben	2
6	Durchsetzungsvermögen	Seine Meinung durchsetzen, Menschen zu Handlungen animieren und aktivieren	14
7	Kontrolle, Sicherheit	Aufgaben kontrollieren, Sicherstellung, dass Lösungen vor Implementierung funktionieren	6
8	Flexibilität, Abwechslungsreichtum	Breites Aufgabengebiet, Bereitschaft und Begeisterung, auch nicht bekannte Tätigkeiten/Aufgaben anzugehen	4
9	Misserfolgstoleranz	Eigene Misserfolge schnell verarbeiten, sich nicht abhalten lassen, weiterzumachen	7
10	Genauigkeit, Exaktheit	Arbeiten genau und exakt erledigen, auch auf Kleinigkeiten achten	9
11	Offenheit, Geradlinigkeit	Themen offen und direkt ansprechen, offenes Feedback geben und erhalten	8
12	Selbstständigkeit	Aufgaben selbstständig erledigen, eigene Ziele definieren, sich selber kontrollieren	10
13	Geduld, Ausdauer	Aufgaben mit Nachhaltigkeit lösen, alle Möglichkeiten abwägen, auch Kleinteiliges gerne erledigen	5
14	Kreativität, Erfindungsreichtum	Ungewöhnliches ausprobieren, auch Lösungen anstreben, die sich noch nicht bewährt haben	11

1.2 Arbeitsstil

In diesem Kapitel stelle ich Ihnen die Stilfrage. Und die lautet, zumindest in Bezug auf Ihre berufliche Laufbahn:

Welchen Arbeitsstil bevorzugen Sie?

Diese Frage hat der eine oder andere sicherlich schon häufiger gehört. Was mich jedoch immer wieder erstaunt, ist die Tatsache, dass diese Frage bei vielen Kandidaten, mit denen ich es als Personalberater zu habe, erst einmal eine gewisse Ratlosigkeit auslöst. Dagegen sollten wir etwas tun!

Also – was ist denn nun ein Arbeitsstil? Unternehmen wir doch einmal den Versuch einer ersten Annäherung.

Man könnte den Arbeitsstil als internes Muster bezeichnen. Ein Muster, das bestimmt, wie Menschen an die ihnen gestellten beruflichen Aufgaben herangehen und wie sie diese erledigen. Natürlich kann man einen Arbeitsstil nicht losgelöst von den anderen Facetten im Profil einer Person, also der gesamten Persönlichkeit eines Menschen, betrachten.

Auf Basis von verschiedenen sozialen Erfahrungen innerhalb der Familie, der Schule, des sozialen Umfelds und nicht zuletzt der Arbeit entwickelt sich bei jedem von uns im Laufe der persönlichen Entwicklung ein bestimmtes „internes" Muster in der Reaktion und Herangehensweise auf Probleme, kritische oder problematische Situationen. Zwischen Aktion und Reflektion, zwischen Erfahrung und Analyse bildet sich erst ein individueller Lernstil, und daraus oft unbewusst abgeleitet der spätere Arbeitsstil. Daraus ergibt sich, dass dieser Stil häufig schon in der Kindheit mitgeprägt wird und sich Jahre oder Jahrzehnte später immer noch als relevant für das Arbeitsleben erweist.

Jeder von uns entwickelt seinen ganz eigenen Lern- und Arbeitsstil mit verschiedenen Stärken und Schwächen. Arbeitsstile definieren somit jene besondere Art und Weise, in der wir unsere Arbeit erledigen.

Wenden wir uns nach dieser allgemeinen Erklärung nun wieder der rein beruflichen Ebene zu, die für eine Karriere relevant ist. Im Joballtag begegnen wir insgesamt vier Typen von Arbeitsstilen beziehungsweise vier Typen von Problemlösern (vgl. Honey und Mumford 1992; vgl. Nuboworkers 2019).

Die Stilfrage Teil 1 – der Pragmatiker

Pragmatiker sind daran interessiert, Ideen, Theorien oder auch Techniken auszuprobieren, um zu sehen, ob diese in der Praxis funktionieren. Sie sind oft auf der Suche nach neuen Ideen und nehmen gerne eine Gelegenheit wahr, um mit neuen Anwendungen zu experimentieren oder Dinge auszuprobieren. Sie sind Menschen, die nach Fortbildungen, Seminaren, Besprechungen oder Coachings vor neuen Ideen sprudeln, die sie am liebsten unmittelbar in die Praxis umsetzen wollen.

Sie lieben es, wenn Fortschritte gemacht werden, und handeln bei Ideen, die ihnen gefallen, schnell und selbstbewusst.

Bei ausschweifendem Gerede und nicht enden wollenden Diskussionen neigen sie dazu, die Geduld zu verlieren. Zuviel Reden bedeutet für den Pragmatiker Zeitverschwendung, Toleranz ist oftmals ein Fremdwort.

Sie sind im Wesentlichen bodenständige Menschen, die gerne praktische Entscheidungen treffen und zudem gerne aktiv an Problemlösungen arbeiten. Probleme sind gleichbedeutend mit Gelegenheiten, welche sie als Herausforderungen begreifen. Im Team sind Pragmatiker gut geeignet, Chaos zu strukturieren, Projekte am Laufen zu halten und Themen voranzutreiben. Ihre Philosophie lässt sich in drei Kernsätzen wie folgt zusammenfassen:

- *Es gibt immer eine Lösung.*
- *Das Machbare machen.*
- *Mit 80%-Lösungen auch zufrieden.*

Die Stilfrage Teil 2 – der Reflektor

Reflektoren oder auch Nachdenker ziehen sich gerne in den Hintergrund zurück, um Erfahrungen und Wortbeiträge auf sich wirken zu lassen. Dabei betrachten Reflektoren diese aus verschiedenen Perspektiven. Sie sammeln eigene Erfahrungen ebenso wie die Erfahrungen anderer und ziehen es vor, lange über Möglichkeiten nachzudenken, bevor sie zu einem Entschluss kommen. Das führt dazu, dass Reflektoren sich gut auf Projekte und Aufgaben vorbereiten. Zuverlässigkeit sowie Loyalität zeichnen diese Menschen aus.

Für Nachdenker sind das gründliche Sammeln und die wiederholte Analyse von Daten über Erfahrungen und Ereignisse entscheidend. Deshalb neigen sie mitunter dazu, einen endgültigen Entschluss so lange wie möglich hinauszuzögern.

Ihre Philosophie ist es, sehr vorsichtig zu sein. Sie sind Menschen, die gerne alle möglichen Auswirkungen abwägen, bevor sie den nächsten Schritt unternehmen. Durch die oft zögerliche Art vergeben Reflektoren diverse Chancen, auch weil sie die eigenen Fähigkeiten oftmals unterschätzen.

Bei Treffen oder Besprechungen ziehen sie es vor, andere Menschen zu beobachten. Sie hören anderen gerne zu und verschaffen sich zuerst ein Bild darüber, in welche Richtung ein Gespräch geht, bevor sie ihre eigenen Ansichten vorbringen. Sie möchten nicht auffallen und haben ein leicht distanziertes, jedoch tolerantes Auftreten.

Sie können sich manchmal schwer für einen Lösungsweg entscheiden – was für andere, und dazu zählen ganz gewiss in erster Linie die Pragmatiker, wirklich frustrierend sein kann. Auf der anderen Seite sind Reflektoren hervorragend als „Sparringspartner" im Team geeignet, da diese die unterschiedlichen Seiten eines Problems betrachten. Ihre Philosophie lässt sich in drei Kernsätzen wie folgt zusammenfassen:

- *Die schnelle Lösung ist oft nicht die Beste, sondern die durchdachte Lösung ist wichtig.*
- *Begehe keinen Fehler, den ein anderer vielleicht schon für dich begangen hat.*
- *Auch wenn etwas funktioniert, können Risiken auftreten.*

Die Stilfrage Teil 3 – der Aktivist

Aktivisten lassen sich voll und ganz und ohne zu zögern auf neue Erfahrungen ein und zeichnen sich durch große Handlungsbereitschaft aus. Angst vor dem Unbekannten oder vor Niederlagen kennen Aktivisten nicht. Sie sind offen für Neues, lassen sich vorurteilsfrei auf neue Erfahrungen ein, sind am Hier und Jetzt orientiert und begeisterungsfähig.

Sie reagieren schnell und lassen sich auf Sachen ein, ohne alle Einzelheiten zu durchdenken. Gibt es im Unternehmen die Aufgabenstellung, sich auf unbekanntes Terrain zu begeben, fühlen sich insbesondere die Aktivisten angesprochen. Handeln ist ihre oberste Priorität. Etwas machen wird der Reflexion oder dem Nachdenken über mögliche Folgen vorangestellt.

Nach der aufregenden Implementierungsphase entsteht mitunter schnell mangelndes Interesse am Bestehenden und Neugierde auf eine andere Herausforderung. Lange Durststrecken oder monotone Arbeitsabläufe oder zu viel Routine schätzt der Aktivist nicht.

Ihre Tage strömen über vor Aktivität. Probleme lösen sie beispielsweise durch Brainstorming. Sie blühen auf, wenn es um die Herausforderung einer neuen Erfahrung geht. Die Umsetzung von Routinetätigkeiten und Langzeitüberlegungen jedoch langweilen sie mitunter. Sie sind gesellig und gerne im Kontakt zu anderen Menschen. Im Team sind Aktivisten ideal, wenn es sich um zeitlich begrenzte Projekte handelt.

Ihre Philosophie lässt sich in drei Kernsätzen wie folgt zusammenfassen:

- *Einmal probiere ich alles aus.*
- *Neues ist immer besser. Immer.*
- *Wenn etwas funktioniert, sollen sich von da an andere darum kümmern.*

Die Stilfrage Teil 4 – der Logiker

Logiker (oder auch Theoretiker) durchdenken Probleme schrittweise. Sie fügen scheinbar unzusammenhängende Fakten zu komplexen Lösungen zusammen. Sie neigen zum Perfektionismus und sind erst zufrieden, wenn die Dinge geordnet sind und in ihr sachliches Schema passen.

Sie analysieren gerne und wühlen sich dabei auch durch komplexe Datenmengen. Sie finden Gefallen an grundlegenden Aussagen, Modellen und am Prozessdenken. In ihrer Philosophie stehen Rationalität und Logik an erster Stelle.

Sie stellen sich oft die Fragen:

- „Ist das ‚sinnvoll'?"
- „Wie gut passt das eine mit dem anderen zusammen?"
- „Was sind die Grundaussagen?"

Sie neigen dazu, distanziert, analytisch und objektiv zu sein. Der oft hohe Grad an Perfektion führt dazu, dass sich Logiker selbst unter Druck setzen. Probleme gehen sie grundsätzlich logisch an. Dies ist ihre „mentale Einstellung" und sie lehnen konsequent alles ab, was nicht dazu passt.

Sie ziehen es vor, größtmögliche Gewissheit über etwas zu erlangen, und fühlen sich bei subjektiven Urteilen, lateralem Denken (besser bekannt unter der umgangssprachlichen Bezeichnung „Querdenken") und oberflächlichen Entscheidungen eher unwohl.

„Intuitives Denken" ist für sie unter Umständen ohne Bedeutung. Im Team eignen sich Logiker am besten, wenn Aufgaben zu erledigen sind, welche hohe Perfektion und Genauigkeit erfordern.

Ihre Philosophie lässt sich in drei Kernsätzen wie folgt zusammenfassen:

- *Lösungen können nur Schritt für Schritt erreicht werden.*
- *Es ist erst gut, wenn es perfekt funktioniert.*
- *Ein Schritt abseits vom direkten Weg ist ein Fehltritt.*

Arbeitsstil: Zusammenfassend

Pragmatiker, Denker, Aktivisten, Logiker. Vier Typen, vier Arbeitsstile. Vier Ansätze, um zur Lösung gestellter Aufgaben und auftauchender Probleme zu gelangen (siehe Abb. 1.3). Dabei ist mir eine Feststellung ganz wichtig: Keiner dieser Stile ist einem anderen grundsätzlich überlegen oder vorzuziehen. Die wirkliche Stärke eines jeden Stils erweist sich erst in dem jeweiligen spezifischen Umfeld.

> Und dies ist die Essenz, um die es mir geht: Wenn Sie sich um eine berufliche Orientierung oder Neuorientierung kümmern, betrachten Sie zuvor sich selbst noch einmal ganz genau. Überlegen Sie, welcher Stil Ihnen entspricht. Und versuchen Sie eine Brücke zu dem Job zu schlagen, der Ihnen vorschwebt. Können Sie sich und Ihre Persönlichkeit darin einbringen? Sind vielleicht von Anfang an Widerstände zu erwarten?

Ich habe es bereits an anderer Stelle erwähnt: Zufriedenheit im Job erreichen wir vor allem dann, wenn wir unser Können, unsere Fähigkeiten und, nun erweitern wir die Aussage um diesen Punkt, unseren Arbeitsstil in idealer Weise in einem Umfeld realisieren können, das uns und unseren Werten in bestmöglicher Weise entspricht.

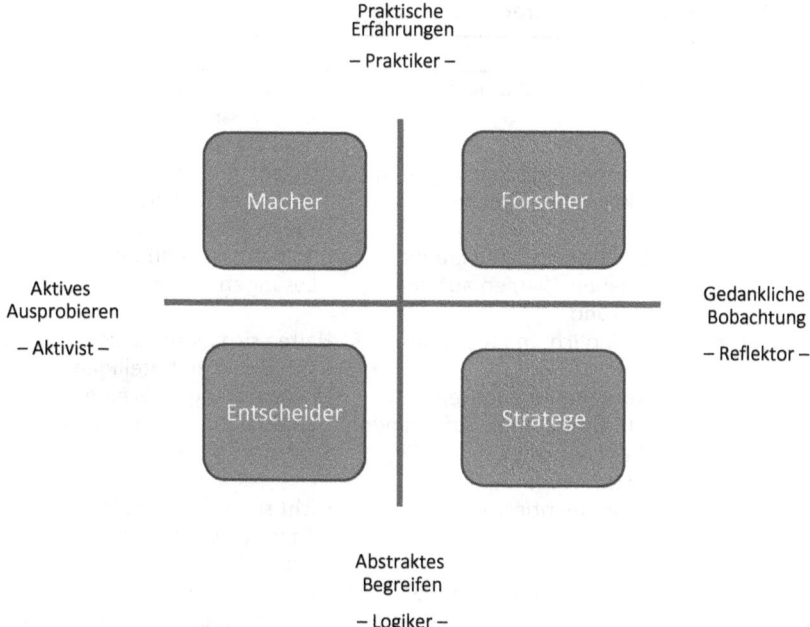

Abb. 1.3 Ausrichtung der verschiedenen Arbeitsstile. © grafische Gestaltung: Thomas Frey 2021. All Rights Reserved

Oftmals zeigen sich verschiedene Arbeitsstile bei einem Menschen. Niemand ist immer nur ein Pragmatiker oder immer ein Logiker.

Menschen, welche eine pragmatische Orientierung mitbringen und in gewissen Situationen auch reflektorisch veranlagt sind, wären beispielsweise in Segmenten der Forschung und Entwicklung gut aufgehoben.

Menschen, welche sich gerne komplexen Themen und Aufgaben widmen und es gewohnt sind, Entscheidungen einem Reflexionsprozess zu unterziehen, eignen sich gut, wenn es um die Entwicklung von Strategien geht.

Ich möchte hier klar verdeutlichen, es gibt keinen bevorzugten Arbeitsstil, denn bezogen auf die Vielfältigkeit der Arbeitswelt sind alle Arbeitsstile gleichermaßen wichtig (siehe Tab. 1.3).

Tab. 1.3 Arbeitsstile und deren Einordnung

Arbeitsstil	Stärken	Schwächen
Logiker	Rational und objektiv	Geringe Toleranz gegenüber Ungewissheit, Unordnung oder Doppeldeutigkeit
	Denken logisch und gehen komplexe Themen an	„Sollen" und „müssen" sind ein wichtiger Teil ihres Wortschatzes
	Stellen bohrende Fragen, gehen Themen auf den Grund	Intolerant gegenüber intuitiven Lösungen
Reflektor	Gründlich und methodisch	Halten sich mehr zurück, anstatt sich direkt zu beteiligen
	Können gut zuhören und Informationen aufnehmen	Es dauert lange, bis eine Entscheidung getroffen wird
	Ziehen nur selten voreilige Schlüsse	Sind nicht besonders mitteilsam
Pragmatiker	Experimentierfreudig	Nicht sonderlich interessiert an Theorie oder allgemeinen Grundsätzen
	Sachbezogen – kommen gerne schnell zum Thema	Ungeduldig gegenüber leerem Gerede, mögen weniger den „Small Talk"
	Realismus stark ausgeprägt	Insgesamt eher an Aufgaben und weniger an Menschen orientiert
Aktivist	Optimistisch gegenüber Neuem	Gehen oft unnötige Risiken ein
	Keine Angst davor, Fehler zu machen, oftmals emotional veranlagt	Umsetzungen/ Langzeitüberlegungen mögen sie nicht
	Übernehmen gerne Verantwortung	Stürzen sich Hals über Kopf in Aktivitäten, ohne sich genügend vorzubereiten

1.3 Kompetenzen

Kompetenz ist in der Berufswelt ein wichtiger Faktor. Wer als kompetent wahrgenommen wird und sich, bedingt durch „sichtbare" Kompetenz, durchsetzen kann, wird akzeptiert und klettert auf der Karriereleiter weiter.

Als Kompetenz werden einerseits Fähigkeiten und Fertigkeiten verstanden und andererseits Berechtigungen, Pflichten und Zuständigkeiten. Eine Kompetenz verhilft dazu, sich in unüberschaubaren, komplexen und dynamischen Situationen selbstorganisiert zurechtzufinden. Es ist weiterhin die Fähigkeit, eigenständig und selbstständig zu organisieren, zu planen und zu koordinieren, durch Erfahrungen zu konsolidieren und aufgrund von Willenskraft zu realisieren.

Kompetenzen manifestieren sich durch Gelerntes und Erlebtes und sind somit das Ergebnis von Erfahrungen. Weiterhin haben die inneren Werte (siehe Abschn. 1.1) einen massiven Einfluss auf die Kompetenz. Kompetenzen wirken sich in unterschiedlichen Feldern (Kompetenzfeldern) aus (siehe Abb. 1.4).

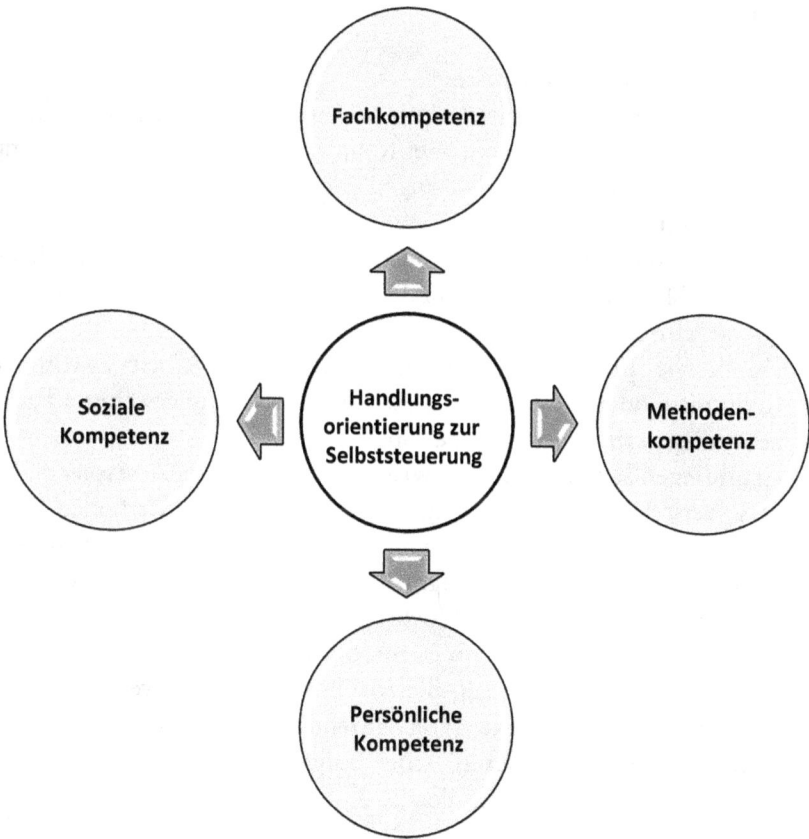

Abb. 1.4 Kreislauf der Kompetenzen. © grafische Gestaltung: Thomas Frey 2021. All Rights Reserved

1.3.1 Fachkompetenz

Definition: Fachliche Kenntnisse, Fähigkeiten und Fertigkeiten
Die fachliche Kompetenz (Hard Skills) kennzeichnet das Wissen, welches benötigt wird, um berufstypische Aufgaben selbstständig und eigenverantwortlich zu erledigen. Hierzu zählen Fach- und Wissensgebiete in Bezug auf Produkte, Märkte, Umwelt, Kulturen, Sprache und die notwendigen Kenntnisse hinsichtlich der Anwendung der entsprechend notwendigen Werkzeuge, wie beispielsweise im Bereich der EDV oder von Maschinen und Anlagen.

Das Wissen im Bereich der Fachkenntnisse lässt sich wie folgt (nach Level) unterteilen:

1. **Fachliche Grundkenntnisse:**
   Grundkenntnisse, die durch einfache Arbeitsanweisung oder durch Anlernen erworben wurden, oder Kenntnisse, die für die Verwendung einfacher technischer Einrichtungen erlernt wurden.
2. **Fachkenntnisse:**
   Praktische oder methodische Fähigkeiten auf bestimmten Fachgebieten einschließlich der Kenntnisse zur Anwendung von speziellen Techniken.
3. **Fortgeschrittene Fachkenntnisse:**
   Durch die praktische Tätigkeit während der Arbeit erworbene Kenntnisse oder durch eine zusätzliche Ausbildung erweiterte Fachkenntnisse oder ein erworbenes Spezialwissen.
4. **Grundlegende spezielle oder wissenschaftliche Kenntnisse:**
   Das Verstehen und Anwenden von Techniken, Methoden und Zusammenhängen und/oder von wissenschaftlichen Grundsätzen, basierend auf einer breiten Erfahrung, zusätzlichem Training oder formeller fachspezifischer oder Hochschulausbildung.
5. **Ausgereifte, spezielle oder wissenschaftliche Kenntnisse:**
   Vertieftes Wissen in Spezialgebieten/Disziplinen oder weit ausgebautes Können und Verstehen von einzelnen Bausteinen und Zusammenhängen von komplexen Arbeitsaufgaben, erworben durch umfangreiche Erfahrung in der Praxis.

6. **Beherrschung von Spezialgebieten:**
Vollständige Beherrschung der Arbeitstechniken, Erkennen von Zusammenhängen, Theorien und ihrer praktischen Anwendungen auf einem spezifischen Aufgabengebiet sowie die volle Beherrschung von komplexen Arbeitsgebieten.
7. **Anerkannte Autorität:**
Einzigartige Beherrschung aller Prinzipien und Techniken sowie die praxisgerechte Anwendung wissenschaftlicher Methoden sowie deren Fertigkeiten.

Das eigene Wissen um die erworbenen Fachkenntnisse und die eigene Einordnung (Level) seiner Fähigkeiten ist meiner Meinung nach wichtig für die Erstellung von eigenen Profilen im sozialen Netzwerk. Gerade nach fachlichen Kenntnissen forsten Suchmaschinen und Recruiter oder Personalberater. Siehe dazu Kap. 2.

Beispielsweise kann ein einfacher Konstrukteur im Umgang mit dem CAD-System AutoCAD das **Level 7** erreicht haben, hingegen liegt sein fachliches Wissen im Umgang mit Kalkulationsprogrammen nur bei **Level 3**. Daher ist es wichtig, sich selbst dahingehend einzuschätzen, welche fachlichen Kenntnisse vorliegen und im weiteren Schritt die eigene Einstufung zu kennen.

Schauen wir uns nun die Fachkenntnisse mal unter der Lupe an:

Fachwissen im Gesamtzusammenhang
Definition: *Relevanz des Fachwissens im Gesamtzusammenhang der Organisation und der Arbeitsaufgabe*

Mit folgenden Beispielfragen können Sie die gefragte Kompetenz einschätzen:

- Über welches Fachwissen verfüge ich, welches für den Gesamtzusammenhang (z. B. des Bereichs, der Abteilung) von Bedeutung ist?
- Verfüge ich über Fachkenntnisse, die auch in einer anderen Funktion von Bedeutung wären?

- Kann ich meinen Fachbereich kompetent in anderen Bereichen vertreten?
- Was könnte ich noch verbessern?

Spezialwissen im Fachgebiet
Definition: *Fachwissen aufgrund von Berufserfahrung und beruflicher Spezialisierung*
Mit folgenden Beispielfragen können Sie die gefragte Kompetenz einschätzen:

- In welchem Umfang verfüge ich über Spezialkenntnisse?
- Über welche weiteren Berufserfahrungen verfüge ich?
- Sind meine Fachkenntnisse auf dem neuesten Stand?
- Was könnte ich noch verbessern?

Fachübergreifendes Wissen
Definition: *Fachkompetenz, die über das Spezialwissen hinaus notwendig für professionelles Agieren und Kommunizieren ist*
Mit folgenden Beispielfragen können Sie die gefragte Kompetenz einschätzen:

- Über welche IT-Kenntnisse verfüge ich?
- Über welche Sprachkenntnisse verfüge ich?
- Über welche Management-/Leadershipkompetenzen verfüge ich?
- Was könnte ich noch verbessern?

Zukunftsorientierung
Definition: *Kompetenz, sich langfristig an den Anforderungen der Zukunft zu orientieren und das eigene Handeln daraufhin auszurichten*
Mit folgenden Beispielfragen können Sie die gefragte Kompetenz bestimmen:

- Inwieweit orientiere ich mich an neuen Entwicklungen in meinem Fachgebiet und bin fachlich auf dem neuesten Stand?

- Inwieweit denke ich als Mitarbeiter strategisch und visionär?
- Inwieweit entwickele ich mich entsprechend der zukünftigen Marktanforderungen selbstverantwortlich weiter?
- Was könnte ich noch verbessern?

1.3.2 Methodenkompetenz

Definition: *Fähigkeit, selbstständig Probleme zu lösen und sich neue Kenntnisse und Fähigkeiten anzueignen*

Die Methodenkompetenz (Hard Skills) kennzeichnet das Wissen und die Fähigkeit, notwendiges Wissen zu beschaffen, strukturiertes Vorgehen bei der Lösung von Aufgaben, das Leveln und Priorisieren von Tätigkeiten, die Analyse von Inhalten, das Verwerten von Daten und die Aufbereitung von Ergebnissen.

Logisches, konzeptionelles Denken
Definition: *Fähigkeit, langfristige Problemlösungen unter Berücksichtigung aller Fakten und Restriktionen zu entwickeln*

Mit folgenden Beispielfragen können Sie die gefragte Kompetenz einschätzen:

- Wie gut sind meine Konzepte und Planungen, und inwieweit berücksichtigen meine Ziele relevante Kernthemen und die zeitgemäßen Anforderungen?
- Inwieweit erkenne ich logische Zusammenhänge und berücksichtige diese?
- Wie logisch sind eingesetzte Arbeitsverfahren, Lösungen und Schlussfolgerungen und inwieweit kann ich diese konzeptionell umsetzen?
- Was könnte ich noch verbessern?

Organisationsfähigkeit, Planungsvermögen
Definition: *Fähigkeit zur planvollen, systematischen und transparenten Vorgehensweise*

Mit folgenden Beispielfragen können Sie die gefragte Kompetenz einschätzen:

- Wie effektiv, effizient und vorausschauend organisiere ich meine Arbeit (unter Berücksichtigung von Zeit, Kosten, Ressourcen, Qualität)?
- Informiere, koordiniere ich frühzeitig Kollegen, Mitarbeiter und relevante Ansprechpartner und delegiere ich frühzeitig?
- Beherrsche ich Projektmanagementtools zu Projektplanung, -steuerung und -controlling?
- Inwieweit beherrsche ich die notwendigen Tools/Programme zur Planung und Steuerung?
- Was könnte ich noch verbessern?

Selbständiges Erarbeiten von Informationen
Definition: *Fähigkeit, komplexe Informationen zu gliedern, zu selektieren, zu bewerten und sinnvoll aufzubereiten*
Mit folgenden Beispielfragen können Sie die gefragte Kompetenz einschätzen:

- Wie effektiv und effizient erarbeite ich relevante Informationen und nutze Datenbanken, Internet, soziale Netzwerke, Messen, Recherchen u. Ä., um relevantes Wissen zu selektieren?
- Inwieweit beziehe ich wichtige Wissensträger und Netzwerke mit ein?
- Inwieweit kann ich Informationen komprimiert aufbereiten und professionell präsentieren?
- Was könnte ich noch verbessern?

Problemlösefähigkeit
Definition: *Fähigkeit, komplexe Problemstellungen sinnvoll zu strukturieren, Lösungsvarianten zu entwickeln, zu bewerten und umzusetzen*
Mit folgenden Beispielfragen können Sie die gefragte Kompetenz einschätzen:

- Wie gut erkenne ich die wesentlichen Schlüsselelemente bei vernetzten Problemen, deren Ursachen und wie sind meine Lösungsansätze?
- Wie umsetzbar sind insgesamt meine Lösungsansätze?
- Wie lösungsorientiert bin ich insgesamt?
- Was könnte ich noch verbessern?

Analytisches Denken
Definition: *Fähigkeit, komplexes Material sinnvoll zu gliedern und wesentliche Gesetzmäßigkeiten zu erkennen*
Mit folgenden Beispielfragen können Sie die gefragte Kompetenz einschätzen:

- Wie gut erkenne ich komplexe Strukturen und Zusammenhänge und kann diese analysieren?
- Wie gut verstehe ich Sachzusammenhänge und Bedingungsverhältnisse und kann diese abstrahieren?
- Welche konkreten Analysemethoden beherrsche ich?
- Was könnte ich noch verbessern?

1.3.3 Soziale Kompetenz

Definition: *Fähigkeit, mit anderen Menschen umzugehen, zu arbeiten und ein realistisches Selbstbild zu entwickeln*

Die soziale Kompetenz (Soft Skills) kennzeichnet das Wissen und die Fähigkeiten im Umgang mit anderen Menschen. Eine entsprechend ausgeprägte soziale Kompetenz ist das „Schmiermittel" für die Zusammenarbeit mit anderen Menschen. Auch das erfolgreiche Führen und Steuern von Arbeitsgruppen oder Abteilungen setzt eine ausgeprägte soziale Kompetenz voraus.

Konfliktfähigkeit
Definition: *Fähigkeit, Konfliktsituationen standzuhalten und positiv zu verarbeiten*

Mit folgenden Beispielfragen können Sie die gefragte Kompetenz einschätzen:

- Wie verhalte ich mich in Konfliktsituationen?
- Wie gehe ich mit Kritik an meiner Person um?
- Wie lösungsorientiert bin ich in Konfliktsituationen?
- Wie kann ich Konflikte in Teams bewältigen?
- Was könnte ich noch verbessern?

Belastbarkeit
Definition: *Fähigkeit, Stresssituationen standzuhalten und Misserfolge schnell zu verarbeiten*
Mit folgenden Beispielfragen können Sie die gefragte Kompetenz einschätzen:

- Wie verhalte ich mich in konkreten Stresssituationen und Arbeitsbelastungen?
- Wie verarbeite ich Misserfolge?
- Wie gehe ich dauerhaft mit Stress und Arbeitsbelastungen um?
- Was könnte ich noch verbessern?

Soziale Sensibilität (Empathie)
Definition: *Fähigkeit, sich in andere Menschen hineinzuversetzen unter Berücksichtigung der unterschiedlichen Rollen und kulturellen Hintergründe, und Fähigkeit, eine positive Beziehung aufzubauen*
Mit folgenden Beispielfragen können Sie die gefragte Kompetenz einschätzen:

- Wie verhalte ich mich auf der gleichen Ebene, gegenüber Vorgesetzten, gegenüber unterstellten Mitarbeitern?
- Wie viel Einfühlungsvermögen und Wertschätzung besitze ich und zeige dieses offen?
- Welche interkulturelle Kompetenz und Erfahrung besitze ich?
- Was könnte ich noch verbessern?

Kommunikationsfähigkeit

Definition: *Fähigkeit, durch echte Wertschätzung und gute kommunikative Fähigkeiten sowie Körpersprache und Gestik eine positive Beziehung herzustellen*

Die Bedeutung der Kommunikation ist die Reaktion, die jemand erhält. Es kommt nicht darauf an, was der Sender senden wollte, sondern das Ergebnis der Kommunikation ist die Botschaft, die beim Empfänger ankommt. Eine gute Kommunikation ist, wenn mein Gegenüber durch seine Reaktion signalisiert, dass er eine Botschaft so verstanden hat, wie diese übermittelt wurde. Gute Kommunikation ist die Kunst, beim Sender ein bestimmtes Erlebnis zu kreieren und entsprechende Reaktionen zu bekommen.

Achtung! Sich dabei bewusst sein:

Man kommuniziert immer, auch wenn man nichts sagt (siehe auch Abschn. 3.2.5)

Mit folgenden Beispielfragen können Sie die gefragte Kompetenz einschätzen:

- Wie klar sind mein sprachliches Ausdrucksvermögen und meine Überzeugungskraft?
- Wie kongruent (in sich stimmig) sind meine Körpersprache, meine Gestik und die Betonung in Kombination mit meiner Aussage?
- Wie gelingt es mir, meine interne Stimmung in Situationen, in denen ich kommuniziere, zu steuern und situationsgerecht anzupassen?
- Was könnte ich noch verbessern?

Dialogfähigkeit

Definition: *Fähigkeit, durch präzise Formulierungen mit wenigen Worten eine Situation oder einen Zustand zu beschreiben, sodass ein Verständnis durch meine Beschreibung erzeugt wird.*

Mit folgenden Beispielfragen können Sie die gefragte Kompetenz einschätzen:

- Wie klar sind mein sprachliches Ausdrucksvermögen und meine Überzeugungskraft?
- Wie offen kommuniziere ich auf der Sach- und Beziehungsebene?

- Wie gut höre ich zu, stelle relevante Fragen, strukturiere ein Gespräch und stelle eine gute Gesprächsatmosphäre her?
- Was könnte ich noch verbessern?

Menschenkenntnis
Definition: *Fähigkeit, Ziele, Motive und Bedürfnisse von Menschen zu erkennen und zu berücksichtigen*
   Mit folgenden Beispielfragen können Sie die gefragte Kompetenz einschätzen:

- Wie schaffe ich es, unterschiedliche Interessen und Bedürfnisse von Menschen zu erkennen und zu berücksichtigen?
- Wie schaffe ich es, unterschiedliche Menschen gleichermaßen zu gewinnen und zu überzeugen?
- Was könnte ich noch verbessern?

Integrationsfähigkeit
Definition: *Fähigkeit, sich und Teammitglieder zu integrieren*
   Mit folgenden Beispielfragen können Sie die gefragte Kompetenz einschätzen:

- Wie teamfähig bin ich, wie gut kann ich mich integrieren?
- Wie gut kann ich andere Team-/Projektmitglieder integrieren?
- Wie schaffe ich es, eine vertrauensvolle Arbeitsatmosphäre im Team aufzubauen?
- Was könnte ich noch verbessern?

1.3.4 Persönliche Kompetenz

Definition: *Fähigkeit, sich selbst zu steuern, zu reflektieren und zu regulieren*
   Die persönliche Kompetenz (Soft Skills) ist das eigene Brennglas für sich selbst. Die persönliche Kompetenz wirkt sich aus im eigenen Um-

gang mit Stress, in der Verarbeitung von Misserfolgen, im eigenständigen Setzen von Zielen sowie im eigenen Antrieb zum Erreichen der jeweils gesetzten Ziele. Zudem sind hier die Entscheidungsfähigkeit und die Selbstreflexion beinhaltet.

Zielorientierte Initiative
Definition: *Fähigkeit, Aufgaben und Ziele über einen längeren Zeitraum konsequent weiterzuverfolgen*
Mit folgenden Beispielfragen können Sie die gefragte Kompetenz einschätzen:

- Wie zielorientiert bewältige ich meine Aufgaben?
- Inwieweit stecke ich mir anspruchsvolle Ziele (z. B. im Rahmen der Zielvereinbarung) und verfolge diese zielstrebig und ausdauernd auch bei Widerständen?
- Inwieweit übernehme ich die Initiative und schaffe es, andere für gemeinsame Zielsetzungen zu motivieren?
- Was könnte ich noch verbessern?

Selbstständigkeit
Definition: *Fähigkeit, selbstständig und selbstverantwortlich Ziele zu setzen, sinnvolle Methoden zu wählen und Verantwortung für die Zielerreichung zu übernehmen*
Mit folgenden Beispielfragen können Sie die gefragte Kompetenz einschätzen:

- Wie selbstständig und eigenverantwortlich setzte ich vereinbarte Zielvereinbarungen und Aufgabenpakete um?
- Wie selbstständig und eigenverantwortlich suche ich neue Aufgaben und gehe diese an?
- Wie selbstständig organisiere ich Zeit, Kosten, Menge, Kapazität, Ressourcen und Qualität?
- Was könnte ich noch verbessern?

Entscheidungsfähigkeit
Definition: *Fähigkeit, unter Berücksichtigung aller relevanten Faktoren rechtzeitig und selbstständig richtige Entscheidungen zu treffen*
Mit folgenden Beispielfragen können Sie die gefragte Kompetenz einschätzen:

- Wie schätze ich meine Entscheidungsfreude und Risikobereitschaft ein?
- Berücksichtige ich relevante Informationen, mögliche Folgen, Ressourcen und Kosten einer Entscheidung?
- Wie ist die Qualität meiner Entscheidungen?
- Was könnte ich noch verbessern?

Innovatives Denken/Kreativität (Hands-on-Mentalität)
Definition: *Fähigkeit, neue weiterführende Ideen zu entwickeln und umzusetzen*
Mit folgenden Beispielfragen können Sie die gefragte Kompetenz einschätzen:

- Stelle ich Bestehendes in Frage?
- Wie offen bin ich für neue Lösungsansätze?
- Welche Qualität haben meine Ideen, Vorschläge – inwieweit bringen sie wirklich neue Erkenntnisse?
- Wie umsetzungsstark sind meine Ideen und Lösungsansätze?
- Was könnte ich noch verbessern?

Auftreten/Glaubwürdigkeit/Überzeugungskraft
Definition: *Fähigkeit, glaubwürdig aufzutreten und Menschen zu überzeugen*
Mit folgenden Beispielfragen können Sie die gefragte Kompetenz einschätzen:

- Wie glaubwürdig und überzeugend ist mein Auftreten?
- Wie selbstbewusst und authentisch trete ich auf?

- Schaffe ich es, andere zu begeistern und für gemeinsame Ziele zu motivieren?
- Was könnte ich noch verbessern?

Selbstkontrolle
Definition: *Fähigkeit, eigene Entscheidungen zu hinterfragen und daraus die notwendigen Schlüsse zu ziehen*

Mit folgenden Beispielfragen können Sie die gefragte Kompetenz einschätzen:

- Inwieweit schaffe ich es, mich sozial und emotional angemessen zu verhalten?
- Inwieweit schaffe ich es, die eigenen Gefühle zugunsten meiner Kollegen oder Mitarbeiter zu kontrollieren?
- Was könnte ich noch verbessern?

1.3.5 Kompetenzfalle

Wer zu sehr von sich in Bezug auf das eigene Fachwissen und die damit verbundenen Kompetenzen überzeugt ist, verliert gerne schnell den Blick für Neues und läuft dabei Gefahr, andere Perspektiven außer Acht zu lassen. Gemäß der eigenen **Über**zeugung: „Weiß ich schon, habe ich schon oft erlebt, da macht mir keiner etwas vor", kann es schnell passieren, dass aus **Über**zeugung **Über**schätzung wird und somit die Kompetenzfalle zuschnappt (siehe Abb. 1.5).

Dieser Prozess geht schleichend voran, und vor allem schnappt die Falle **unbewusst** zu. Daher ist es gerade für Menschen mit einem breit ausgebauten Fachwissen absolut wichtig, sich immer wieder neu zu reflektieren, sich zu justieren und sich mit allen Sinnen offen durch die Welt zu bewegen.

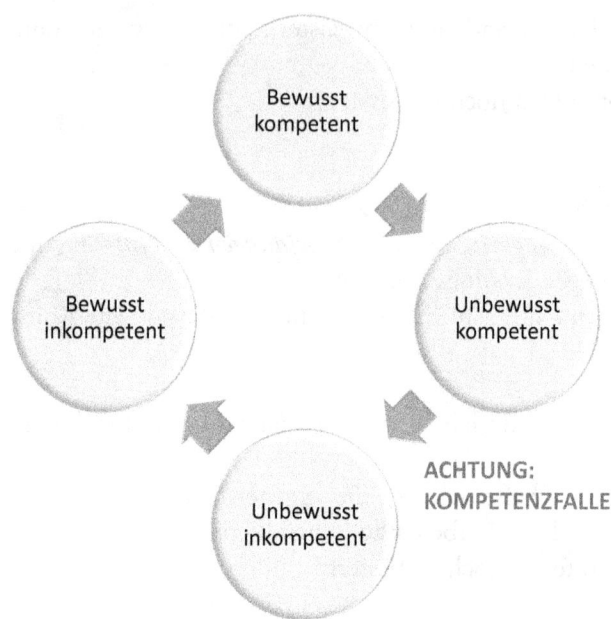

Abb. 1.5 Die Kompetenzfalle. © grafische Gestaltung: Thomas Frey 2021. All Rights Reserved

Bewusste Inkompetenz
Nehmen wir mal das Beispiel Autofahren. Ein Fahranfänger überlegt sich Schritt für Schritt, wie die einzelnen Teile dieses Prozesses funktionieren. Sich in das Auto setzen, anschnallen, prüfen, ob kein Gang eingelegt ist, auf die Bremse treten, Leerlauf einlegen, Schlüssel umdrehen. Blinker setzen, über die linke Schulter schauen und langsam und vorsichtig die Bremse loslassen, dabei die Kupplung treten und den ersten Gang einlegen.

Diese bewusste Vorgehensweise bedeutet, dass man sich seiner Inkompetenz sehr bewusst ist, und daher sehr vorsichtig agiert und handelt.

Bewusste Kompetenz
Die bewusste Kompetenz führt dazu, dass sich eine Sicherheit eingestellt hat, der Prozess Autofahren wird mehr und mehr automatisiert vorgenommen. Nicht jeder Schritt wird einzeln bedacht, es stellt sich eine Routine ein. Im Straßenverkehr wird dennoch genau auf die Umwelt

geachtet, nach Möglichkeit lässt sich ein Fahrer nicht ablenken, denn man ist ganz bewusst bei der Sache „Autofahren".

Unbewusst kompetent
Jetzt hat sich die Routine komplett eingestellt, alles läuft völlig automatisch ab, es findet kein bewusstes Nachdenken mehr über die einzelnen Schritte in Bezug auf das Autofahren ab. Das gilt auch für den täglichen Verkehr, und wenn zum Beispiel die Ampel auf „Gelb" springt, wird auch schon mal bewusst Gas gegeben, da der routinierte Fahrer die Ampelschaltung kennt und somit die Dauer der Gelbphase genauestens abschätzen kann.

Unbewusst inkompetent
Jetzt schnappt die Falle mit voller Wucht zu. Die Unbesiegbarkeit in Bezug auf das Autofahren hat sich eingestellt. Das Autofahren ist nur noch ein Beiwerk um von A nach B zu kommen. Auch werden schon mal gelbe Ampeln mitgenommen, die „man" gar nicht kennt, nebenbei checke ich meine Nachrichten auf dem Smartphone, tippe eine Mail ein und „BAAAATZ" bin ich einem anderen Autofahrer reingeknallt, da ich die ROTE Ampel übersehen habe.

Es ist daher wichtig, sich über den Grad seiner Kompetenzen bewusst zu sein, um auch hier seine eigenen Stärken und Schwächen zu kennen.

Anbei finden Sei eine weitere Checkliste, um die Kompetenzen für sich zu prüfen (siehe Tab. 1.4).

Dabei habe ich sie in vier Level eingeteilt, damit Sie für sich eine Klarheit erlangen, auf welchem Stand Sie sich bei den jeweiligen Kompetenzen befinden:

Stufe 1: bewusst inkompetent
Stufe 2: bewusst kompetent
Stufe 3: unbewusst kompetent
Stufe 4: unbewusst inkompetent

Tab. 1.4 Der persönliche Kompetenzcheck

Kompetenzfeld		Stufe 1	Stufe 2	Stufe 3	Stufe 4
Fachkompetenz	Kenntnisse ERP-Systeme				
	Markt-/Lieferantenkenntnisse				
	Kenntnisse Projektmanagement				
	…				
Methodenkompetenz	Recherchekenntnisse				
	Analytisches Denkvermögen				
	Problemlösungsfähigkeit				
	…				
Soziale Kompetenz	Kommunikationsfähigkeit				
	Dialogfähigkeit				
	Integrationsfähigkeit				
	…				
Persönliche Kompetenz	Kreatives Denken				
	Selbstständigkeit				
	Zielorientierte Initiative				

1.4 Die eigene persönliche Ausstattung

Blicken wir nun auf die persönliche Ausstattung eines Menschen. Diese zählt, neben der Ausbildung und der permanenten Weiterbildung, dem Arbeitsstil und den erworbenen Kompetenzen, zu den Grundvoraussetzungen für erfolgreiches Agieren im beruflichen Umfeld. Diese persönliche Ausstattung ist die Summe an Lebenserfahrungen. Sie ändert sich permanent in die eine oder andere Richtung. In Bezug auf den beruflichen Kontext möchte ich im weiteren Verlauf auf einige Inhalte dieser persönlichen Ausstattung eingehen (siehe Tab. 1.5).

Gesunder Menschenverstand, das natürliche Urteilsvermögen
Gesunder Menschenverstand bildet sich mit der Zeit von selbst – oder auch nicht – und ist die Summe von Lebenserfahrung, dem Verstand, der Vernunft und der Fähigkeit, logisch zu denken, sowie dem Willen, Unklares zu hinterfragen. Selbstverständlich muss ein Mensch mit einem gesunden Menschenverstand dabei auch den Mut aufbringen, auf sich selbst zu hören. Er muss seine Gefühle gut einordnen können, also sich selbst genau kennen. Diese Faktoren bilden meines Erachtens die Bausteine für ein eigenes internes Betriebssystem und bewirken, dass eine Person ein Gespür für Situationen und Menschen entwickelt und dabei intuitiv richtig handelt.

Tab. 1.5 Zusammenfassung der persönlichen Ausstattung

Lfd.	Ausstattung	Merkmal
1	Gesunder Menschenverstand	Internes Radarsystem
2	Interaktionsfähigkeit	Situatives, „richtiges", Reagieren
3	Selbstreflexionsfähigkeit	Sich selbst oder bestimmte Handlungen hinterfragen
4	Beharrlichkeit, Hartnäckigkeit	Dranbleiben, nicht locker lassen
5	Empathie	Spüren können, wie andere empfinden
6	Weiterbildung	Immer auf dem Laufenden bleiben, der Wille, sich zu entwickeln

Alle Menschen sind mit diesem natürlichen Urteilsvermögen ausgestattet, das auf der Basis erworbener Erfahrungen operiert: quasi die Summe aus Gefühl, Weisheit und Intuition.

Der gesunde Menschenverstand geht keine methodischen Umwege und lässt sich weder durch dogmatische Glaubenssätze, autoritäre Lehrmeinungen noch spekulative Forschungstrends beirren.

Wer sich auf sein Inneres verlässt, ist auch in der Lage, das Richtige zu tun, Entscheidungen selbstkritisch zu reflektieren und auf reflexhaft einstudierte Machtposen zu verzichten.

An Herz und Sinne gleichermaßen appellierend verhilft der gesunde Menschenverstand einem Menschen zum „Selbstdenken" – fern von lediglich „antrainierten" Arbeitsmethoden. Eigensinn und Eigentümlichkeit werden bewahrt.

„Gesund" im Sinne von „natürlich" und „intuitiv" bezeichnet die uns allen innewohnende Fähigkeit, Dinge spontan zu erkennen und zu begreifen.

Interaktionsfähigkeit
Mithilfe von Dialogen und Interaktion müssen Mitarbeiter, vor allem jedoch Führungskräfte aller Branchen, heute in der Lage sein, Gemeinschaften aufzubauen, zusammenzuhalten und diese kontinuierlich innerhalb einer positiven Feedbackschleife zu fördern und zu fordern. Dabei Innovationen hervorzubringen ist wichtig, genügt aber nicht. Die Gruppe muss zudem besondere kommunikative Fähigkeiten aufweisen. Dazu zählen u. a. auch kreative Reibung, die Fähigkeit, über Debatten und Fachdiskurse Ideen zu entwickeln sowie eine positive – und produktive – Streitkultur.

Im Rahmen der Entscheidungsfindung sollten dann unterschiedliche Ansätze, auch gegensätzliche, tragfähig vereint werden. Als Sparringpartner und Kollege in einem entwickelt der Vorgesetzte im Idealfall einen Interaktionsstil, der von den Mitgliedern seines Teams adaptiert werden kann. Denn die vorgelebten Werte bestimmen die Prioritäten und Entscheidungen in einer Gruppe und beeinflussen ihre Denk- und Handlungsweise als Ganzes. Wenn eine Gemeinschaft zusammenwachsen soll, müssen sich ihre Mitglieder z. B. einig sein, was wichtig ist – und dann integrative Entscheidungen treffen, statt einzelnen Gruppen die Vorherrschaft zu überlassen.

Selbstreflexion – eigene Schwächen auf dem Prüfstand
Oder: aus den Erlebnissen des Tages oder eines Zeitraumes die richtigen Schlüsse zu ziehen.

Nur innengeleitete, selbstbewusste – und selbstreflektierte – Menschen sind in der Lage, sich und andere zu bewegen. Führen Überzeugungen in nur eine Richtung und verfestigen sich solche starren Glaubenssätze im Laufe des Lebens weiterhin, bleiben Menschen oftmals in alten, autoritären Denk- und Handlungsmustern gefangen. Eine Blase entsteht, welche die lebendige Interaktion verhindert. Eine infantile Motivationsstruktur und Petzkultur ermutigt zur Diffamierung. Das lässt den Angstpegel im Team steigen, authentischer Inforückfluss wird unmöglich und die Selbstregulierungsfähigkeit wird gelähmt.

Schonungslose Selbstreflexion kann sich bisweilen anstrengend gestalten. Doch gerade in Zeiten des digitalen Umbruchs ist sie alternativlos. Denn in einer Wirtschaft, die sich schneller dreht als je zuvor, in der sich die Strategien zunehmend einander annähern, machen am Ende der Mensch und seine Fähigkeiten den Unterschied.

Angesichts eines stark impulsgetriebenen Marktes wird Selbstreflexion zur Königsdisziplin. Aus den Erlebnissen des Tages oder eines Zeitraumes die richtigen Schlüsse zu ziehen, fern von Rationalisieren, Beschönigungen oder Wunschdenken, erfordert allerdings Selbstbewusstsein.

Kein Mensch fühlt sich zunächst wohl dabei, den Spiegel vorgehalten zu bekommen und sich dabei selbst zu begegnen. Oder gar zu entdecken, dass eine gewaltige Lücke klafft: dazwischen, wie er im Team wahrgenommen werden möchte und wie seine Teamkollegen ihn dann tatsächlich sehen. Das ist jedoch die Kunst, sich erkennen und verbessern zu wollen.

Die Kunst der Beharrlichkeit
Unendliches Potenzial und ungeahnter Möglichkeitsraum: Das ist die Blaupause, nach der die Realität geformt wird – im Leben und im Berufsleben. Wenn wir möchten, dass sich unsere Wünsche manifestieren, konzentrieren wir uns nicht auf das, was wir sehen, sondern auf das, was wir

sehen wollen. Vorausschauende Menschen verfolgen ihr Ziel deshalb konsequent, ohne sich von Rückschlägen beirren zu lassen: Denn nicht alles läuft gleich wie am Schnürchen.

Eine der größten Herausforderungen besteht z. B. darin, in Zeiten ständiger Disruption wettbewerbsfähig zu bleiben, das hat die jüngste Pandemie deutlich gezeigt. Optimiert auf Effizienz fehlt es jedoch oftmals an Durchhaltevermögen, um den notwendigen Wandel langfristig zu etablieren. Denn temporäre Widrigkeiten sind ein vitaler Bestandteil des Prozesses.

Hinfallen, aufstehen, sich neu justieren, weitergehen

Erfolg erfolgt selten linear, erst recht nicht in der Start-up-Phase einer Firma oder in der Versuchsphase eines Pilotprojektes. Der Durchbruch bei der Neukundenakquise bedeutet beispielsweise nicht, einen „erlegten Kunden und somit gewonnen Kunden" nach dem ersten Anruf, sondern ist mitunter das Ergebnis langjährigen Nachfassens, und das, „ohne auf die Nerven zu gehen".

Empathie: Bei anderen erkennen, was diese bewegt, ohne nachzufragen

Kommunikationsbarrieren abbauen, Potenziale nutzen, Lösungskompetenz aufbauen, notwendige Anpassungsschritte vollziehen – und dabei stets die eigene Einzigartigkeit bewahren: Das sind die Ziele moderner Zusammenarbeit.

Auch ist jede Fachpersönlichkeit eingebunden in ein soziales Netz von Aktionen und Reaktionen, Ursachen und Wirkungen, in ein fluktuierendes Miteinander und Gegeneinander. Diese Mechanismen gilt es zunächst genau zu verstehen, um dann im zweiten Schritt gemeinsam neue Lösungswege zu erarbeiten. Und die neue Empathie zahlt sich aus:

Plötzlich lassen sich Konflikte schneller entschärfen, Konzepte kreativer entwickeln, Probleme selbstbestimmter lösen, Talente chancenreich ausbauen und auch ambitionierte Ideen im Interesse des Unternehmens zielführender verfolgen. Die persönliche Erfolgsbilanz erhöht sich signifikant.

Im Schulterschluss mit dem Kollegen sucht der Mitarbeiter dann nach der Kraftquelle seiner Inspiration, erforscht die Landkarte der Emotionen und macht einfühlsam Station, wo noch Handlungsbedarf besteht: stets mit einem scharfen Blick auf die soziale Landschaft, die ihn umgibt.

Die Wertschöpfung: mehr Energie, mehr Selbstvertrauen, mehr Lebensqualität – manchmal auch nur anwendbares Wissen. Und damit eine wiederentdeckte Leichtigkeit.

Die permanente Weiterbildung
Die Covid-19-Pandemie hat verdeutlicht, dass sich die Welt und somit auch die Arbeitswelt von heute auf morgen – teilweise radikal – verändern kann. Daher ist gerade in Zeiten einer permanenten Veränderung, wie auch die Digitalisierung seit Jahren schon zeigt, die Notwendigkeit einer zielgerichteten Weiterbildung wichtiger denn je. Bereits als Kind ahmen wir unsere Eltern nach, kopieren deren Verhalten, lauschen den vorgelesenen Geschichten mit Spannung, und packen diese ersten gesammelten Erfahrungen in die Kiste der eigenen Entfaltung. In der Schule vermitteln uns die Lehrer die Notwendigkeit einer guten Bildung, wir lernen den Umgang mit diversen Medien kennen und weiten unsere Kompetenzen durch kennenlernen, ausprobieren und büffeln aus. Dann folgt die Ausbildung oder das Studium, wo fachspezifisches Wissen in uns dringt. Fachbücher und Apps begleiten uns hier ebenso, wie Social Media und Co. Jedoch ist all das bis dahin erlangte Wissen allgemein gehalten, denn gerade im Job sind spezifische Kenntnisse absolut notwendig. Jedes Unternehmen hat zum Beispiel eigenständige ERP- Systeme, welche häufig auf die spezifischen Anforderungen des Unternehmens angepasst wurden. Täglich kommen neue Apps auf den Markt, welche sich in den Abläufen und Prozessen der Arbeitswelt integrieren. Das Smartphone ersetzt den Papierordner, die VR-Brille gepaart mit den tactilen Handschuhen erleichtern den Entwicklungsprozess, um nur einige Beispiele zu nennen. Als Personalberater erlebe ich immer häufiger, dass Kenntnisse spezieller Software oder das Wissen von branchenspezifischen Tools gefordert werden. In fast allen Berufen wird daher ständig ein aufgefrischtes Knowhow benötigt, da sich Prozesse, Soft- und Hardware, Richtlinien und rechtliche Bestimmungen permanent verändern. Somit ist eine jeweils aktuelle Qualifikation ein Muss. Lebenslanges Lernen ist daher auf keinen Fall nur eine leere Floskel, sondern in der Berufswelt der 20er- Jahre mehr denn je überlebenswichtig. Daher möchte ich Sie dazu ermuntern, sich immer wieder zu hinterfragen: Wann habe ich das letzte Mal die Schulbank gedrückt oder das letzte Mal ein Seminar besucht? Was konnte

ich davon in meinem Tagesgeschäft einbringen? Bin ich offen gegenüber Neuerungen? und Informiere ich mich darüber, wie ich mein beruflich notwendiges Wissen aktuell halten oder erweitern kann? Diese Pandemie hat gezeigt: Gerade war der aktuelle Job noch eine sichere Bank, dann kam der Auftragseinbruch, die Kurzarbeit war nahe, die Entlassung drohte, im schlimmsten Fall trat die Arbeitslosigkeit ein. Heutzutage ist daher niemand vor Arbeitslosigkeit sicher. Und wer eine unfreiwillige Auszeit nehmen muss und den Weg zurück ins Berufsleben finden will, der sollte die Zeit und somit die Möglichkeit der Weiterbildung unbedingt nutzen. Im Berufsleben besteht mehr den je die Chance, sich zu spezialisieren oder die eigenen bestehenden Kompetenzen auszubauen. Die Möglichkeiten der Weiterbildung sind, gerade in Deutschland, extrem hoch. Gezielte Weiterbildung kann dazu führen, einen ganz neuen Job zu ergattern. So entstehen Berufe, welche vor 10 Jahren noch undenkbar waren, wie Abfalldesigner, Aquaponik-Fischfarmer, Cyber-Security-Officer, Robotik-Berater oder der Tele-Chirurg. Auch der 3D-Handwerker ist ein komplett neues Feld, denn der Umgang mit dem 3D-Drucker will schließlich auch gelernt sein. Halten wir es wie Steve Jobs (Apple), welcher während einer Rede vor Absolventen der Stanford-Universität am 12.06.2005 einen wichtigen Satz äußerte: **Stay hungry. Stay foolish,** übersetzt: **"Bleibt hungrig, bleibt tollkühn"**

1.5 Manager oder Leader?

Entscheider entscheiden. Aber nicht immer liegt die Lösung auf der Hand: Das Standing im Team ist bedroht. Eine Schlüsselposition ist umzubesetzen. Ein Mitarbeiter ist offenkundig überfordert. Ein Konflikt bricht auf. Das Zeitmanagement gerät außer Kontrolle. Oder die Grenzen zwischen Ambition und Emotion verwischen. Zudem hat sich die Großwetterlage geändert: Die Globalisierung verlangt einem Unternehmenslenker interdisziplinäres Wissen ab und interkulturelle Kommunikation. Und doch enden die größten Träume oft nach langen Abstimmungsprozessen als kleinster, gemeinsamer Nenner: verheißungsvoller Anfang, typischer Verlauf!

Welche Grundeigenschaften sollten Führungskräfte mitbringen? Ein gewisses Verständnis für andere Kulturen, das Kommunizieren in anderen Sprachen und der respektvolle Umgang mit Mitarbeitern gewinnen an Bedeutung. Manager, die es gewohnt sind, zu planen und Budgets zu verwalten sowie die Instrumente Controlling und Prozesssicherung beherrschen, sind nach wie vor notwendig. Jedoch werden mehr und mehr global agierende Leader benötigt, welche Mitarbeiter inspirieren und mobilisieren können und die Sprache und den Nerv von Menschen aus unterschiedlichen Kulturen treffen. Diese Leader sind Treiber von Veränderungen, sie schaffen es, dass Mitarbeiter ihnen folgen wollen. Persönlichkeit und Ideen sind ihr Markenzeichen.

Abschied vom durchgedrückten Kreuz: der neue Managertyp
Nie zuvor war unser Alltag so schnelllebig, waren die Aufgaben so komplex, die Termine so eng getaktet und unsere Arbeitswelt so voller neuer, wechselnder Herausforderungen. Deshalb lohnt es sich, aus der Außenorientierung herauszutreten und in die Achtsamkeit hineinzugehen. Denn genau hier setzt gutes Leadership an.

Denn die Zeiten der einsamen Kapitäne sind vorbei: Um die Klippen der Digitalisierung zu umschiffen und ihren Erfolgskurs zu halten, brauchen moderne Unternehmen Entscheider in allen Abteilungen, welche den Eisberg im Fahrwasser noch vor der Führungsspitze sehen und notfalls auch einmal die Reißleine ziehen, ohne betriebsblind zu werden.

Doch wie gelingt gute Personalführung in einer täglich komplexer werdenden Arbeitswelt, was zeichnet einen fairen Chef aus, wie lassen sich Konflikte mit Mitarbeitern entschärfen und welche beruflichen Kernkompetenzen und Kardinaltugenden verhelfen Führungskräften wirklich zum Erfolg?

Wie schnell sich die Arbeitswelt ändert, das hat eindringlich die Covid-19-Pandemie gezeigt. Von heute auf morgen musste der Fachbereichsleiter „seine Truppen" umstellen, von Büroarbeit auf Homeoffice. Neue Systeme mussten blitzschnell aufgesetzt werden, und man stand vor der großen Herausforderung: Wo bekommen wir jetzt Masken her?

Plexiglasscheiben am Ausgabeschalter und der Spuckschutz für das Kassenpersonal mussten beschafft werden. Zu Hause musste der kleine Mitbewohner während der Videokonferenz mit den USA gebändigt werden, und immer war die nicht nach außen hin sichtbare eigene Unsicherheit der ständige Begleiter, egal ob am Telefon oder vor dem Bildschirm.

Das Wissen um die eigenen Stärken und Schwächen in Bezug auf die Führungsfähigkeiten haben sich während dieser Zeit sicherlich verdeutlicht.

Führungsfähigkeiten?
Das ist eine der häufigsten Fragen, welche ich Coachees im Rahmen von Sitzungen stelle. Von der Fachkraft zur Führungskraft ist es oftmals nur ein kleiner Schritt. Und wenn dann ein junger Mensch vor mir sitzt und mir erläutert, dass eine Führungsposition in Aussicht gestellt wird, stelle ich die Frage nach den Führungsfähigkeiten. Ich möchte hier nicht weiter in dieses Thema eintauchen, denn das Material reicht sicherlich für ein komplettes Kapitel, hat jedoch in Bezug auf das Thema Bewerbung keine wesentliche Bedeutung. Jeder Mensch, welcher sich von der Fachkraft zur Führungskraft bewegen möchte, sollte wissen, dass die Fachkenntnisse, je höher ich als Mitarbeiter in der Hierarchie nach oben klettere, abnehmen, und die sozialen und die persönlichen Kompetenzen mehr und mehr an Bedeutung gewinnen. Weiterhin kommen weitere, wichtige Fähigkeiten hinzu, welche für eine Führungskraft absolut notwendig sind:

Führungsfähigkeit: Delegationsvermögen
Wann kann ich als Führungskraft eine Aufgabe delegieren, wann löse ich diese lieber selber? Das ist die Kernfrage, welche sich jeder Personalverantwortliche (oftmals) tagtäglich stellt. Hier ist die Fähigkeit gefragt, einem Mitarbeiter gemäß seinen Fähigkeiten und Neigungen bestimmte Aufgaben zu übertragen. Dazu ist die Einschätzung der notwendigen Hilfsmittel notwendig, welche ein Mitarbeiter zur Aufgabenbewältigung benötigt. Die übertragene Aufgabe muss verständlich erklärt und erläu-

tert werden, weiterhin ist es notwendig, den Fortschritt der übertragenen Aufgaben zu überwachen bzw. zu hinterfragen. Als Führungskraft sollte ich immer den Blick auf das Ganze richten, also das Team, die Abteilung oder den Bereich. Die einzelne Verzahnung der Tätigkeiten innerhalb des Verantwortungsbereiches und die Schnittstellen in andere Funktionen des Unternehmens müssen berücksichtigt werden. Somit ist es notwendig, als Führungskraft „fachlich" loslassen zu können und Vertrauen in die eigene Mannschaft zu haben, dass diese die Aufgaben zur Zufriedenheit erledigt.

Führungsfähigkeit: Begeisterungsfähigkeit
Ein schwieriges Gespräch mit einem Kunden steht an, die Aufstellung muss bis zum Abend fertig werden. Die Lieferung muss unbedingt noch raus, auch wenn das Überstunden und Samstagsarbeit bedeutet. Ein Mitarbeiter hat extrem viel Stress und sitzt verzweifelt am Tisch des Vorgesetzten, der Kunde ist extrem unzufrieden, die Abteilungsleitung anderer Fachbereiche muss von der Notwendigkeit der Investition überzeugt werden. Begeisterungsfähigkeit wird dann benötigt, wenn andere von unliebsamen oder komplexen Themen zu überzeugen sind. Dazu ist es notwendig, das Gegenüber genauestens einzuschätzen, zu spüren wie sich andere bei der Übertragung von Aufgaben fühlen, wie andere auf die Übermittlung von Nachrichten reagieren, und die Fähigkeit ist vonnöten, Botschaften in jeweils angemessener Sprache zu übermitteln.

Führungsfähigkeit: Ergebnisorientierung
Bin ich INPUT- oder OUTPUTorientiert? Inputorientiert bedeutet, dass ich Wert auf das „wie wird eine Aufgabe erledigt" lege. Outputorientiert bedeutet, dass ich als Führungskraft Wert auf das Ergebnis der Aufgabenerfüllung lege. Ergebnisorientierte Mitarbeiterführung bedeutet die Fokussierung auf konkrete Ziele. Dazu zählt der Wille, gemeinsam mit den Mitarbeitern Ergebnisse zu erzielen. Das setzt die Fähigkeit voraus, mit den Mitarbeitern konkrete Ziele zu vereinbaren, die Schritte der Zielerreichung festzulegen und zu kontrollieren und das erfolgreiche Ergebnis mit den Mitarbeitern zu „feiern".

Führungsfähigkeit: Beurteilungsvermögen
Sich selbst und andere beurteilen zu können setzt voraus, dass man die Tätigkeiten und Aufgaben hinsichtlich der notwendigen Zeit, der notwendigen Mittel, dass man die Menschen und den spezifischen Schweregrad abschätzen kann. Daraus ergibt sich die Schlussfolgerung, dass auf eine begründete Einschätzung unterschiedliche Maßnahmen und Aktivitäten folgen. Die Fähigkeit einer Führungskraft, Prozesse, Sachlagen und Menschen korrekt einschätzen zu können, ist ein wesentlicher Baustein zur Erreichung von Abteilungs- oder Unternehmenszielen. Bei der Beurteilung spielen Nüchternheit und vorurteilsfreie Vorgehensweise sowie Unparteilichkeit und Fairness eine große Rolle.

Führungsfähigkeit: unternehmerische Haltung
Schon Konfuzius wusste, dass man mit einem guten Beispiel besser regiert als durch Gesetze und Vorschriften. Vorgesetzte, die sich selbst als Vorbild und Quelle der Inspiration betrachten und mit einer offenen Kommunikation an Mitarbeiter herantreten und dabei die Fairness schätzen, werden bei den Mitarbeitern sehr stark dazu beitragen, dass diese sich mit der Unternehmenskultur identifizieren und dadurch inspiriert werden, eine entsprechende Eigenmotivation zu finden, um unternehmerisch zu handeln. Unternehmerische Haltung bedeutet zudem, dass eine Führungskraft auch Themen an die Mitarbeiter heranbringt, die nicht populär, jedoch aus unternehmerischer Sicht notwendig sind.

Führungsfähigkeit: politisches Geschick
Führungskräfte bewegen sich in sogenannten Sandwichpositionen. So muss ein Leader mit direktberichtenden Mitarbeitern umgehen, weiterhin mit Personen auf der gleichen Ebene, und natürlich haben auch Führungskräfte (zumindest fast alle) Vorgesetzte, an welche diese berichten. Somit bewegt sich eine Führungskraft in und zwischen vielen unterschiedlichen Ebenen. Das bedeutet oftmals netzwerken und den Finger am Puls der Organisation zu haben.

- Wer tickt wie?
- Wer kann mit wem?
- Was kann ich wann sagen?
- Wann ist die beste Zeit für …?

1.6 Berufsbilder

Das Wissen um die „logischen Ebenen", den eigenen Arbeitsstil, die vorhandenen Kompetenzen und die daraus resultierende eigene persönliche Ausstattung führen zu dem Ergebnis, welcher Beruf zu einem passt. Schauen wir uns doch mal einige Berufsgruppen unter der Lupe dazu an. Dazu habe ich beispielhaft die Bereiche Vertrieb und Einkauf ausgewählt, da mit diesen Berufsgruppen jeder mehr oder weniger zu tun hat.

Vertrieb
Abhängig von der Branche haben sich im Vertrieb unterschiedliche „Vertriebstypen" entwickelt:

Der Hunter
Der Hunter ist ein Mensch, der gerne neue Kunden akquiriert, der Türen öffnet um die Spezialisten des Unternehmens zum Kunden hereinzulassen. Der Hunter entwickelt Beziehungen zu neuen Kunden.

Das zeichnet den Hunter aus:

- Der Hunter ist ein wahrlich guter Detektiv, er findet heraus, wer der wirkliche Ansprechpartner des möglichen neuen Kunden ist, um ganz gezielt die richtigen Personen zu kontaktieren.
- Der Hunter ist neugierig, will wissen was im Markt los ist. Das bedeutet, er informiert sich permanent, welche Kunden auf Expansionskurs sind, welche Unternehmen sich derzeit erneuern. Neues ansprechen; welche Farben oder Materialien derzeit gefragt sind, welche Menschen sich verändern möchten.
- Der Hunter ist ein wahrer Netzwerker, trifft sich permanent mit verschiedenen Menschen, ist ständig im Kontakt, hat unter Umständen monatlich enorme Spesenabrechnungen, ist auf Messen oder bei diversen Kundenveranstaltungen unterwegs.

- Der Hunter hat eine hohe Misserfolgstoleranz, wenn er einen Kunden nicht gewinnen kann, geht der Hunter dazu über und versucht den nächsten Kunden zu gewinnen, auch wenn der Hunter 99 Absagen erhält, der 100. Anruf wird ein Erfolg.
- Der Hunter ist hartnäckig, bleibt am Ball, lässt nicht locker.

Farmer oder auch Key Account Manager (KAM)
Der Farmer sorgt dafür, dass die geöffnete Tür zu einem bestehenden Kunden offenbleibt. Der Farmer entwickelt einen bestehenden Kunden weiter. Die Bezeichnung KAM steht dafür, dass dieser Vertriebler die „Schlüsselkunden" betreut.

Das zeichnet den Farmer aus:

- Der Farmer besitzt eine herausragende fachliche Kompetenz, kann dem Kunden z. B. Informationen hinsichtlich möglicher zu verwendender Materialien geben, hat einen guten Überblick über Neuerungen und kennt die marktüblichen branchenbezogenen Trends.
- Der Farmer ist ein guter Zuhörer und geht auf seinen Kunden ein. Dabei ist dem Farmer wichtig, zu verstehen, welchen Bedarf der Kunde hat, um diesen zielgerichtet zu beraten.
- Der Farmer ist jederzeit für den Kunden erreichbar, wenn zum Beispiel etwas mit einer Montage nicht funktioniert oder eine Lieferung nicht pünktlich ist – ein Anruf, und der Farmer kümmert sich sofort um die Bedürfnisse seiner Kunden.
- Der Farmer ist ein guter Sparringspartner für den Projektmanager und ist somit eine zentrale Schnittstelle zwischen dem Kunden und dem Lieferanten.
- Der Farmer ist geduldig und geht diplomatisch vor.

Einkauf

Einkauf bedeutet nicht nur bestmögliche Einkaufspreise und Konditionen, sondern auch eine größtmögliche Standardisierung, da der Einkauf eine unmittelbare Auswirkung auf die Bestandsführung und die Produktion hat. Dabei werden Einkaufsaktivitäten häufig auf internationaler Ebene koordiniert.

Einkauf bedeutet auch die Beschaffung von Waren und Dienstleistungen (operativer Einkauf) und die Findung von Lieferanten und das Aushandeln von Konditionen sowie die Begutachtung der Lieferanten durch Lieferantenaudits (strategischer Einkauf).

Strategischer Einkauf

- Planung und Steuerung der jeweiligen produktgruppenbezogenen Materialkostenentwicklung
- Durchführung einer nationalen/internationalen Beschaffungsmarktforschung
- Analyse des Einkaufsverhaltens der jeweiligen Marktbegleiter (Wettbewerber)
- Festlegung der produktgruppenbezogenen Lieferantenanzahl
- Definition der Vergabestrategien
- Standardisierung (Vereinheitlichung von Bauteilen) zur Volumenbündelung
- Findung neuer Lieferanten auf nationaler/internationaler Ebene
- Planung, Durchführung und Dokumentation von Lieferantenaudits zur Lieferantenbewertung
- Verhandlung von Preisen und Zahlungsbedingungen mit bestehenden und neuen Lieferanten

Operativer Einkauf

- Sicherstellung und Durchführung einer effektiven Einkaufstätigkeit, Bearbeitung von Anfragen, Führen von regelmäßigen Preis-/Bonusverhandlungen mit bestehenden Lieferanten
- Sicherstellung der Disposition, Beschaffung und Lagerung aller notwendigen Roh-/Hilfs- und Betriebsstoffe sowie Handelswaren unter Termin- und Kostengesichtspunkten
- Sicherstellung einer termingerechten und taggenauen Bearbeitung der die Bereiche Einkauf betreffenden Geschäftsvorgänge/Stammdaten im vor Ort eingesetzten ERP-System
- Führen von Einkaufsstatistiken sowie Durchführung von Lieferantenbeurteilungen und Vergleiche unter Qualitäts- und Kostengesichtspunkten

Mir ist wichtig, an dieser Stelle zu verdeutlichen, dass jeder Beruf viele unterschiedliche Facetten hat. Jeder Beruf bringt eigene Spezialisierungen mit sich. Jeder Beruf hat somit unterschiedliche Anforderungen, welche am besten durch die persönlichen Befindlichkeiten und Eignungen der Menschen abgedeckt werden. Das macht die Stellensuche, aber auch das Finden von passenden Menschen für eine Stelle so spannend und interessant.

1.7 Bewusstes berufliches Ziel festlegen

Der Eigen-TÜV ist somit vollzogen, das Bewusstsein über sich selbst geschärft, nun gilt es abschließend, das berufliche Ziel zu definieren, um sich anschließend auf den nächsten Schritt, die Suche nach der passenden Arbeit, zu konzentrieren.

Was ist eigentlich ein Ziel?
Meine persönliche Definition:
„Ein Ziel ist ein bewusst gewollter Zustand in der Zukunft, von dem ich weiß, dass ich dafür etwas tun muss".

Dazu ist es notwendig, das Ziel zu definieren, den Antrieb oder die Motivation für das Ziel zu erkennen, sich den erreichten Zielzustand vorzustellen, ggf. das Ziel zu korrigieren und anschließend die Schritte für die Zielerreichung festzulegen.

Eine neue Stelle zu finden ist zunächst ein Wunsch. Ein daraus abgeleitetes Ziel wäre es, vielleicht jeden Tag drei Bewerbungen zu schreiben. Jedoch ist das Schreiben von drei Bewerbungen ja nicht das Ziel, sondern dient der Ziel**erfüllung**.

Der Wunsch (neuer Job) sollte also in ein Ziel gewandelt werden, dazu sind entsprechende Schritte notwendig.

Die Anzahl der geschriebenen Bewerbungen wird in ein Unterziel formuliert und ist ein Teil des Gesamtziels (neuer Job).

Die klare Selbstfindung und daraus abgeleitet Selbstformulierung des beruflichen Ziels ist gleichzeitig eine Beantwortung der typischen Fragen im Bewerbungsgespräch, nach der Motivation der Bewerbung.

Ziel definieren

Dazu ist die Befolgung von drei Regeln zu empfehlen:
Spezifisches *Ziel definieren.*
„Ich brauche einen neuen Job im Vertrieb" ist zu allgemein. Ebenso ist das Ziel, „Ich möchte Teamleiter werden" ebenfalls zu unspezifisch. Spezifizieren Sie Ihr berufliches Ziel daher sehr exakt:

- Welche Aufgabe, verbunden mit welchen Arbeitsinhalten strebe ich an?
- Welche Verantwortung möchte ich übernehmen?
- Wo, an welchem Ort möchte ich arbeiten?
- Welches Kollegenumfeld ist mir wichtig?
- Was möchte ich verdienen?

Die Selbstinitiierbarkeit des Ziels

Verfüge ich über die notwendigen Kenntnisse, Mittel, die Zeit und das notwendige Umfeld, um mein Ziel (neuer Job) zu erreichen?

Das bedeutet konkret, sich damit zu beschäftigen, worauf ich selbst Einfluss nehmen kann. Beispielsweise, ob der zeitliche Rahmen für den Bewerbungsprozess gegeben ist.

Sind die notwendigen Tools wie Literatur, Software, Computer, etc. vorhanden?

Habe ich Ratgeber, welche mich ggf. unterstützen, wenn ich mal nicht weiter weiß?

Positive Beweggründe für den angestrebten Job finden

„Weg von" ist kein positiver Beweggrund, positiv ist die Formulierung „hinzu".

Also der Beweggrund: „Ich will von dem schlechten Betriebsklima weg" oder „die schlechte Bezahlung" als Grund der Orientierung nach einer neuen Arbeit sind negative Formulierungen.

Positiv formuliert sind Gründe wie: „Die gebotene Perspektive XYZ reizt mich bei der neuen Aufgabe" oder „der Arbeitsort" oder das neue „Arbeitsumfeld", die „neuen Produkte" … sind Beweggründe, die zu etwas Neuem hinführen, und somit haben diese einen positiven Charakter und wirken motivierender, etwas zu verändern oder Neues anzustreben.

Ziel prüfen
Wenn das Ziel für Sie klar ausformuliert ist, Sie genau wissen, was Sie möchten, wo Sie hinwollen und welche Arbeit verbunden mit den entsprechenden Aufgaben, „beamen" Sie sich in die Zukunft und stellen sich die Zielerreichung vor.

Denken Sie sich in den angestrebten Arbeitsort, führen mit imaginären Kollegen Gespräche, pendeln morgens zur Arbeit und abends zurück. Versetzen Sie sich in Ihr zukünftiges „Ich" und stellen Sie sich Ihr privates Umfeld vor. Wie nehmen Ihre Kinder Sie war oder der Partner? Was werden Eltern und Freunde denken? Wie macht sich der künftige Job im Portemonnaie bemerkbar?

Diesen „Ökologie-Check" oder „Umwelt-Check" (siehe Abschn. 1.1) sollten Sie ebenfalls sehr bewusst durchführen, letztendlich sammeln Sie hier weitere Argumente für ein mögliches Vorstellungsgespräch. Zudem können Sie hier auch noch einmal prüfen, inwieweit Sie bereit sind, für einen neuen Job vieles zu ändern.

- Wie würde sich eine Wochenendbeziehung bemerkbar machen?
- Wie könnte sich das neue Arbeitsumfeld auswirken?
- Wie können Freundschaften weiterhin gepflegt werden?

Somit möchte ich das Kapitel „Welche Arbeit passt zu mir" mit einem Formular abschließen, welches Ihnen eine Unterstützung bietet, Ihr ganz persönliches Format zu erstellen und diese Infos nutzbringend für die Erstellung Ihres Profils zu nutzen (siehe Abb. 1.6; unter https://www.springer.com/de/book/9783662623800 kostenlos zum Herunterladen verfügbar).

PERSÖNLICHES FORMAT

Arbeitsstil

Pragmatiker
Logiker
Reflektor
Aktivist

Bewertungsbereich

Skala 1–4

1: Trifft nie zu	2: Trifft kaum zu	3: Trifft relativ häufig zu	4: Trifft fast immer zu

Wertestruktur

Beschreibung
Wert 1 ....
Wert 2 ....
Wert 3 ....

Rangfolge gemäß Tabelle 1.2

Kompetenzen

Fachliche Kompetenz — Beschreibung

Fachwissen ....
....
Fachübergreifendes Wissen ....
....
Spezialwissen ....
....

Skala 1–7 (Seite 21)

1	2	3	4	5	6	7
1	2	3	4	5	6	7
1	2	3	4	5	6	7
1	2	3	4	5	6	7
1	2	3	4	5	6	7
1	2	3	4	5	6	7
1	2	3	4	5	6	7
1	2	3	4	5	6	7

Methodische Kompetenz

Konzeptionelles Denken
Organisationsfähigkeit
Recherchefähigkeit
Problemlösungskompetenz
Analytisches Denken

Skala 1–3

1: Gering ausgeprägt	2: Mittelmäßig ausgeprägt	3: Stark ausgeprägt

Soziale Kompetenz

Konfliktfähigkeit
Belastbarkeit
Kommunikationsfähigkeit
Dialogfähigkeit
Interaktionsfähigkeit

Persönliche Kompetenz

Selbstständigkeit
Entscheidungsfähigkeit
Hands-on-Denken
Selbstbewusstsein
Selbstkontrolle

Persönliche Ausstattung

Gesunder Menschenverstand
Interaktionsfähigkeit
Selbstreflexionsfähigkeit
Beharrlichkeit
Empathie

Abb. 1.6 Das eigene persönliche Format bestimmen. © Thomas Frey 2021. All Rights Reserved

Literatur

Lernstile nach Honey und Mumford (1992). https://arbeitsblaetter.stangl-taller.at/LERNEN/LernstileHoneyMumford.shtml. Zugegriffen am 04.06.2020

Nuboworkers (2019) So hast du leichtes Spiel bei allen Lernstilen. https://nuboworkers.com/so-hast-du-leichtes-spiel-bei-allen-lernstilen/. Zugegriffen am 04.06.2020

2

Wie finde ich die passende Arbeit?

Zusammenfassung Die Suche nach einer passenden Stelle oder Vakanz gleicht oft der Suche nach der Nadel im Heuhaufen. Die digitalisierte Welt ist dabei nicht nur nützlich, sondern durch die Vielseitigkeit sehr komplex und vielschichtig geworden. Noch vor einigen Jahren wurden die Tageszeitung oder die Website der Unternehmen zu Rate gezogen, heute gehören Google, Twitter, WhatsApp und Co. zu den Plattformen, auf welchen sich Firmen und Stellensuchende bewegen – egal ob Social Media oder App, Instant Messaging oder Suchmaschinenrecruiting. Hier die für sich passende Plattform zu finden, bedeutet, sich zu informieren und entsprechend auszukennen. Welche Regeln bezüglich der Keywords und Suchbegriffe zu verwenden sind und was hinter Active Sourcing steckt, wie der Personalberater oder der Recruiter sucht, das erfahren Sie in diesem Kapitel. Dazu zählt auch die passende Erstellung der Verkaufsunterlage, nämlich des eigenen Profils, egal ob im WWW, im Video oder auf dem Papier.

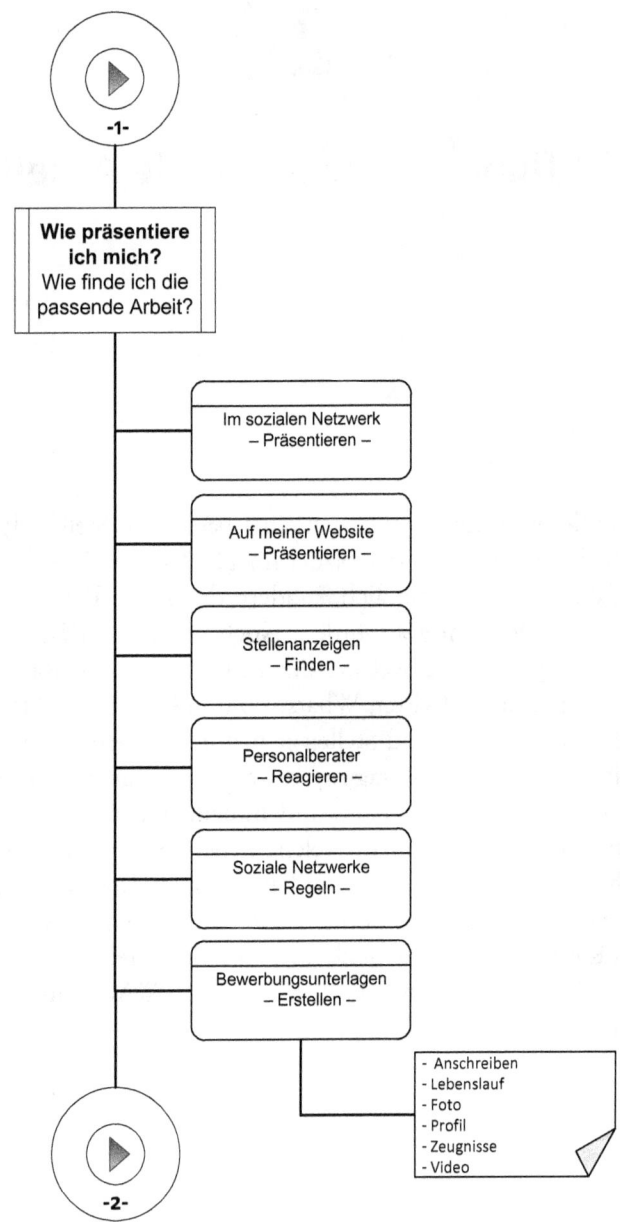

Nach der gründlichen Vorbereitung und der eigenen Analyse liegt ein entsprechendes Bewusstsein über sich selbst vor. Somit weiß ich als Bewerber, was ich kann und was ich will. Daher ist jeder Bewerber für den weiteren Bewerbungsprozess optimal vorbereitet und kann sich auf die Suche nach der richtigen Stelle machen.

Die Suche nach der passenden Arbeit gleicht jedoch mitunter einer Suche nach der sprichwörtlichen Nadel im Heuhaufen, davon kann ich jedenfalls ein Lied singen. Hatte ich es in den 90er-Jahren nur mit wenigen Medien zu tun, steht dem heutigen Bewerber quasi ein Tor der unendlichen Möglichkeiten offen. Da gibt es Tageszeitungen, unternehmenseigene Websites, Social-Media-Kanäle, Apps für das Smartphone, Bewertungsportale oder Jobbörsen, um nur einige Beispiele aufzulisten. Der Bewerbungsprozess hat sich in den vergangenen Jahren fundamental gewandelt.

Wichtig ist es, dass Unternehmen darauf achten, dass deren Personalabteilungen mit diesem Tempo Schritt halten. Diese Tatsache ist jedoch längst nicht bei allen Unternehmen angekommen. Traditionell war das Rekrutieren neuer Mitarbeiter ein Prozess, der von persönlicher Interaktion geprägt war. Jetzt verlagern sich die Abläufe mehr und mehr in die virtuelle Welt. Auch Unternehmen müssen sich diesen Änderungen tagtäglich stellen, nicht nur Sie als Bewerber.

Bewerberprofile werden von Algorithmen vorgefiltert. Die Vernetzung über Social Media sorgt für steigende Transparenz. Wer in Lebenslauf und Zeugnissen schummelt, hat es als Bewerber immer schwerer. Um auch in einem digital geprägten Einstellungsprozess zu bestehen, ist deshalb eine gute Vorbereitung entscheidend.

Wichtig: In Zeiten der digitalen Transformation findet der Bewerbungsprozess auf unterschiedlichen Kommunikationskanälen statt. Sei es über eine App, das Internet, das Intranet, bei Messen oder über Medien. Auch ein Chat mit potenziellen Bewerbern via WhatsApp oder Facebook-Messenger ist keine Seltenheit mehr.

Pickten sich früher die Personalchefs und Recruiter oder Personalberater geeignete Kandidaten aus einem zumeist breiten Bewerberpool heraus, verhält es sich heute oftmals anders, da Filter in den Portalen bereits automatisierte „Empfehlungen" kommunizieren.

Abb. 2.1 zeigt Beispiele der Bewerbungsmöglichkeiten im Netz.

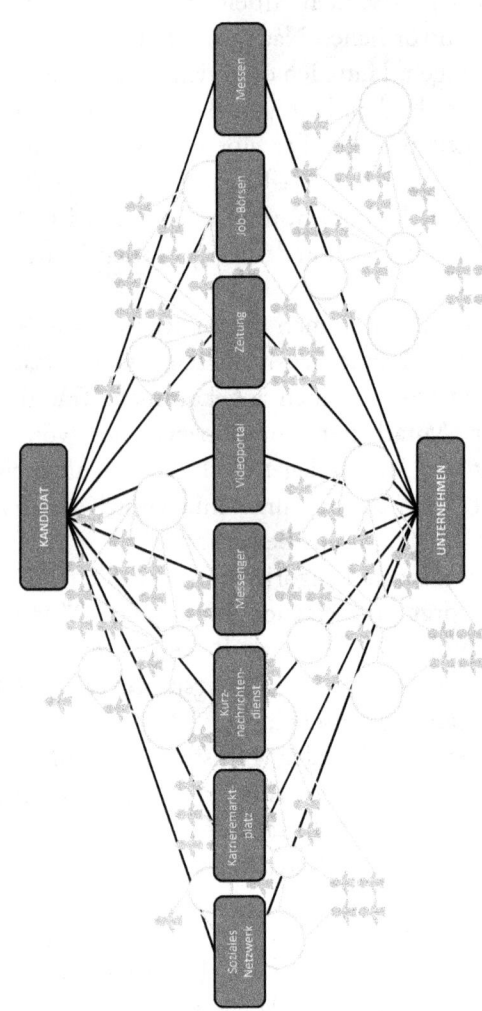

Abb. 2.1 Bewerbungsquellen. © Thomas Frey 2021. All Rights Reserved

Widmen wir uns somit Schritt für Schritt dem Finden einer passenden Arbeit. Auch hier ist gute, nein, exzellente Vorarbeit notwendig.

2.1 Kommunikation/Darstellung in sozialen Netzwerken

Immer mehr Unternehmen erkundigen sich in sozialen Netzwerken über ihre Bewerber, oder suchen auch in diesen nach potenziellen Mitarbeitern (vgl. Hudy 2015). Dabei werden vor allem, aber nicht nur berufliche Netzwerke wie XING oder LinkedIn, sondern zunehmend auch private Plattformen wie Facebook, Instagram oder Snapchat ausgewertet.

Daher möchte ich zunächst auf die Wichtigkeit der eigenen Darstellung in den sogenannten Social-Media-Plattformen eingehen. Dabei möchte ich speziell auf einige unterschiedliche Plattformen hinweisen, über welche Personalberater/Recruiter häufig zugreifen. (vgl. Vaupel und Neumann Legal o. J.). Selbstverständlich gibt es noch weitere Plattformen, wo Sie als Nutzer Ihre Daten hinterlegen können, diese Plattformen werden jedoch sicherlich am häufigsten im deutschsprachigen Raum genutzt. Ich möchte diese Plattformen hier lediglich darstellen, eine Anleitung oder eine Art „Kochrezept" bezüglich der jeweils vorzunehmenden Einstellungen möchte ich hier bewusst nicht wiedergeben, da sich das Handling oftmals ändert.

2.1.1 Kurze Vorstellung der Social-Media-Plattformen

XING

Das Netzwerk XING ist ein Unternehmen mit Sitz in Hamburg (Deutschland) und wurde im Jahre 2003 als OpenBC (Open Business Club) gegründet. Aus meiner Sicht handelt es sich bei diesem sozialen Netzwerk im deutschsprachigen Raum um eine der wichtigsten Plattformen zwecks Vernetzung und dem Finden von passenden Stellen im Arbeitsumfeld. So steht Premiummitgliedern eine umfassende Suchfunktion zur Verfügung. Die Nutzerfreundlichkeit der Software ist aus meiner Sicht übersichtlich und anwenderfreundlich gestaltet. Via Kontaktanfrage können sich die Nutzer untereinander vernetzen, weiterhin besteht eine Nachrichtenfunktion, um diverse Informationen, bezogen auf den jeweiligen Account, zu übermitteln.

Zusätzlich zur Kontaktpflege bietet XING die Möglichkeit, an Events (online oder offline) teilzunehmen, zudem bestehen zahlreiche fachliche Gruppen, welche einen spezifischen Austausch ermöglichen. Weiterhin bietet XING die Option, sich über verschiedene Trainer und Coaches zu informieren; ein eigenes Portal für den Stellenmarkt runden das Angebotsportfolio umfassend ab.

Zudem posten Nutzer tagtäglich diverse Informationen rund um das Thema Arbeitswelt.

Nutzer haben die Möglichkeit, einen gegliederten Lebenslauf (menügesteuert) zu hinterlegen, weiterhin besteht die Funktion, ein Portfolio zu platzieren. Das Portfolio kann dazu verwendet werden, Ihre speziellen Kenntnisse herauszustellen, oder ein grafisches Profil zu hinterlegen.

XING ProJobs ist ein zusätzliches kostenpflichtiges Tool, welches ich Bewerbern ans Herz legen möchte, welche aktiv auf Jobsuche sind. Die Sichtbarkeit des eigenen Profils wird erhöht, exklusive Stellenanzeigen, welche ausschließlich für Mitglieder eines ProJobs-Accounts sichtbar sind, stehen zur Verfügung. Zudem haben Sie entsprechend erweiterte Filtermöglichkeiten.

XING-Campus ist ein zusätzliches Tool, welches für Studierende geschaffen wurde. Hier besteht die Möglichkeit, sich einfach mit anderen Studenten zu vernetzen, welche gleiche Interessen und Neigungen haben. Weiterhin kann ein Orientierungstest durchgeführt werden, welcher einen ersten Ansatzpunkt für das eigene Profil bietet.

Zudem besteht die Möglichkeit via Job Search (https://www.xing.com/campus/de/job-search) detaillierte Informationen über viele unterschiedliche Arbeitsinhalte von unterschiedlichen Berufen (von Absolvent bis Zahnarzt) zu finden.

Experteer

Experteer ist ein Onlinemarktplatz und richtet sich ausschließlich an Menschen im beruflichen Kontext. Das Unternehmen wurden 2005 gegründet und hat seinen Sitz in München. Die Nutzer können via Menü ein Profil hinterlegen, zudem können Lebensläufe und Zeugnisse gespeichert werden. Diverse Unternehmen und Berater posten standardisierte Stellenanzeigen, außerdem werden Kandidaten direkt angeschrieben. Als Nutzer besteht die Möglichkeit, dass der eigene Name nicht angezeigt wird und somit ist es möglich, anonymisiert sein Interesse an neuen Aufgaben und Vakanzen zu signalisieren. Stellensuchende mit einem Gehaltswunsch ab 60.000 EUR haben die Gelegenheit zur Nutzung dieses Marktplatzes.

LinkedIn
Bei LinkedIn handelt es sich um ein US-amerikanisches Unternehmen, welches 2002 gegründet wurde. Der Unternehmenssitz befindet sich in Sunnyvale (Kalifornien).

Auch LinkedIn ist ein soziales Netzwerk mit starker Ausrichtung zur Pflege von geschäftlichen Kontakten. Während XING primär im deutschsprachigen Raum verbreitet ist, handelt es sich hier um eine globale Plattform, welche in mehr als zwanzig Sprachen verfügbar ist. Auch dieses Netzwerk bietet verschiedene Formen der Mitgliedschaft an. Die Breite der Funktionen ist ähnlich gelagert wie bei XING. So können sich Mitglieder untereinander vernetzen, auch kann der eigene Lebenslauf hinterlegt werden. Zudem bietet diese Plattform ebenfalls die Mitgliedschaft in Themengruppen und auch hier werden tagtägliche neuste Informationen, vorwiegend mit Businesskontext, gepostet. Ein griffiger Profilslogan bietet die Möglichkeit, in knappen Worten von der eigenen Leidenschaft oder Qualifikation zu überzeugen. Der Infobereich bietet die Option, die entsprechenden Kompetenzen/Fähigkeiten darzustellen.

Placement24
Bei diesem Unternehmen handelt es sich ähnlich wie bei Experteer um ein Onlinekarriereportal. Das Unternehmen wurde 2005 gegründet und hat seinen Sitz in Düsseldorf. Nutzer hinterlegen, ähnlich wie bei Experteer, ihre jeweiligen beruflichen Eckdaten und haben zudem die Möglichkeit, den eigenen Lebenslauf sowie diverse Zeugnisse hochzuladen. Diverse Unternehmen sowie Berater platzieren Stellenanzeigen, welche durch eine Suchfunktion gefiltert werden können. Nutzer mit einem Gehaltswunsch ab 30.000 EUR können sich hier präsentieren. Zudem besteht die Möglichkeit, verschiedene Jobangebote miteinander zu vergleichen.

Facebook

Facebook ist eines der größten sozialen Netzwerke weltweit und global verfügbar. Gegründet wurde das Unternehmen im Jahre 2004 und hat seinen Unternehmenssitz in Kalifornien (USA). Facebook hat als soziales Netzwerk nicht ausschließlich den Fokus auf Karriere, sondern bietet den Nutzern umfassende Möglichkeiten, sich zu vernetzen. Auch posten auf Facebook diverse Unternehmen Stellenanzeigen, auf die sich die Nutzer entsprechend bewerben können. Ein eigenes Profil auf Facebook kann aufgrund der Größe und Bedeutung des weltweit größten Social-Media-Kanals auf jeden Fall von großem Nutzen sein.

Instagram

Via Instagram (zugehörig zu Facebook) werden kleine Videoclips sowie Fotos gepostet. Immer mehr Unternehmen sind auf Instagram vertreten und forschen hier nach Talenten. Der Fokus dieses Onlinedienstes liegt klar und unmissverständlich auf optischen Elementen.

Mittels einfacher Bedienung lassen sich durch die Kombination von Fotos oder Videoclips kleine „visuelle Geschichten" via Slideshow erstellen, die sogenannte Instastory.

Nach 24 Stunden werden die Inhalte durch das System wieder automatisiert gelöscht.

Ein Bewerber kann durch solche Posts ein eigenes „Onlineportfolio" erstellen. Gerade für „kreative Berufe" wie zum Beispiel Fotografen, Fashionblogger, Konzepter, Retail-Designer, Hobbymodels, Make-up-Artists und Frisöre oder auch Filmemacher kann diese App eine sinnvolle Ergänzung für den eigenen Webauftritt darstellen.

Weiterhin kann sich der Nutzer an Diskussionen beteiligen und in entsprechenden Kommentarspalten von Unternehmen seine Meinung hinterlassen und so auf sich aufmerksam machen.

Auch ein soziales Engagement oder Hobbys, welche im Kontext zu Ihrem Beruf stehen, können dazu beitragen, dass Ihr Profil positiv auffällt und somit beachtet wird.

Snapchat

Ja, auch Snapchat kann für die Stellensuche genutzt werden. Der zu Facebook gehörende Instant-Messaging-Dienst wird primär dazu genutzt, Informationen wie Fotos aller Art oder kleine Videoclips zu präsentieren. Auch für Bewerbungen kann dieses Tool verwendet werden. So kann ein Bewerber ein oder mehrere kleine Snap-Videos (Snaps) erstellen und mitteilen, weshalb er sich für eine Position besonders eignet (vgl. Öllinger 2017).

Twitter
Auch Twitter bietet die Möglichkeit, sich einer Traumstelle zu nähern. Neben Facebook gehört dieser Social-Media-Kanal sicherlich zu den bekanntesten Kanälen, und das nicht erst, seit US-Präsidenten diesen Kanal zum Tweeten nutzen.

Viele Unternehmen und Organisationen verbreiten ihre Stellenangebote auch via Twitter. Zudem nutzen auch viele gängige Jobportale den Kurznachrichtendienst, welcher 280 Zeichen für eine Nachricht zur Verfügung stellt.

Da nur wenig Text für die Eingabe zur Verfügung steht, sind die Mitteilungen häufig mit anderen Kanälen verlinkt. Twitter kann gut für die Recherche verwendet werden, zum Beispiel indem der Nutzer Unternehmen oder relevanten Personen folgt. Relevante Personen wie Recruiter oder Personalberater „twittern" diverse Vakanzen. Dieser Tweet enthält dann den direkten Link zu der Website bzw. zu der Stellenanzeige der gesuchten Vakanz.

Die Stellensuche via Twitter erfolgt durch die Verwendung von Hashtags, welche mit einem Rautezeichen (#) beginnen.

Über die Startseite des Nachrichtendienstes kann der Nutzer diverse Hashtags eingeben.

> **TIPP!!**
>
> Hashtag 1 kann sich zum Beispiel auf die Stellensuche beziehen: #stelle, #vakanz#, job, #stellenangebot
> Hashtag 2 kann sich dann auf den Ort oder die Region beziehen: #nrw, #darmstadt
> **Eingabe Beispiel: #stellen AND #berlin**
> Somit ist die Suche enorm verfeinert.

Auch kann der Bewerber die Plattform Twitter ideal dazu verwenden, um auf sich aufmerksam zu machen. Denn jeder gepostete Tweet führt dazu, dass Freunde und Bekannte sowie Kollegen seine Meinungen zu bestimmten Themen wahrnehmen.

WhatsApp
Für eine erste Kontaktaufnahme bietet sich auch der sogenannte Messengerdienst WhatsApp an, welcher für viele sonst auch zum Alltag gehört. Via WhatsApp bietet sich die Chance für eine erste, einfache und unkompliziertere Kontaktaufnahme beim potenziellen Arbeitgeber. Bei Interesse melden sich die Personaler oder die hierfür zuständigen Recruiter zurück, erfragen weitere Details, bitten um Übermittlung der Bewerbungsunterlagen oder vereinbaren direkt einen Termin für ein erstes Vorstellungsgespräch.

In Stellenanzeigen wird in der Regel durch Angabe einer Mobilnummer darauf hingewiesen, ob eine Bewerbung via WhatsApp möglich oder erwünscht ist.

Wie genau funktioniert der Prozess?

Schritt 1: Speichern Sie die angegebene Mobil-Nr. in Ihrem Handy ein.

Schritt 2: Öffnen Sie Ihre WhatsApp-Applikation und schreiben Sie eine kurze Nachricht.

Geben Sie zunächst folgende Daten am Anfang ein:
- Name
- Wohnort
- Stellentitel

Dann ein kleiner Text, weshalb Sie sich für die Position interessieren.

Wenn es passt, setzen Sie noch ein kleines Emoji an den Schluss der Bewerbung.

Die Bewerbung via WhatsApp ersetzt jedoch nur in Ausnahmefällen die Übermittlung einer vollständigen Bewerbungsmappe. Wie eingangs erwähnt, dient dieser Dienst (derzeit noch) zur ersten Kontaktaufnahme.

Videoplattform

Bereits vor dem Ausbruch der Covid-19-Pandemie im Frühjahr 2020 wurden Bewerbungsvideos immer beliebter und haben durch die Pandemie an Bedeutung deutlich zugenommen. Ein Videoclip bietet die Möglichkeit, einen ersten persönlichen visuellen und auditiven Eindruck seiner Person zu transportieren und bildet daher einen weiteren ergänzenden Baustein der Bewerbungsunterlagen.

Im Gegensatz zur Präsentation eines Videoclips auf der eigenen Website oder als Stream via Dropbox sollten Sie jedoch bedenken, dass Clips bei einigen Plattformen „für alle sichtbar" sind und somit auch von Menschen betrachtet werden können, welche nicht unbedingt auf Ihrer „Zuschauerwunschliste" stehen.

Wie ein Video geschützt oder nur beschränkt zugänglich gestellt werden kann, ist bei den verschiedenen Videoplattformen unterschiedlich. Von daher empfehle ich eine Recherche bei den jeweiligen Anbietern.

YouTube

Das Videoportal YouTube wurde im Jahr 2005 gegründet und gehört seit 2006 zur Google-Familie.

YouTube gehört mittlerweile zu den bedeutendsten Plattformen im Internet. Ob Gebrauchsanweisungen oder Filmtrailer, ob Schminktipps von Influencern oder Kochshows – neben Google hat sich YouTube zudem auch zu einer gewaltigen Suchmaschine entwickelt. Weiterhin werden Livestreams und auch Bezahlinhalte angeboten. Viele Unternehmen sind dazu übergegangen, eigene Kanäle zu installieren und bieten dort teilweise wöchentliche Updates zu entsprechenden Informationen an. Auch werden zahlreiche Videostellenanzeigen dort veröffentlicht.

Daher bietet diese Plattform ein enormes Potenzial, wenn es darum geht, eigene Videoclips für Bewerbungszwecke zu präsentieren (bezüglich der Erstellung eines Videos siehe Abschn. 2.1.2).

Teilen von Videos unter YouTube

Dazu gibt es in den Datenschutzeinstellungen zwei Einstellungsarten (siehe Tab. 2.1):

Öffentliche Videos können von jedem Nutzer abgespielt werden und erscheinen in Suchergebnissen.

Tab. 2.1 Auszug der Datenschutzeinstellungen bei YouTube (Google Support o. J.)

Funktion	Privat	Öffentlich
URL kann geteilt werden	Nein	Ja
Kann einem Kanalabschnitt hinzugefügt werden	Nein	Ja
Erscheint in den Suchergebnissen, in ähnlichen Videos und in Empfehlungen	Nein	Ja
Auf deinem Kanal gepostet	Nein	Ja
Erscheint im Abofeed	Nein	Ja
Kann kommentiert werden	Nein	Ja

Private Videos können nur vom Creator selbst und den von ihm ausgewählten Nutzern angesehen werden. Diese Videos werden anderen Nutzern nicht angezeigt oder in dem eigenen YouTube-Kanal gelistet. Private Videos werden zudem nicht in Suchergebnissen angezeigt.

Berechtigungseinstellungen für den eigenen YouTube-Kanal:

- Als *Creator* haben Sie die Möglichkeit, andere Personen Ihren YouTube-Kanal verwalten zu lassen. Der Zugriff auf das eigene Google-Konto ist dabei nicht notwendig.
- Der *Administrator* kann Personen hinzufügen oder entfernen und die Kanalinformationen oder die Inhalte bearbeiten.
- Ein *Bearbeiter* kann (wie der Name schon sagt) alle Kanalinformationen bearbeiten.
- Der *Betrachter* kann alle Kanalinformationen nur noch sehen.

Wichtig: Die auf YouTube eingestellten Videos haben den Status öffentlich, sofern die Sichtbarkeit vom User nicht auf Privat geändert wird.

Vimeo

Das Videoportal Vimeo wurde im Jahr 2004 durch Zach Klein und Jake Lodwick in New York City gegründet. Vimeo bietet Original-Musikvideos, Kurzfilme und Dokumentationen an, daneben gehören ebenfalls Livestreams und kostenpflichtige On-Demand-Videos zum Angebot.

Immer öfter wird dieses Portal auch von Bewerbern genutzt, um Bewerbungsvideos zu posten. Dabei bietet diese Plattform diverse Möglichkeiten an, die geposteten Videos nur einem bestimmten Kreis von Usern zur Verfügung zu stellen (vgl. Ostermeier 2013; vgl. Vimeo Hilfecenter o. J.).

Teilen von Videos unter Vimeo
Mit den erweiterten Datenschutzeinstellungen kann genau festlegt werden, in welcher Form Videos gezeigt werden.

Kennwortschutz
Videos oder ganze Alben mit einem Kennwort sperren.

Private Links teilen
Videos privat mit einem Link versenden, ohne dass ein Kennwort erforderlich ist.

Berechtigungen einbetten
Eine Freigabe erteilen, welche Websites zum Einbetten von bestimmten Videos berechtigt sind.

Private Review-Seiten
Mitwirkende haben die Möglichkeit, Änderungen an Videos privat anzusehen und entsprechend zu kommentieren.

Tab. 2.2 gibt abschließend eine kurze Übersicht der Bewerbungsplattformen im Vergleich.

2.1.2 Das eigene Video

Wer mit seinen Bewerbungsunterlagen bei einem Personaler oder Fachvorgesetzten einen bleibenden Eindruck hinterlässt, hat gute Chancen auf die beworbene Vakanz. Eine Videobewerbung unterstützt dabei wirkungsvoll, im Gedächtnis zu bleiben.

Wichtig bei der Präsentation via Video ist auf jeden Fall, dass der Videoclip zur Branche, zum angestrebten Job und natürlich zu Ihnen

Tab. 2.2 Plattformen im Vergleich

Plattform	Art	Landessitz	Schwerpunkt	Interessant für
XING	Soziales Netzwerk	Deutschland	Vernetzung im beruflichen Kontext	Interessierte Nutzer, welche im deutschsprachigen Raum eine Arbeit suchen und sich in dieser Region untereinander vernetzen möchten
LinkedIn	Soziales Netzwerk	USA	Vernetzung im beruflichen Kontext	Interessierte Nutzer, welche im internationalen und im deutschsprachigen Raum eine Arbeit suchen und sich in dieser Region untereinander vernetzen möchten
Experteer	Karrieremarktplatz	Deutschland	Suche von Stellen, Hinterlegung beruflicher Daten	Für Menschen, welche sich ausschließlich für Stellen interessieren
Placement24	Karrieremarktplatz	Deutschland	Suche von Stellen, Hinterlegung beruflicher Daten	Für Menschen, welche sich ausschließlich für Stellen interessieren
Facebook	Soziales Netzwerk	USA	Vernetzung in jeglicher Hinsicht	Für Menschen, welche sich präsentieren möchten oder sich in jeglicher Form mit anderen vernetzen wollen
Instagram	Öffentlicher Marktplatz	USA	Hinterlegung von Videoclips	Für Menschen, welche sich präsentieren möchten, der Inhalt (eine Instagram-Story) ist nur 24 Stunden lang verfügbar
YouTube	Videoplattform	USA	Hinterlegung von Videoclips	Für Menschen, welche sich präsentieren möchten
Vimeo	Videoplattform	USA	Hinterlegung von Videoclips	Für Menschen, welche sich präsentieren möchten

passt. Gerade in Berufen, die Charisma und kommunikative Fähigkeiten benötigen, wie im Vertrieb, im Einkauf oder der Werbung, kann das Video eine entscheidende Rolle für eine erfolgreiche Bewerbung spielen.

Dabei bildet die Videobewerbung nur eine Ergänzung und ersetzt in der Regel nicht den schriftlichen Teil einer Bewerbung.

Sinnvoll ist eine ergänzende Videobewerbung, wenn Sie zum Beispiel Qualifikationen wie Fachkenntnisse oder persönliche oder soziale Kenntnisse aufzeigen können, die in einer schriftlichen Bewerbung so nicht transportiert werden könnten. Beispielsweise können Sie in einem Bewerbungsvideo eindrucksvoll Ihre Kommunikations- oder Dialogfähigkeit präsentieren. Handelt es sich bei dem angestrebten Job um eine Position im Vertrieb oder in der Beratung, dann können Sie in der Videobewerbung Ihre charismatische Ausstrahlung und Ihre sympathische Art sehr gut zum Ausdruck bringen.

Damit die Wirkung dieser digitalen Visitenkarte ein Erfolg wird, sind diverse Punkte zu beachten.

So sollte man sich vorab über den Inhalt sowie Aufbau und Stil umfangreiche Gedanken machen und ausreichend Zeit einplanen, um ein Video zu erstellen.

Weiterhin ist es anzuraten, seinen Auftritt immer wieder zu üben, bevor das rote Licht an der Kamera blinkt. Auch ist die eigene Wirkung, welche man auf dem Bildschirm oder dem Monitor erzeugt, vorab zu testen. Nicht jeder Mensch fühlt sich vor der Kameralinse wohl, und das wird durch das bewegte Bild oftmals transportiert. Selbst selbstbewusste Menschen fangen buchstäblich an zu schlottern, wenn die Kamera läuft.

Planung
Die sorgfältige Planung des entstehenden Clips bildet mal wieder die Basis für den Erfolg. Prüfen Sie zunächst, welche Form eines Videos Ihren Vorstellungen entspricht, erstellen Sie ein Manuskript oder auch ein Drehbuch, prüfen Sie Ihre technischen Möglichkeiten und überlegen Sie sich, wie Sie den Videoclip präsentieren möchten.

Inspiration und Übung
Als Erstes rate ich dazu, sich diverse Videos von anderen Bewerbern anzuschauen. Diese finden Sie im Internet im großen Umfang. Vielleicht

gefällt Ihnen der eine oder andere Nachrichtensprecher oder ein Moderator gut und schauen sich hier das eine oder andere ab (Ich habe mich zum Beispiel bei meiner Videoproduktion (für meinen YouTube-Kanal: https://www.youtube.com/channel/UCrmk45nW4GpwKFus661e-ADw) an Nachrichtensprechern orientiert). Hier gehe ich ebenfalls auf den Bewerbungsprozess ein und erläutere die Themen Werte und Arbeitsstil). Als zweites empfehle ich dann, einen einfachen Text gemäß dem gefundenen Vorbild vor der Kamera zu sprechen und diesen so lange zu wiederholen, bis einem selbst das gedrehte Video zusagt und auch der Freundeskreis dazu ermutigt, das Projekt Video fortzuführen.

Drehbuch schreiben
Wenn der Übungsschritt erfolgreich absolviert wurde, lohnt es sich, den nächsten Schritt anzugehen und quasi ein kleines Drehbuch zu erstellen. Hier empfiehlt sich eine klare Gliederung oder auch ein Ablaufplan.

- Was wollen Sie über sich mitteilen (siehe dazu Kap. 1)
  Ihre Erfahrungen?
  Ihren Arbeitsstil?
  Ihre Kompetenzen, welche zu dem angestrebten Job passen?
  Ihre persönliche Ausstattung?
  Ihre Botschaft, weshalb Sie sich auf die Position/bei dem Unternehmen bewerben?
  Ihr Abschluss, ggf. eine Aufforderung an den/die Zuschauer?
- Was wollen Sie anziehen?
- Welcher Drehort und somit welcher Hintergrund unterstreicht sinnvoll Ihren Videoclip?
- Soll das Video an einem Ort spielen oder möchten Sie einige Orte Ihres bisherigen Lebenslaufes einbauen?
- Wollen Sie sich alleine präsentieren oder wollen Sie ggf. einen kleinen Dialog mit einer weiteren Person einbauen?
- Sollen ggf. textliche Infos das Video (teilweise) begleiten?

Wenn das Drehbuch fertig gestellt wurde, drehen Sie „Ihren Film" und prüfen, ob Ihnen das Werk gefällt, zeigen Sie es Freunden oder Verwandten, bis Sie sicher sind: DAS IST ES!

Wichtig ist auch die Länge des Videoclips. Dieser sollte nicht länger als maximal drei Minuten dauern, da Sie dadurch unterstreichen, dass Sie wesentliche Inhalte knapp und präzise formulieren können.

> **TIPP!!**
>
> Eine Übung möchte ich Ihnen dazu empfehlen, den ELEVATOR PITCH. Sie steigen in einen Fahrstuhl und stellen fest, dass ein sehr wichtiger Entscheider mit Ihnen gemeinsam in den zehnten Stock fährt. Sie haben also maximal 30 Sekunden Zeit, etwas Wesentliches über sich zu erzählen. Diese Zeit möchten Sie nutzen, um diesen Menschen von etwas zu überzeugen.
> Im Endeffekt ist ein Videoclip ein etwas längerer Elevator Pitch.
> Googlen Sie einfach mal diesen Begriff.

Der Dreh

Zeigen Sie sich so, wie Sie sind, dadurch transportieren Sie Authentizität. Verlieren Sie sich nicht in Nebensächlichkeiten, sondern fokussieren Sie sich auf die Stelle oder das Unternehmen. Erzeugen Sie durch Ihre Worte „Bilder" bei Ihren Zuschauern, dadurch können diese sich Ihre Worte viel besser vorstellen, siehe dazu auch Abschn. 3.2.5.

Verwenden Sie unterschiedliche Orte in Ihrem Videoclip. Beispielsweise kann eine Drohne auf Sie zufliegen, oder eine Szene zeigt Sie gehend und erklärend, eine andere sitzend und eine weitere vor einem bestimmten Hintergrund stehend, das sorgt für Abwechslung auf dem Monitor, und die Spannung bleibt erhalten. Auch Ihr Tonfall ist wichtig, sprechen Sie einmal mit ruhiger Stimme und betonen Sie an anderer Stelle mit erhöhter Stimme. Zeigen Sie Gestik und Humor, aber wie bereits erwähnt: Bleiben Sie authentisch.

Und ganz wichtig: LESEN SIE DEN TEXT NICHT AB. Es sei denn, Sie verwenden einen Teleprompter.

Die Technik

Ihr Bewerbungsvideo steht und fällt mit der Bild- und Tonqualität Ihres Videos. Sie müssen verständlich rüberkommen, also dürfen keine störenden Hintergrundgeräusche zu hören sein.

Verwenden Sie eine gute Videokamera. Natürlich bieten mittlerweile die modernen Smartphones eine gute Qualität, eine Profikamera bietet jedoch immer noch eine hochwertigere Alternative.

Wenn Sie selbst keine haben, dann leihen Sie sich eine entsprechende Ausrüstung aus. Ein Video in niedriger Qualität wirkt wenig professionell. Auch sollte die Dateigröße nicht zu groß gewählt werden. Der Einsatz von Filtern an bestimmten Stellen des Videos runden den professionellen Eindruck ab. Achten Sie beim nachfolgenden Videoschnitt auf überflüssiges Material und speichern Sie das Video in einem gängigen Format ab.

Eine gespeicherte Videoaufnahme in 4K-Qualität kann schnell zu einem großen Datenfresser werden.

2.1.3 Suchmaschinenrecruiting

Wenn Sie sich also mit der Absicht der Stellensuche oder der beruflichen Veränderung auf diversen Kanälen bewegen, um von Mensch oder Maschine gefunden zu werden, gilt es diverse Regeln zu beachten.

Menschen, aber auch Algorithmen, welche andere Menschen in sozialen Netzwerken suchen, wissen in der Regel genau, welche Stichwörter relevant sind.

Suche ich zum Beispiel einen Projektmanager in einem bestimmten Land, in einer bestimmten Region (an einem bestimmten Standort) mit spezifischen Kenntnissen, fülle ich die entsprechenden Felder aus. Dabei frage ich als Personalberater natürlich die entsprechend mögliche Syntax ab:

(projekt* OR project*) AND (manage* OR leit*)
Komischer Satz?

Um zu verstehen, weshalb das Befüllen von Datenfeldern in XING, LinkedIn und Co. mit den richtigen Inhalten notwendig ist, möchte ich zunächst auf die Vorgehensweise der Sucher eingehen, um daraus dann die entsprechenden Hinweise abzuleiten.

Die Zeit der Papierunterlagen ist längst vorbei. Die Zeiten, in der ein Personaler, Headhunter, Personalberater, Researcher oder Recruiter, im Folgenden nur noch „Sucher" mit einigen wenigen Begriffen („Keyword") in den Businessnetzwerken, wie seinerzeit OpenBC (das heutige XING) die richtigen Kandidaten gefunden hat, neigen sich ebenfalls dem Ende zu.

Die Zahl der Nutzerprofile in den Social Media steigt kontinuierlich an, daher wird es für Sucher immer schwieriger, geeignete Kandidaten zu finden. Die Suchmaschinen im WWW haben sich extrem weiterentwickelt, und diese Weiterentwicklung bleibt nicht stehen.

Suche bedeutet heute nicht mehr die Eingabe eines Keywords, sondern die Verbindung von diversen Begriffen, somit wird die Suche semantisch.

Somit entsteht ein String, oder eine Suchkette!

(projekt* OR project*) AND (manager* OR leiter*)
Als Sucher verwende ich den Begriff „projekt" und erweitere die Suche mit dem booleschen „OR" und füge den Begriff „Project" hinzu.

Weiterhin verbinde ich diese Kombination mit dem booleschen „AND" für die Begriffe „manager" oder „leiter".

Somit durchforste ich also alle Profile, welche die Begriffe:

- Projektmanager
- Projektleiter
- Projectmanager
- Projectleiter beinhalten.

Durch die Klammern „()" definiere ich Suchgruppen, um die Wortkombinationen zu berücksichtigen. Oft habe ich mich auch schon gefragt, wo der Unterschied zwischen einem Projektmanager oder einen Projektleiter besteht, die Beantwortung dieser Frage, konnte mir noch keiner geben. Daher bin ich als Sucher gezwungen, bei der Suche eine gewisse Fantasie an den Tag zu legen, da ich natürlich eine breite Masse von Menschen finden möchte, welche sich in diesem beruflichen Umfeld bewegen.

Tiefer möchte ich jetzt nicht in die Suchstrategie eingehen, ich habe bewusst dieses Beispiel gewählt um zu verdeutlichen, wie wichtig die Verwendung der richtigen Begriffe bei der Erstellung eines Nutzerprofils ist.

Mit diesem Hintergrundwissen sollten Sie daher ganz bewusst ihr Profil entsprechend anlegen und ausfüllen, denn

> **JE PRÄZISER IHR NUTZERPROFIL, DESTO WAHRSCHEINLICHER WERDEN SIE GEFUNDEN!**

Diese Form der angewendeten Suchstrategie nennt sich „BOOLESCHE SUCHE"

2.1.3.1 Boolesche Regeln im (Active Sourcing)

Die boolesche Logik basiert auf einer mathematischen Logik nach dem Mathematiker Georg Boole. Dieser begründete durch die Entwicklung eines Entscheidungsverfahrens Mitte des 19. Jahrhunderts die moderne mathematische Logik.

Hinter der Nutzeroberfläche von Suchmaschinen wie Google verbergen sich hochkomplexe Programme. Um eine Suche zielgerichtet durchzuführen, verwenden professionelle Sucher im Rahmen des Active Sourcing bestimmte Verkettungen, welche auch als „Data Aggregation" bezeichnet werden.

Das Onlineabbild eines Kandidaten nennt man „Candidate Persona" und umfasst die *Digital Body Language* eines passenden Kandidaten, welche dieser im Netz, z. B. auf sozialen Netzwerken hinterlässt. Mithilfe der Anwendung von Booleschen Regeln fasst eine Suche bestimmte Begriffe (Orte, Worte, Verhalten, Kompetenzen …) zusammen und hilft somit beim Erkennen der passenden Profile.

Eine Suchmaschine führt eine Suche nach Begriffen durch, findet *Daten* und analysiert *Daten*. Dahinter verbirgt sich ein Algorithmus.

Um einen Algorithmus quasi zu steuern, ist es erforderlich, diesen direkt hinsichtlich der Suche anzusprechen und entsprechend zu lenken. Dazu schreibt der Sucher eine Art „Miniprogramm", sogenannte Strings (Suchketten).

Die dazu notwendigen Befehle sind u. a. (siehe Tab. 2.3):

Tab. 2.3 Boolesche Begriffe und deren Bedeutung

Begriff	Bedeutung	Anwendung
AND	Verbinder	Zwischen zwei Suchbegriffen eine Verbindung herstellen Beispiel: (Beruf + Wohnort)
OR	Erweiterung	Zwischen zwei Suchbegriffen Ähnlichkeiten einbeziehen Beispiel: Bielefeld OR Hannover
NOT	Ausschluss	Ungewollte Suchergebnisse ausschließen Beispiel: Niedersachsen NOT Hannover
„"	Präzisieren	Eine Suchkette erzeugen: Beispiel: „Asterix und Obelix"
*	Streuen	Alternative Schreibweisen am Ende eines Begriffes zulassen
()	Kombinieren	Suchgruppen erstellen: Beispiel: (projekt* OR project*) AND (manager* OR leiter*)

Nutzen Sie dieses Wissen für die eigene Suche und wenden Sie diese Booleschen Regeln in XING, LinkedIn oder Google an. Ihre Suchergebnisse nach passenden Vakanzen werden entsprechend ansteigen.

> **TIPP!!**
>
> Bedenken Sie bei der Erstellung Ihres Profils in sozialen Netzwerken die boolesche Suche von Maschine und Mensch. Der Begriff „*Offenheit*" wird nicht gesucht, aber eine Berufsbezeichnung. Beispielsweise wird die Kompetenz „*CAD*" gesucht, nicht aber das Hobby „*Rudern*" oder „*Kochen*", es sei denn, Sie sind Koch.

2.1.3.2 KI im Bewerbungsprozess

Bevor wir uns dem Thema der Profilerstellung im Internet widmen, möchte ich zunächst auf das Thema KI, Algorithmus und Co. eingehen, über welches immer häufiger in den Medien berichtet wird. Im Zuge der (teilweisen) 4.0-Hysterie und der Digitalisierung nimmt das Thema *Künstliche Intelligenz* einen immer größer werdenden Raum ein, gerade auch im Bewerbungsprozess.

Historie KI

„Künstliche Intelligenz, auch artifizielle Intelligenz, englisch artificial intelligence ist ein Teilgebiet der Informatik, welches sich mit der Automatisierung intelligenten Verhaltens und dem maschinellen Lernen befasst". (Wikipedia o. J.)

An dem Thema KI wird bereits seit Mitte des letzten Jahrhunderts gearbeitet. Bereits in den 30er-Jahren hat Allan Turing (ein britischer Mathematiker) diverse theoretische Grundlagen für „denkende Systeme" entwickelt. Erwähnenswert ist auch seine Mitarbeit an der Entwicklung der Entschlüsselungstechnologie Enigma. Seine „Turingmaschine" war theoretisch in der Lage, diverse kognitive Prozesse auszuführen, sofern sich diese in Einzelschritte zerlegen und mittels Algorithmus darstellen lassen.

Im Jahre 1956 haben diverse Wissenschaftler während einer Konferenz die unterschiedlichen Aspekte des menschlichen Lernens unter der Berücksichtigung der menschlichen Intelligenz diskutiert und die Möglichkeiten der Simulation des Lernens durch Maschinen erörtert. Der auf dieser Konferenz vorgestellte „Logic Theorist" schaffte es, dutzende mathematische Lehrsätze zu beweisen. Somit wurde quasi das erste KI-Programm entwickelt, der Programmierer John McCarthy schlägt dafür den Begriff *Künstliche Intelligenz* vor.

1972 findet mit MYCIN die KI den Weg in die Medizintechnologie, 1986 erhält ein Computer mit „NETtalk" eine erste Stimme und 1997 schlägt der Schachcomputer „Deep Blue" den Schachweltmeister Garry Kasparov in einem Turnier *(Daran kann ich mich noch sehr gut erinnern)*.

2011 tritt das Computerprogramm „Watson" in Form eines animierten Bildschirmsymbols in einer US-amerikanischen TV-Quizshow gegen einen menschlichen Mitspieler an und gewinnt. Damit beweist das Unternehmen IBM mit diesem Programm, dass eine Technik in der Lage ist, eine natürliche Sprache zu verstehen und auf schwierige Fragen antworten kann.

Weiterhin stellt das Unternehmen Apple in diesem Jahr den Sprachdienst „Siri" vor, 2014 folgt Microsoft mit der Software „Cortana" und Amazon präsentiert schließlich im Jahr 2015 den Sprachdienst „Alexa".

KI im Bewerbungsprozess

Noch in den 90er- und den 00er-Jahren wurde vereinzelt die Grafologie eingesetzt, um mehr über die Persönlichkeit eines Bewerbers zu erfahren. Aus der Handschrift wurden entsprechende Erkenntnisse abgeleitet, um mehr über einen Menschen zu erfahren. Heute übernimmt diese Aufgabe der Computer, dabei kommen jedoch verschiedene Techniken zum Einsatz, welche eine grundsätzlich unterschiedliche Analysefunktion haben.

Mit Beginn der Jahrtausendwende wurden Bewerber immer häufiger dazu aufgefordert, mittels Onlineformularen eine Bewerbung einzureichen. Die Bewerbungsunterlagen wurden hochgeladen, durften seinerzeit jedoch nur eine sehr geringe Dateigröße (z. B. 1 MB) aufweisen.

Schon in diesen Anfangsjahren der „Onlinebewerbung" filterten erste Softwaresysteme bestimmte Bewerber heraus, ohne dass ein menschliches Zutun erforderlich war.

Falls ein Kandidat bestimmte Kriterien nicht erfüllte, z. B. „Berufserfahrung <= 3 Jahre" wurde aussortiert, wer beispielsweise das Feld Studienabschluss nicht wie gewünscht ausfüllen konnte, erhielt automatisiert einen ablehnenden Bescheid.

Derzeit gibt es diverse unterschiedliche digitale Tools, welche den Bewerbungsprozess automatisieren und den Personalern die Arbeit enorm erleichtern.

Chatbot

Chatbots, auch Recruitingbots oder Careerbots genannt, sind digitale Chatpartner, mit denen der Bewerber auf der Unternehmensseite oder in Facebook, WhatsApp und Co hin- und herschreiben kann, ganz automatisiert, ohne dass ein Personaler oder ein anderer Mensch beteiligt ist. Wie ein Personaler stellen diese digitalen Recruiter diverse Fragen oder beantworten Bewerberfragen hinsichtlich der zu besetzenden Vakanz. Auch geben diese Auskunft über Karrieremöglichkeiten im Unternehmen. Sie erstellen anhand der Eingabeprotokolle der Bewerber entsprechend Profile und filtern so die aus „KI"-Sicht passenden Bewerber für eine vakante Stelle heraus.

Der Vorteil für den Bewerber: Es ist stets „jemand" erreichbar, wenn ein Bewerber eine Frage hat. Gut programmierte Chatbots beantworten Standardfragen „kompetent" und wirken dabei immer freundlich.

„Robot"-Recruiting
Derzeit werden (mehr oder weniger noch vereinzelt) Vorstellungsgespräche via Robotik geführt. Hierbei handelt es sich um eine „Roboter"-Stimme mit einer dahinter geklemmten KI. Dabei stellt die Maschine standardisierte Fragen und die künstliche Intelligenz wertet Ihr Persönlichkeitsprofil anhand Ihrer Antworten aus. Auch deutsche Firmen, wie das Aachener Unternehmen Precire GmbH (https://precire.com/technologie/), entwickeln diese Technologie zur Sprachanalyse permanent weiter. Durch den Einsatz innovativer Technologien erkennt die Software komplexe Zusammenhänge in den abgegebenen Antworten und wertet die Ergebnisse entsprechend aus, so dass der Personaler eine Vorauswahl erhält.

Algorithmus
Ein Algorithmus analysiert Lebensläufe oder E-Mails sowie die Eingaben in Onlineportalen schnell und effektiv. Dabei sucht diese Spezialsoftware nach diversen Keywords oder prüft Zeitspannen und Datumsangaben. Solche speziellen Softwareanwendungen kommen in fast allen großen Konzernen und mehr und mehr in kleinen Unternehmen immer öfter zum Einsatz. Daher ist die Verwendung bestimmter Schlüsselwörter im Anschreiben oder ihre Integrierung in den Lebenslauf nicht nur sinnvoll, öfter entscheiden diese Systeme anhand der durch den Bewerber verwendeten Begriffe, ob ein CV durchs Raster fällt.

Tipp!!
Ich möchte an dieser Stelle erneut betonen, wie wichtig die Verwendung von beruflich bezogenen Keywords ist. Damit der Algorithmus Ihr Profil herausfischt, verwenden Sie Begriffe in Bezug auf Ihre fachliche Kompetenz, wie beispielsweise *„Konstruktion"*, *„Web-Design"*, *„E-Commerce"* oder *„strategischer Einkauf"*.

Face-Analysis-Tools
Amerikanische Unternehmen setzen bei Videointerviews Face-Analysis-Tools ein, welche klare Aussagen darüber treffen, ob ein Interviewpartner die Wahrheit sagt.

Dabei untersucht die Software pausenlos die Mimikresonanz sowie die Augenzugangshinweise des Bewerbers. Der Einsatz solcher Algorithmen ist derzeit in Deutschland noch verboten, weil die Persönlichkeitsrechte von Bewerbern vor dem Interesse von Unternehmen (nicht nur im Rahmen von Bewerbungen) geschützt werden.

2.1.4 Profile in sozialen Netzwerken

Profilerstellung im sozialen Netzwerk
Gerade die Businessnetzwerke XING und LinkedIn werden von Recruitern und Personalberatern genutzt, um geeignete Kandidaten zu finden. So finden Suchende wie ich in Netzwerken mit einem klaren Businesskontext eine millionenfache Anzahl von potenziellen Bewerbern.

Bei dieser Suche handelt es sich um das sogenannte Active Sourcing. Und hier kommen Sie als Bewerber ins Spiel, nicht nur ins Spiel, Sie – und nur Sie – können maßgeblich dazu beitragen, dass ich Sie als Personalberater auch finde oder der Recruiter oder Hiring Manager von Unternehmen XYZ auf Ihr Profil und damit auf Ihre Person aufmerksam wird.

Daher kommen wir hier zu einem der wesentlichen Kapitel dieses Buches, denn auf den folgenden Seiten möchte ich Ihnen quasi ein „*Rezept*" an die Hand geben, um ein durch Personalberater und Recruiter auffindbares Profil zu erstellen.

Die Kunst dabei ist es, zu wissen, nach was und welchen Begriffen gesucht wird und durch die professionelle Verwendung Ihres Profils und der darin genutzten Begriffe einen „Match" zu erzeugen. Ein Match bedeutet, dass der verwendete Suchbegriff (Keyword) zu dem von Ihnen hinterlegten Begriffen (sagen wir mal Findbegriff) passt oder auch „matcht". In Tab. 2.4 finden eine beispielhafte Auswahl an Suchfiltern in sozialen Netzwerken.

Tab. 2.4 Suchfilter und Einstellungen sozialer Netzwerke (Beispiel)

Name	Aktuelle Position	Tätigkeitsfeld
Branche	Unternehmen (aktuell)	Standort
Fähigkeiten/Kenntnisse	Ich suche	PLZ
Beschäftigungsart	Sprache	Land
Ausbildung	Karrierestufe	Interessen
Stichworte		

Dass der richtige **Name** im Profil angegeben wird, ist eine Selbstverständlichkeit.

Um in sozialen Netzwerken von den Entscheidern oder entsprechenden Ansprechpartnern gefunden zu werden, ist die Weitergabe von passenden Informationen folgender Felder wichtig:

In welcher **Branche** bin ich tätig. Sollte die Branche in dem Auswahlfeld nicht aufgeführt sein oder nur unspezifisch benennbar sein, sollte diese in anderen Feldern aufgeführt werden, wie z. B. Interessen, dazu später mehr.

Mögliche Branchen:

- Architektur/Bauindustrie
- Automobil/Fahrzeugbau
- Banken
- Energie und Umwelttechnik
- Gesundheit
- …

In welcher **Karrierestufe** bin ich aktiv. Hier ist die aktuelle Karrierestufe aufzuführen, nicht die Stufe, welche angestrebt wird.
Mögliche Karrierestufen:

- Student
- Berufseinsteiger
- Mit Berufserfahrung
- Teamleiter
- Abteilungsleiter
- Geschäftsführer/Vorstand
- Inhaber

In welchem **Tätigkeitsbereich** bin ich derzeit beschäftigt. Hier ist das aktuelle Tätigkeitsfeld aufzuführen.
Mögliche Tätigkeitsfelder:

- Einkauf
- Verkauf
- Controlling
- Design
- Technische Planung
- …

Welcher **Beschäftigungsart** gehe ich derzeit nach. Hier ist wichtig, diese aufzuführen, da auch sie ein wichtiges Suchfeld ist.

- Angestellt
- Freiberuflich/selbstständig
- Teilzeit
- Partner/Inhaber
- Praktikant
- Beamter
- Ehrenamt

Weiterhin ist es notwendig, darüber zu informieren, in welchem **Land** und an welchem **Ort** Sie tätig sind und welche **Sprachen** Sie sprechen.

Bei Feldern wie Sprache oder Standort kann der Nutzer eigentlich nur einen Fehler machen, nämliche diese Felder nicht auszufüllen.

Anders sieht das bei Feldern wie **Interessen** oder bei **Fähigkeiten/ Kenntnisse** aus.

Ich käme als Personalberater niemals auf die Idee danach zu suchen, ob jemand ein Interesse an Reiten, Kunst oder Musik hat, es sei denn, ich suche in diesem Bereich einen Kandidaten. Auch interessieren mich Kenntnisse wie Kommunikationsfähigkeit, Teamfähigkeit oder Kundenorientierung nicht, jedenfalls nicht im Zusammenhang einer spezifischen Suche. Denn Teamfähigkeit sagt in diesem Zusammenhang nichts aus und ist m. E. in diesem Kontext unspezifisch.

Als Sucher verwende ich speziell (fachlich) beruflich orientierte und somit spezifische Begriffe.

Gerade diese Felder sind sehr wichtig, um gefunden zu werden.

Unter Fähigkeiten und Kenntnisse habe ich die Möglichkeit, viele werthaltige Informationen über „WAS ICH KANN" preiszugeben.

Fangen wir mit der *Branche* an, für den Fall, dass diese nur unzureichend auszufüllen ist, können Sie hier nun spezifizieren.

Architektur/Bauindustrie kann z. B. erweitert werden, indem Sie hier aufführen, ob Sie Erfahrungen im Ladenbau, Wohnungsbau, oder Gewerbebau haben. Oder ob Sie sich im Hochbau oder im Innenausbau zu Hause fühlen oder ob Sie Kenntnisse aus dem Umfeld der Gebäudetechnik mitbringen. Der Sektor Automobil/Fahrzeugbau kann spezifiziert werden, indem z. B. aufgeführt wird, ob Erfahrungen mit Land- oder Baumaschinen vorhanden sind oder im Bereich der Nutzfahrzeugtechnologie.

Wenn dann also die Branche entsprechend im Detail mit den notwendigen Stichwörtern beschrieben ist, geht es weiter zu den beruflichen Fertigkeiten.

Hier empfehle ich auch spezifische Infos zu nennen. Anstatt nur CAD kann doch auch gleich in weiteren Feldern aufgeführt werden, ob Kenntnisse in AutoCAD oder Vector Works vorhanden sind. Auch Kenntnisse von weiteren branchenspezifischen Programmen sollten hier unbedingt aufgeführt werden, da der Umgang mit IT heute in nahezu jeder Branche eine absolute Notwendigkeit darstellt.

Wer auf der Suche nach einem Ausbildungsplatz ist, sollte entsprechende Interessen in den Feldern der Kompetenzen benennen, welche einen fachlichen Bezug zum angestrebten Lernberuf haben. Zwar sind Personalberater eher weniger auf der Suche nach Azubis, oft jedoch forschen Personaler in diesen Netzwerken nach jungen Talenten. Menschen, welche ihr Studium abgeschlossen haben und den beruflichen Einstieg anstreben, können hier beispielsweise Erfahrungen und erworbene Kenntnisse aus Praktikumsstellen einpflegen.

Anbei einige Beispiele (aus unterschiedlichen Branchen) (siehe Tab. 2.5):

Unter Interessen kann ggf. aufgeführt werden, ob ein Karrieresprung angedacht ist, also z. B. Teamleitung oder Abteilungsleitung. Auch eine mögliche Umzugsbereitschaft kann angedeutet werden. Weiterhin ist hier der Platz, um darzustellen, dass eine andere Tätigkeit durchaus auch von Interesse sein kann.

Somit empfehle ich neben „Ich suche" auch dieses Feld für entsprechende Hinweise mit beruflichem Kontext zu verwenden.

Alle diese Felder umschreiben nun die beruflichen Eckdaten, welche eine aktuelle Arbeitssituation beschreiben.

Hinsichtlich der Darstellung des beruflichen Werdegangs gehört die jeweils aktuelle Position an oberste Stelle, hier ist auf jeden Fall darauf zu achten, dass die Inhalte, welche im öffentlichen Raum präsentiert werden, auch den Angaben im Lebenslauf entsprechen.

Tipp!!
Überprüfen Sie die Keywords in den Netzwerken permanent auf Aktualität. Bei XING lohnt es sich beispielsweise, in den Feldern Ihrer Berufserfahrung und besonders unter „Ich biete" die passenden Suchwörter zu platzieren, die zu Ihnen führen sollen.

Profilpflege im sozialen Netzwerk
Dass die jeweilige berufliche Situation ständig zu aktualisieren ist, versteht sich von selbst. Dazu gehören neben den „beruflichen Eckdaten" auch die jeweils aktuellen beruflich bedingten persönlichen Bedürfnisse.

Tab. 2.5 Beispiel der Festlegung von Fähigkeiten und Kenntnissen im sozialen Netzwerk

Landmaschinen	AutoCAD	SAP	dgsvo
Markenrecht	Sortimentsgestaltung	LEH	DOB

Felder wie Karrierewünsche können dafür genutzt werden. Die Wechselbereitschaft kann „gesteigert" oder „mäßig" oder „gering" sein, weiterhin kann und sollte der Nutzer angeben, ob dieser *„Aktiv auf Stellensuche"* ist, oder *„Derzeit nicht"*.

Bezüglich Gehaltsvorstellungen empfehle ich, keine Angaben dazu zu machen oder dieses Feld nicht auszufüllen, falls Sie aktiv auf der Suche sind.

Die Umzugsbereitschaft sollte zwingend angegeben werden, falls diese nicht vorhanden ist, ist hier ebenfalls ein Hinweis hilfreich.

Ich gehe sehr stark davon aus, dass die Bereitschaft der Unternehmen durch die Covid-19-Pandemie deutlich gestiegen ist, wenn es darum geht, den Arbeitsort flexibel zu gestalten.

Eines ist jedoch gewiss, und jeder Stellensuchende sollte sich dessen bewusst sein: Eine nicht vorhandene Umzugsbereitschaft ist ein stark limitierender Faktor, der den Erfolg einer Stellensuche stark einschränkt.

Kontaktdaten im sozialen Netzwerk

Die Einpflege der Kontaktdaten, über welche Sie angesprochen werden möchten, ist dann hilfreich, wenn Sie aktiv auf der Suche sind. Ein Sucher prüft nach, ob in den privaten oder den geschäftlichen Kontaktdaten eine Telefonnummer oder eine Mailadresse angegeben wurde und wird bei Interesse versuchen, Sie über diesen Kanal zu kontaktieren. Fehlen diese Angaben, dauert es unter Umständen etwas länger, bis Sie mit dem Sucher in den direkten Austausch gelangen. Sie sollten auf jeden Fall bedenken, dass die Angabe einer geschäftlichen Telefonnummer unter Umständen zu Unannehmlichkeiten führen kann.

Welcher Account?
Ein Premiumaccount, welcher i. d. R. kostenpflichtig ist, bietet viele Vorteile für den Nutzer.

1. Die Verlinkung auf die eigene Website ist möglich
2. Die Kontaktpflege zu anderen Mitgliedern ist deutlich komfortabler
3. Die Erkennung, welcher Besucher zu welchem Zeitpunkt das jeweilige eigene Nutzerprofil besucht hat, ist möglich
4. Die Suchfunktionen sind deutlich verbessert

Verlinkung auf eigene Websites
Als Bewerber auf eine eigene Website in sozialen Netzwerken hinzuweisen, bietet viele Vorteile. Auf der eigenen Website haben Sie diverse Möglichkeiten, Ihr berufliches Profil deutlich herauszustellen (siehe Abschn. 2.2).

Kontaktpflege zu anderen Mitgliedern
Sicherlich werden andere Nutzer versuchen, Sie in einem sozialen Netzwerk zu kontaktieren. Sie können in solchen Fällen die Kontaktanfrage annehmen oder verweigern.

Sie sollten auf jeden Fall in den Einstellungen prüfen, ob Ihre Kontakte für alle sichtbar sind, nur für Ihr Netzwerk einsehbar sind oder ob Ihre Kontakte komplett anonym bleiben.

Denn wenn Sie mit Ihrem Vorgesetzten vernetzt sind und diverse Kontakte zu Wettbewerbern unterhalten oder viele Personalberater zu Ihren Kontakten zählen, kann das einige unangenehme Fragen nach sich ziehen, für den Fall, dass Sie Ihre Kontakte nicht auf die Einstellung „anonym" geschaltet haben.

Bevor Sie eine Kontaktanfrage bestätigen oder ein anderes Mitglied kontaktieren, empfiehlt sich auch hier: Gehen Sie **bewusst** vor!

- Passt der Kontakt zu Ihren Interessen oder Kenntnissen?
- Bietet ein Kontakt die Möglichkeit, sich über neue Themen zu informieren?
- Was biete ich einem Kontakt und wie kann ich zu dessen Bereicherung beitragen?

- Ergibt sich durch die Kontaktaufnahme die Möglichkeit der gegenseitigen Inspiration?
- Hatte ich mit dem Kontakt ggf. schon einmal ein persönliches Erlebnis, auf welches ich mich beziehen kann?
- Kenne ich oder kennt der Kontakt andere Personen, welche gegenseitig von Nutzen sind?

Auf jeden Fall ist die Vernetzung in Verbindung mit der Kontaktpflege in sozialen Netzwerken dringend zu empfehlen. So kommt es vermehrt vor, dass Mitarbeiter von deren Vorgesetzten angehalten werden, sich aktiv in XING, LinkedIn und Co. in Ihrem Netzwerk zu informieren und andere Mitglieder über Vakanzen zu informieren. Auch können Sie direkt andere Kontakte ansprechen, ob in deren Netzwerk Informationen über freie Stellen oder Praktikumsplätze bekannt sind.

Halten Sie sich innerhalb der Kontaktpflege von Beginn an daran, einen höflichen und angemessenen Tonfall zu verwenden. Fragen Sie höflich an, ob ein anderes Mitglied daran Interesse hat, Ihrem Netzwerk beizutreten.

Beispieltext eines Anschreibens im sozialen Netzwerk

„Sehr geehrte Frau Muster, als Marketingberater mit dem Schwerpunkt Raumfahrt möchte ich gerne den Kontakt zu Ihnen herstellen und würde mich freuen, wenn Sie meinem Netzwerk beitreten. Ich denke, dass auch meine Kontakte für Sie ggf. von Interesse sein könnten.

Ich bin Mitglied im XVY, dem Board of Netzwerker und habe langjährige Verbindungen mit dem Musterprogramm.

Ich freue mich auf eine Nachricht und wünsche einen angenehmen restlichen Tag".

Mittels Suchfunktion bieten die sozialen Netzwerke mannigfaltige Filter an, um interessante Personen ausfindig zu machen, siehe dazu Tab. 2.4

Um Ihr „Expertenwissen" zu transportieren, bieten soziale Netzwerke die Möglichkeit an, eigene Beiträge zu verfassen und diese zu „posten", oder auch das Teilen von interessanten Links zu interessanten News. Das erhöht deutlich Ihre Sichtbarkeit, wodurch Ihr Netzwerk entsprechend wachsen kann. Bedenken Sie dabei jedoch: *Weniger ist mehr.* Daher empfehle ich auch hier ein bewusstes Vorgehen.

2.2 Die eigene Website

Es kommt gelegentlich vor, dass Kandidaten mir einen Link übermitteln, welcher mich auf eine Website des Bewerbers führt. Für mich ist dabei eines absolut wichtig:
Ich will keine Zeit vertrödeln, wenn ich mir die Website anschaue. Daher ist oberstes Gebot, dass eine eigens erstellte Website klar strukturiert ist. Weiterhin muss eine Website ansprechend in Bezug auf die verwendeten grafischen Elemente sein. Zudem muss der Inhalt klar und präzise rüberkommen.

Vor der Erstellung einer Website empfehle ich daher, diverse Unternehmenswebsites zu besuchen, um sich dort hinsichtlich des Stiles, der Struktur und des Aufbaus zu informieren. Weiterhin ist es wichtig, genau zu überlegen, welche Inhalte und auch welche Daten preisgegeben werden sollen und ob möglicherweise ein Downloadbereich zur Verfügung gestellt werden soll.

Daher gilt es folgende Themen zu beachten:

Welche URL oder Domain?
Gerne wird ein Name verwendet, welcher prägnant zu einem passt. Dazu bietet sich an, sich zuerst zu fragen, aus welchen Inhalten die Domain oder die URL bestehen soll.

URL (**U**niform **R**esource **L**ocator) ist der Name der Adresse, die zur Adressierung einer Website notwendig ist. So kennzeichnet die URL jeweils einzelne Seiten einer Website. Eine Domain hingegen beinhaltet den Namen der Website:

- www.personalpotential.de beinhaltet den Domainnamen personalpotential
- www.personalpotential.de/karriere kennzeichnet den Verweis auf eine spezifische Seite, daher also eine URL

Um herauszufinden, ob eine Domain noch verfügbar ist, bieten sich verschiedene Portale an, welche einen sogenannten Domaincheck vornehmen. Dieser Check kann z. B. auf der Seite DENIC (www.denic.de) vorgenommen werden. Ist die gewünschte Domain noch frei, kann diese direkt reserviert werden.

Bitte denken Sie daran, ein Domainname sollte prägnant sein und zu Ihrem Webauftritt passen.

Die professionelle Navigation
Navigation fängt damit an, dass eine Seite betreten wird. Somit ist gut zu überlegen, welche Inhalte Sie auf der Startseite präsentieren möchten. Dazu zählt aus meiner Sicht immer ein schönes grafisches Element, zum Beispiel ein Hintergrund, welcher einen beruflichen Kontext aufweist, der zu Ihnen passt.

Weiterhin steht auf der Startseite (Landingpage) ein kurzer textlicher Inhalt, welcher dem Besucher knapp und präzise den Inhalt Ihrer Website erläutert.

Dann ist die Navigation zu beachten, mögliche Inhalte:

- Der berufliche Lebensweg (Lebenslauf)
- Ihre Kompetenzen
- Eine Auflistung Ihrer Projekte
- Downloadbereich
- Kontaktseite
- Impressum

Somit hat der Betrachter in diesem Beispiel sechs Seiten, welcher dieser ansteuern kann. Die Navigation führt den Besucher gezielt auf die jeweiligen Bereiche oder Inhalte.

Der Aufbau der eigenen Bewerberseite sollte sich in dem Aufbau Ihrer schriftlichen Bewerbung, welche Sie versenden, nicht unterscheiden, da somit eine Wiedererkennung gegeben ist.

Die Geschwindigkeit der Website
Sie sollten es vermeiden, Inhalte mit einem großen Datenvolumen auf der Website abzulegen. Auch in Zeiten von 5G muss eine Website schnell sein.

Somit sind grafische Elemente die häufigsten Bremsen oder gar kleine Videoclips, welche direkt auf eine Seite eingebunden sind, können den Seitenaufruf verlangsamen. Lassen Sie daher Freunde den Aufruf Ihrer Seiten testen. Am besten lassen Sie die Website von verschiedenen Menschen in verschiedenen Regionen testen.

Die Sprache der Website
Eine Website, welche die Möglichkeit der Sprachauswahl bietet, wirkt natürlich interessanter, da Sie dadurch mitteilen, dass Sie mehrsprachig sind.
Weiterhin ist der „Tonfall" der Website ein wichtiges Kriterium. Dieser sollte zu Ihnen passen. Wenn der Auftritt emotional, locker und witzig ist, sollte dieses Ihrem Charakter entsprechen.
Wenn ein Personaler in einem Gespräch mit Ihnen erkennen kann, dass Sie im Gegensatz zu Ihrer Website im wirklichen Leben mehr zurückhaltend und sachlich sind, kann es sein, dass dieser kein Vertrauen zu Ihnen entwickelt und im schlimmsten Fall das Gefühl bekommt, getäuscht worden zu sein.

Die Bilder der Website
Kommen wir zum Emotionalen. Bilder sagen einfach mehr als 1000 Worte.
Es ist zunächst wichtig, dass Sie sich darüber im Klaren sind, wer die Zielgruppe ist. Davon sollte entscheidend die Auswahl der Fotos oder Grafiken abhängig sein. Ist die Zielgruppe handwerklich orientiert oder mehr industriell automatisiert unterwegs? Ist die Zielgruppe handelsorientiert oder produktionsorientiert? Handelt es sich um die Werbebranche oder sollen Ansprechpartner der Feuerwehr angesprochen werden?
Weiterhin spielt die Atmosphäre der Bilder eine wichtige Rolle. Welches Motiv soll in welchen Farben gezeigt werden? Wenn Sie sich beispielsweise als Hoteldirektor präsentieren möchten, wäre eine Situation mit zufriedenen Gästen im Hintergrund einer Hotelrezeption ein mögliches Motiv für einen Hintergrund.
Beachten Sie unbedingt, dass natürlich die Einwilligung von allen Personen vorliegen muss, welche auf einer Website präsentiert werden.
Und natürlich sollte ein persönliches Bild von Ihnen nicht fehlen. Siehe dazu auch Abschn. 2.4.8.

2.3 Die passende Arbeit suchen

Das Bewusstsein über das eigene Können und das künftige Wollen ist analysiert, das Profil in den sozialen Netzwerken und auf der eigenen Website ist optimal vorbereitet und auf dem neusten Stand. Jetzt kann die Findung der geeigneten Position losgehen. Hier möchte ich dazu unterschiedliche Wege beschreiben.

1. Ein Recruiter oder Personalberater spricht Sie aktiv auf eine zu besetzende Vakanz an
2. Sie bewerben sich auf eine Stellenanzeige
3. Sie bewerben sich initiativ bei einem Unternehmen
4. Sie kontaktieren einen Personalberater/Headhunter
5. Via Soziale Netzwerke
6. Sie informieren sich auf Personalmessen/Karrieretagen/Jobbörsen

2.3.1 Die Kontaktaufnahme durch einen Recruiter/ Personalberater (Sucher)

Ein Sucher ist auf Ihr Profil aufmerksam geworden und kontaktiert Sie. Entweder werden Sie zunächst via Nachricht im sozialen Netzwerk angeschrieben oder (je nachdem, wie Ihre Kontaktdaten hinterlegt sind) per Mail oder Sie werden direkt angerufen.

Im Regelfall werden Ihnen erste Informationen über die Vakanz übermittelt und Sie werden gebeten, einen CV und ggf. auch Zeugnisse an den Sucher zu übermitteln. Bevor Sie diesen Schritt gehen, sollten Sie sich zunächst überzeugen, mit wem Sie es zu tun haben.

Der Anruf
Das Telefon oder das Smartphone klingelt, es meldet sich eine Stimme und erläutert Ihnen, dass es sich um den Anruf eines Recruiters handelt. Für den Fall, dass der Anruf während der Arbeitszeit erfolgt, bitten Sie darum, dass Sie außerhalb der Arbeitszeit erneut kontaktiert werden möchten, denn ein Abwerbegespräch, wenn auch nur ein kurzes, ist ge-

genüber Ihrem derzeitigen Arbeitgeber unfair, da Sie schließlich für Ihre Arbeit bezahlt werden.

Für den Fall, dass Sie kein Interesse haben, signalisieren Sie dieses deutlich, somit sparen Sie sich und dem Anrufer Zeit. Vereinbaren Sie einen fixen Termin und lassen Sie sich den Namen des Anrufers und des Unternehmens mitteilen, diese Infos sollten Sie sich notieren. Auch sollten Sie prüfen, ob der Anrufer „anonym" anruft oder ob die Rufnummer übermittelt wird.

Die schriftliche Kontaktaufnahme
Wenn Sie eine Nachricht via soziales Netzwerk oder eine E-Mail erhalten, finden Sie in der Regel bereits detaillierte Informationen über die zu besetzende Vakanz vor. Häufig wird zudem ein Link übermittelt, über welchen Sie dann direkt auf die Vakanz gelangen können.

> **Tipp!!**
>
> Hier rate ich auf jeden Fall, sich die Syntax des Links genau anzuschauen und die Unternehmensseite zunächst zu prüfen, ob diese Vakanz dort auch gelistet ist. Bitte einen Link nicht einfach anklicken. Rufen Sie zum Beispiel die Unternehmensseite dazu auf und forschen Sie auf der Seite nach, ob die Vakanz dort gelistet ist.

Für den Fall, dass die Stellenbeschreibung aussagekräftig ist (siehe Abschn. 2.3.2) und Sie der Meinung sind, dass diese Vakanz zu Ihnen passt, steht der Übermittlung eines Lebenslaufes nichts im Wege, da viele Personalberater Ihnen dann in einem ersten Telefonat den Namen des suchenden Unternehmens mitteilen.

Falls Sie mit der Übermittlung Ihrer Daten noch warten möchten, weil Ihrerseits noch Fragen offen sind, teilen Sie dieses dem Personalberater mit und geben diesem eine Info, wann ein erstes Telefonat für Sie passend ist.

Vor dem Anruf sollten Sie sich dann im Internet informieren, wer sich hinter dem Anrufer verbirgt. Handelt es sich um einen Personalberater oder um eine Personalvermittlung?

Personalberater vs. Personalvermittler
Personalberater suchen im Markt nach geeigneten Kandidaten für eine Position.

Personalberater beschäftigen sich vorab eingehend mit dem Anforderungsprofil für die zu besetzende Vakanz und wissen genau, welche speziellen Anforderungen ein Auftraggeber (das suchende Unternehmen) hat. Sie werden ausschließlich im Auftrag des suchenden Unternehmens beauftragt und übermitteln in der Regel nur passgenaue Profile von Kandidaten.

Personalvermittler kümmern sich hingegen meist ausschließlich um die Recherche von Kandidatenprofilen aus der firmeneigenen Datenbank oder durchforsten die sozialen Netzwerke nach passenden Profilen. Diese stellen in kurzer Zeit sehr viele Lebensläufe von potenziellen Kandidaten zusammen. Ob diese überhaupt persönlich oder fachlich für die vakante Position geeignet sind, wird in der Regel nicht geprüft. Die Beauftragung erfolgt bei Personalvermittlern häufig durch den Arbeitsuchenden selbst und nicht durch das suchende Unternehmen.

Um herauszufinden, ob der Anruf durch einen professionellen Personalberater oder durch einen Personalvermittler erfolgt, können Sie diesen entsprechend hinterfragen:

1 Branchenspezifische Kenntnisse der Inhalte der zu besetzenden Funktion

Ein Berater, welcher die Branche kennt, weiß auch um die Schwerpunkte und Besonderheiten einer zu besetzenden Vakanz. Dieser ist schon bei der Erstellung des Anforderungsprofiles aktiv, wenn es um die Findung und Formulierung der Schwerpunkte einer Funktion oder Vakanz geht.

Wird beispielsweise ein Projektmanager gesucht, sollte der Berater in der Lage sein, Ihnen die notwendigen Inhalte dieser Vakanz – abhängig von der Branche – zu erläutern

Dabei muss das Wissen des Beraters nicht unbedingt in der Tiefe vorhanden und fundiert sein, jedoch sollte der Berater um die Inhalte (Stellenbeschreibung) solcher Positionen wissen und einem Kandidaten die wichtigsten Eckdaten einer Position vermitteln können.

Zudem kennt der Personalberater die Gehälter und weitere finanzielle Gegebenheiten in der Branche sehr genau und ist daher in der Lage, zu beurteilen, welches Gehalt für die Vakanz realistisch ist.

2 Branchenspezifische Kenntnisse des Wettbewerbs

Ein Berater mit einem Wissen um die Branche weiß, welche Menschen aus welchem Umfeld und schließlich aus welchen Unternehmen anzusprechen sind. Fragen Sie deshalb nach, weshalb Sie kontaktiert wurden.

Jede Branche hat ihre eigenen spezifischen Gegebenheiten.

Aufgrund des spezifischen und inhaltlich genauen Anforderungsprofils hat der branchenkennende Berater das Fachwissen, welcher Bereich einer Branche und welche Unternehmen für eine gezielte direkte Ansprache und somit das Finden und Gewinnen der passenden Spezialisten geeignet ist.

3 Branchenspezifische Kenntnisse des Marktes

Ein Berater, welcher „seinen" Markt gut kennt, weiß auch um die Neuerungen Bescheid und ist in der Lage, seine Kunden auf die kommenden wichtigen Themen hinzuweisen. Gerade in der Zeit der Digitalisierung ändert sich viel. Die Bedürfnisse der Mitarbeiter ändern sich radikal, ob Arbeitszeit, Arbeitsort oder die Ausstattung sowie die Arbeitsinhalte. Nie zuvor war unser Alltag so schnelllebig, waren die Aufgaben so komplex, die Termine so eng getaktet und unsere Arbeitswelt so voller neuer, wechselnder Herausforderungen.

Ein guter Berater ist daher auch der Sparringspartner für eine Analyse. Einmal natürlich für das beauftragende Unternehmen, aber natürlich auch für Sie als angesprochener möglicher Kandidat.

Weiterhin sollten Sie sich über Folgendes bewusst sein:

- Wo stehen Sie heute, wo wollen Sie hin – und wie entwicklungsfähig ist die neue Position?
- Warum fühlen Sie sich ggf. durch derzeitige Umstände blockiert oder begrenzt?
- Was sind die Wurzeln einer ggf. vorhandenen beruflichen Krise?
- Welche Rahmenbedingungen und welche Entwicklungsmöglichkeiten bietet eine neu zu besetzende Position/Funktion?

2.3.2 Die Stellenanzeige

Ein großer Anteil der Besetzung von offenen Stellen erfolgt nach wie vor über Stellenanzeigen. Zunächst einmal möchte ich folgende Frage beantworten:

Wie finde ich passende Stellenanzeigen?
Sollten Sie sich für eine bestimmte Branche interessieren, empfehle ich die Verwendung von B2B-Marktplätzen. Ein B2B-Marktplatz wie z. B. wlw.de (wer liefert was) ist eine Plattform, welche Informationen über das Dienstleistungsportfolio von Unternehmen bietet. Einkäufer bedienen sich zum Beispiel solcher Onlinemarktplätze, wenn sie auf der Suche nach bestimmten Produkten oder Dienstleistungen sind.

So können Sie durch die Eingabe von Suchbegriffen und das Setzen von Filtern eine Vorauswahl von Unternehmen generieren, welche als potenzieller Arbeitgeber in Betracht kommen.

Wer mittels der Suche auf B2B-Plattformen nicht fündig wird, kann auch beispielsweise die Gelben Seiten (www.gelbeseiten.de) für eine Suche verwenden.

Heraus kommt (je nach der Möglichkeit der zu verwendenden Filter) eine entsprechende Ergebnisliste, welche als erster Anhaltspunkt von Zielfirmen für Sie nützlich ist.

Eine der nach wie vor beliebtesten Methoden von Unternehmen ist die Platzierung von Stellenanzeigen. Diese Platzierung erfolgt über Jobbörsen (dazu gehört auch die Bundesagentur für Arbeit), über soziale Netzwerke, über die unternehmenseigene Website, über die Schaltung durch beauftragte Agenturen oder Personalberatungen auf deren eigenen

Websites oder durch Printmedien wie Tageszeitungen. Bevor wir uns jedoch dem Thema der Findung der passenden Arbeit widmen, möchte ich zunächst auf das Lesen und Verstehen von Stellenanzeigen eingehen. Denn eines ist sicher: Stellenanzeige ist nicht gleich Stellenanzeige. Hier gibt es viele Unterschiede und Besonderheiten, welche es zu beachten gilt.

Die Stellenanzeige im Detail
Musterberuf (m/w/d) in Vollzeit

Muster einer Stellenanzeige

Unsere Anforderungen
Sie verfügen über ein abgeschlossenes Studium als Architekt(in) und haben bereits *Berufserfahrung* sammeln können. Sie sind *teamfähig*, zuverlässig und zeigen ein hohes Maß an Engagement. Sie arbeiten lösungsorientiert, *strukturiert*, engagiert und beherrschen *CAD* sowie MS Office. Teamfähigkeit und ein gutes *Kommunikationsvermögen* runden Ihr Profil ab.

Wir bieten Ihnen
Wir bieten Ihnen eine *abwechslungsreiche Tätigkeit*, verbunden mit einer kreativen und freundlichen Arbeitsatmosphäre, in einem netten und *jungen Team* mit *Freiraum* für Ihre berufliche Entwicklung.
Spannende und *anspruchsvolle* Projekte erwarten Sie.
Wenn wir Ihr Interesse geweckt haben und Sie über die vorgenannten Qualitäten und Eigenschaften verfügen, dann bewerben Sie sich bitte per Mail mit Ihren aussagekräftigen Unterlagen unter Angabe Ihrer Verfügbarkeit und Ihrer Gehaltsvorstellung.

Wir sind
Wir sind mehr als ein erfolgreiches internationales Unternehmen: Wir sind ein Arbeitgeber, bei dem aus vielen Kollegen ein großes Team wird. Aus Jobs sichere Arbeitsplätze und aus Arbeitsplätzen echte Zufriedenheit. Sie sind ein starker Teamplayer, der Stabilität, Offenheit und Verlässlichkeit schätzt? Dann sind Sie hier genau richtig! Wir bieten Ihnen vielfältige Möglichkeiten, um Ihre berufliche Zukunft erfolgreich zu gestalten. Ein attraktives Gehalt, faire Führungsgrundsätze und freundliche Kollegen warten auf Sie.

Diese Anzeige habe ich so im Internet (wo ist ja egal) gefunden. Leider sehen Stellenanzeigen häufig so aus. Viel Text, jedoch wenig Inhalt, und mal ehrlich, da ich die Berufsbezeichnung durch XYZ ersetzt habe, passt dies Stelle doch fast auf alle Vakanzen.

Jedoch haben wir hier ein gutes Beispiel, um eine Stellenanzeige zu „sezieren" (siehe Tab. 2.6).

Lesen Sie sich Stellenanzeigen also genau durch und notieren Sie sich alle Punkte, welche für Sie nicht eindeutig sind. Einfache Regel:

Sobald Sie eine Aussage interpretieren müssen, weil der Text uneindeutig ist, dann sollten Sie sich diesen Punkt notieren.

Eine Stellenanzeige soll Ihnen Antworten auf Ihre Fragen geben, dazu zählen Fragen zu dem Job und zu dem Unternehmen.

Tab. 2.6 Deutung von Inhalten einer Stellenanzeige

Text in der Anzeige	Fehlende Infos/mögliche Fragen
Sie haben bereits Berufserfahrung	Wie viele Jahre? Berufserfahrung auf der gewünschten Position oder in der Branche?
Sie sind teamfähig	Wie groß ist das Team? Handelt es sich um eine ganze Abteilung oder eine Gruppe? An wen berichte ich? Teamleiter, Gruppenleiter?
Sie arbeiten strukturiert	Wie wird im suchenden Unternehmen strukturiert: Welche Software wird eingesetzt, welches ERP-System ist vorhanden?
Sie beherrschen CAD	Welches System? Was soll gezeichnet werden?
Gutes Kommunikationsvermögen	Habe ich Kundenkontakt? Welche Schnittstellen habe ich im Unternehmen?
Abwechslungsreiche Tätigkeit	Wie sieht der Aufgabeninhalt aus? Welche Tätigkeitsbereiche sollen durch mich gefüllt werden?
Junges Team mit Freiraum	Wie ist der Altersdurchschnitt? Bedeutet Freiraum den Arbeitsort, die Arbeitszeit oder was ist noch darunter zu verstehen?
Spannende und anspruchsvolle Projekte	Spannend in Bezug auf technisch herausfordernd? Anspruchsvoll in Bezug auf Termin oder Qualität der Arbeit?

Tab. 2.7 Aufbau von Stellenanzeigen

Abschnitt	Beantwortet:
1 Unternehmensdarstellung	Wer ist das Unternehmen, bzw. in welcher Branche ist das Unternehmen aktiv?
2 Aufgabenbeschreibung	Welche spezifischen Aufgaben erwarten mich?
3 Anforderungsprofil	Passe ich auf die Vakanz?
4 Bieten-Zeile	Was wird durch den Arbeitgeber geboten? Was bietet die Aufgabe?
5 Kontaktzeile	Was muss ich als Nächstes tun? Wer beantwortet meine Fragen? Wohin kann ich meine Bewerbung schicken?

Unternehmen verwenden für die Generierung von Stellenanzeigen oftmals ein sogenanntes redaktionelles Raster, welches in verschiedene Abschnitte unterteilt ist (siehe Tab. 2.7):

Notieren Sie sich also wie bereits erwähnt, besonders die Inhalte von Abschn. 2.2 und 2.3, denn das Passen Ihres Profils zu den hier genannten Punkten spielt eine maßgebliche Rolle, ob Sie in die engere Wahl gelangen und ggf. zu einem Gespräch eingeladen werden.

Stellenanzeigen auf Onlinejobbörsen

Eine Jobbörse bietet Unternehmen die Möglichkeit, Stellenanzeigen im digitalen Umfeld zu veröffentlichen. Einige Jobbörsen sind für Unternehmen kostenfrei, einige sind für die Unternehmen gebührenpflichtig. Weiterhin gibt es spezialisierte Jobbörsen, welche einen besonderen Fokus auf bestimmte Branchen legen. Andere Jobbörsen sind breit aufgestellt und bieten die Veröffentlichung von Stellenanzeigen aller Branchen an.

Da es mittlerweile über 1000 unterschiedliche Jobbörsen im deutschsprachigen Raum gibt, möchte ich hier lediglich eine kleine Auswahl darstellen (siehe Tab. 2.8):

Im Internet werden die Jobbörsen immer wieder neu bewertet, daher besteht die Möglichkeit, sich tagesaktuell über den jeweils aktuellen Stand zu informieren.

Wichtige Kriterien für die Auswahl von Jobbörsen
Die Dursuchbarkeit und die Filtermöglichkeiten
Hier ist es zielführend, wenn die Möglichkeit besteht, gezielt nach Jobtitel, Branche oder Firmenname zu filtern. Weiterhin sollte nach Arbeits- oder Einsatzort gesucht werden können. Auch sind die Filter in Bezug auf Vollzeit oder Teilzeit wichtig, neuerdings bieten einige Plattformen auch Homeoffice zur Auswahl an.

Die Aktualität der Stellenanzeigen
Gerade während der Corona-Pandemie hat es sich gezeigt, dass auf den Jobbörsen diverse Stellen angeboten wurden, für welche Unternehmen jedoch längst einen Einstellungsstopp ausgesprochen hatten.

Viele Jobbörsen bieten den Unternehmen eine automatische Verlängerung an, teilweise laufen Anzeigen auch sechs Wochen oder mehr. Eine gute Jobbörse zeigt daher an, wie lange die Anzeige bereits online ist. Doch Vorsicht, einige programmierte Routinen stellen die Anzeige nach einer bestimmten Zeit wieder automatisiert online und fangen dann erneut mit der Zählung an.

Die Anzahl der Stellenanzeigen
Als ersten Check in Bezug auf die Werthaltigkeit einer Jobbörse für die eigene Suche empfehle ich, zunächst nach der Branche zu suchen. Die Ergebnisliste zeigt dann eine Anzahl von Stellenanzeigen mit der gesuch-

Tab. 2.8 Auswahl gängiger Jobbörsen 2020

Allgemeine Jobbörsen	Jobbörsen für Studenten	Jobbörsen für Azubis	Fachbezogene Jobbörsen
stepstone.de	absolventa.de	ausbildung.de	salesjob.de
monster.de	trainee-gefluester.de	Ihk.de	hotelcareer.de
indeed.de	unistellenmarkt.de	ausbildungsstelle.com	foodjobs.de
meinestadt.de	academics.de	Aubi-plus.de	medi-jobs.de
jobbörse.de	Jobmensa.de		silicon.de
kimeta.de			get-in-it.de
arbeitsagentur.de			

ten Zielbranche an. Ist hier die Auswahl sehr gering, konzentrieren Sie sich lieber direkt auf die Suche in einer anderen Jobbörse.

Die Erinnerungsfunktion oder der automatisierte digitale Jobagent
Diese Funktion ist auf jeden Fall ein hilfreiches Instrument und informiert automatisch per Mail über neue Angebote, passend zu der eingestellten Suche mit den entsprechend gesetzten Filtern.

Stellenanzeigen auf Websites von Unternehmen
Für den Fall, dass bestimmte Unternehmen in Ihrem besonderen Fokus stehen, sollten Sie sich auf deren Websites über die jeweils aktuellen Vakanzen informieren. Anders als Jobbörsen sind die Stellenbörsen der Unternehmen in der Regel sehr aktuell. Somit können Sie davon ausgehen, dass die hier aufgelisteten Vakanzen noch unbesetzt sind.

Videostellenanzeigen
Durch die Verwendung von Videostellenanzeigen bauen Unternehmen direkt eine persönliche Beziehung zu den Kandidaten auf, da Teammitglieder und Fachvorgesetzte über die Vakanzen und das Arbeitsumfeld berichten.

Zu finden sind solche Videostellenanzeigen in der Regel via YouTube.

2.3.3 Die Initiativbewerbung

Es kommt immer wieder vor, dass ich von Unternehmen ein Suchmandat erhalte mit dem Hintergrund der „verdeckten Suche". Eine verdeckte Suche wird unter anderem beauftragt, wenn ein derzeitiger Stelleninhaber nicht mitbekommen darf, dass „seine" Stelle neu besetzt werden soll, die Gründe dafür sind vielschichtig.

Weiterhin schlummern häufig in Unternehmen gewisse Bedürfnisse, welche jedoch den Verantwortlichen manchmal nicht bewusst sind. Oftmals fordert das Tagesgeschäft in Verbindung mit diversen Projekten die gesamte Aufmerksamkeit, und so kommt es immer wieder zu Problemen im Ablauf, es passieren Fehler, auch bedingt dadurch, dass eine notwendige Stelle nicht vorhanden oder eine Planstelle unbesetzt ist.

Auch kommt es vor, dass kurzfristig eine Position unbesetzt ist, da ein Mitarbeiter gekündigt hat und die Personalabteilung oder die fachlichen Verantwortlichen es versäumt haben, sich rechtzeitig um eine Nachbesetzung zu kümmern.

Und glauben Sie mir, die hier aufgeführten Fälle kommen immer wieder vor. Daher macht eine initiative Bewerbung absolut Sinn, denn Ihre Bewerbung kann ggf. genau zur richtigen Zeit kommen.

Natürlich kann man eine initiative Bewerbung einfach mal „ins Blaue" bei seinem Wunscharbeitgeber probieren. Erfolgsversprechender ist die Bewerbung jedoch, wenn Sie sich als Bewerber ein wenig vorab informieren. Durch geschickte Suche kann man herausfinden, wo ggf. in naher Zukunft ein Bedarf an Arbeitskräften entstehen kann.

Sich einfach mal mit offenen Augen durch die Wunschregion des künftig angestrebten Arbeitsortes bewegen und die Namen auf den Baustellenschildern von Bauvorhaben fotografieren. Hier finden Sie zum Beispiel die Namen der Unternehmen, welche sich niederlassen möchten.

Die Presse (regional als auch überregional) veröffentlicht immer wieder Mitteilungen von Unternehmen, welche sich in einer bestimmten Region ansiedeln möchten. Mitte 2020 war beispielsweise die Tesla Gigafactory Berlin-Brandenburg häufig in der Presse. Bei diesem Projekt handelte es sich um eine im Bau befindliche Großfabrik des Automobilherstellers Tesla.

Aber auch Messen oder Veranstaltungen bieten die Möglichkeit, sich umfassend über die Expansionspläne von Unternehmen und Branchen zu informieren.

Oft lohnt es sich dann, frühzeitig eine entsprechende Bewerbung zu senden. Die Form der Bewerbung und die damit verbundene Vorgehensweise ist im Übrigen dieselbe wie bei einer Bewerbung auf eine Stellenanzeige, siehe Abschn. 2.4.

Und eines möchte ich hier zudem deutlich erwähnen: Mit der Bewerbung auf eine Stellenanzeige sind Sie in der Regel einer von vielen, bei einer initiativen Bewerbung unter Umständen der einzige Bewerber.

Andererseits stellen Sie bei Ihrer Recherche ggf. fest, dass Ihr Wunschunternehmen derzeit eine schwierige Zeit durchläuft und daher keine Mitarbeiter einstellen wird. In diesem Fall wäre eine Spontanbewerbung vermutlich nicht von Erfolg gekrönt und Sie können Sich somit die weitere Arbeit ersparen.

Dieses habe ich beispielsweise in den Monaten März bis Juni 2020 bei diversen Unternehmen erlebt. Selbstverständlich bewerbe ich mich als Personalberater permanent mit meinen Dienstleistungen initiativ bei verschiedenen Unternehmen. Das macht für mich i. d. R. natürlich keinen Sinn, wenn ein Unternehmen auf seinen Karriereseiten keine einzige offene Stelle anbietet.

2.3.4 Die Kontaktaufnahme zu einem Personalberater/Headhunter

Der Kontakt zu einem Personalberater oder auch Headhunter, wie diese volkstümlich öfter genannt werden, kann durchaus sinnvoll sein, zumal spezialisierte und alteingesessene Beratungen oftmals über ein ausgeprägtes Netzwerk verfügen. Auch gibt es Personalberatungen, welche den Bewerbern gute Informationen und Hinweise über die jeweilige Situation am Arbeitsmarkt geben, ohne gleich ein Honorar zu fordern.

Die Suche nach einer geeigneten Personalberatung

Die Ausübung des Berufs Personalberater ist gesetzlich nicht geschützt oder geregelt, eine entsprechende Ausbildung daher nicht erforderlich.

Die Auswahl von geeigneten Beratungen, welche für Sie als Kandidat nützlich sein können, ist daher nicht so einfach, auch deshalb, weil es ein dichtes Netzwerk an Personalberatungen gibt.

Personalberater, welche ihr Branchensegment gut kennen, wissen um die strategischen und operativen Veränderungen in ihren Branchen, im jeweiligen Markt und in der Arbeitswelt. Es ist darauf zu achten, inwiefern Personalberater Erfahrungen in der relevanten Branche haben oder über eine gewisse Spezialisierung in bestimmten Berufsfeldern verfügen, wie zum Beispiel Einkauf, IT oder Vertrieb.

Folgende Fragen sollten bei der Eignung einer/s Personalberaters*in gestellt werden:

- Welche genauen Kompetenzen und Branchenerfahrungen bringt die Personalberatung mit?
- Welche Branchen werden durch die Personalberatung abgedeckt?
- Welche Funktionen werden derzeit am meisten gesucht?

Hier genügt ein Blick auf die Unternehmenswebsite der Beratung. Ich empfehle auf jeden Fall, die Stellenanzeigen zu prüfen, denn hier ist der genaueste Indikator gegeben, ob eine Personalberatung zu Ihnen passt oder nicht.

Der Bund der Unternehmensberater (www.bdu.de) stellt auf der Website ebenfalls eine kostenlose Suche nach Personalberatungen zur Verfügung. Die Suche erfolgt nach Branche, somit ist eine gute Vorauswahl, der zu besuchenden Websites der jeweiligen Personalberater gegeben.

Die Kontaktaufnahme in Bezug zu einer ausgeschriebenen Stelle
Das Telefon klingelt, ich hebe ab:

„Guten Morgen Herr Frey, Sie haben da eine sehr interessante Vakanz auf Ihrer Website, bevor ich mich bewerbe, habe ich dazu einige Fragen".

„Gerne beantworte ich Ihre Fragen, soweit mir dieses im ersten Schritt möglich ist", so meine Antwort.

„Mich interessiert vor allem, wo sitzt das Unternehmen, gerne würde ich auch den Namen erfahren und vor allem, welches Gehalt kann ich erzielen"?

„Haben Sie bitte Verständnis, dass ich Ihnen diese Auskünfte an dieser Stelle nicht mitteilen kann. Ich verstehe natürlich, dass diese Fragen für Sie von Bedeutung sind, jedoch möchte ich natürlich zunächst von Ihnen wissen, ob Sie für diese Vakanz qualifiziert sind, weiterhin interessiert mich auf der anderen Seite, welche gehaltlichen Vorstellungen Sie haben und in welcher Region Sie eine Aufgabe suchen. Ich wurde von meinem Auftraggeber mit dieser Suche beauftragt, daher bin ich verpflichtet, eine gewisse Sorgfalt in Bezug auf die Besetzung dieser Stelle zu legen und möchte daher nur geeignete Kandidaten, welche dem Profil entsprechen, in den Auswahlprozess nehmen".

Solche Anrufe führe ich fast wöchentlich und natürlich sind diese Fragen berechtigt. Es wird kaum eine Personalberatung geben, welche Ihnen diese Fragen vor der Übermittlung Ihrer Unterlagen beantwortet, da diese Firmen natürlich in erster Linie darauf bedacht sind, die Informationen zu den jeweiligen Auftraggebern zunächst vertraulich zu behandeln.

Das Gehalt
Da ein Personalberater von einem Unternehmen mit einer Besetzung beauftragt wurde, wird dieser in der Regel das maximale Jahresgehalt kennen, welches ein Unternehmen bereit ist zu zahlen, wenn ein Kandidat optimal auf eine ausgeschriebene Vakanz passt.

Diese Information ist vertraulich, daher sollte eine Personalberatung immer im Sinne des Auftraggebers handeln und sich als Botschafter des Unternehmens betrachten, welches die Personalberatung beauftragt hat. Daher wird eine seriöse Personalberatung keine Auskunft bezüglich eines möglich erzielbaren Gehaltes erteilen.

Und mal ehrlich, wenn Sie einen potenziellen Arbeitgeber, bei dem Sie sich bewerben möchten, direkt anrufen, und diesen fragen: *„Hey was kann ich denn bei euch verdienen?"*, werden Sie sicherlich ebenfalls keine Antwort erhalten.

Der Arbeitsort
In der Regel möchten Personalberatungen keine Auskunft über das suchende Unternehmen übermitteln, bis zumindest ein Lebenslauf vom Kandidaten vorliegt, welcher sich für eine ausgeschriebene Vakanz bewerben möchte.

Das hat unterschiedliche Gründe. So gibt es vertragliche Regelungen, welche Unternehmen und Personalberatungen abschließen. Solche Regeln können den Unternehmen gestatten, auch weitere Beratungen zu beauftragen oder selber aktiv weiter zu suchen.

Somit hat eine Personalberatung natürlich ein Interesse daran, dass die Kandidaten, welche für eine Vakanz in Betracht kommen, auch von diesen vorgeschlagen werden, denn ein Besetzungshonorar oder Teile eines Honorars werden nur bei einer erfolgreichen Besetzung fällig.

Auch kann es sein, dass eine Suche verdeckt durchgeführt wird und der Berater sicherstellen muss, ob ein Kandidat aufgrund seines beruflichen Werdegangs geeignet ist.

Zudem scheuen Personalberatungen, den Namen des Arbeitsortes zu nennen, damit Bewerber sich nicht direkt bei den Unternehmen bewerben können, da oftmals eine kleine Recherche ausreicht, um den Namen des Unternehmens zu ermitteln.

Hinterfragen Sie die notwendige Qualifikation oder die Aufgabe, welche gefordert werden. Solche Fragen beantwortet ein Personalberater gerne. Zudem können Sie dabei auch erkennen, ob der Personalberater weiß, wovon dieser spricht. Das können Sie beispielsweise an den Fragen erkennen, welche der Berater Ihnen stellt.

Auch sollten Sie herausfinden, ob die Personalberatung Ihren Lebenslauf und Ihre Unterlagen einfach weiterleiten möchte oder ob es vor der Weiterleitung zu einem Gespräch zwischen der Beratung und Ihnen kommt. Gute Personalberatungen werden zunächst mit Ihnen ein Gespräch führen wollen, um abzuklären, ob Sie auch für eine Vakanz geeignet sind. Außerdem werden sie mit Ihnen klären wollen, welche Bedürfnisse Sie im Speziellen haben.

Ein wichtiger Punkt sei an dieser Stelle noch erwähnt:

Wenn Sie durch einen Personalberater für eine Vakanz empfohlen wurden, dann sind Sie nicht einfach nur ein Bewerber, denn Sie wurden wirklich von einem Experten für eine Vakanz empfohlen. Somit haben Sie oftmals bei den ggf. anstehenden Bewerbungsgesprächen eine deutlich bessere Ausgangslage, da Sie ein empfohlener Bewerber sind.

Beachten Sie bitte auch Folgendes:

Fahren Sie *nicht doppelgleisig*. Denn wenn ein Berater Sie für eine Vakanz empfohlen hat und Sie eine Bewerbung zusätzlich bei dem Unternehmen einreichen, dann entsteht dadurch in den meisten Fällen ein schlechter Eindruck. Es ist schon das eine oder andere Mal vorgekommen, dass ein Auftraggeber mich darüber informiert hat, dass ein von mir empfohlener Kandidat sich zusätzlich beworben hat und ich daher dem Kandidaten absagen sollte.

2.3.5 Die Jobsuche via soziale Netzwerke wie XING, LinkedIn & Co.

Selbstverständlich bieten auch die sozialen Netzwerke die Möglichkeit, gezielt nach Stellen zu suchen. Daher spielen diese für die Jobsuche in mehrfacher Hinsicht eine wichtige Rolle. Bewerber können sich schnell über offene Stellen informieren, durch entsprechende Filter ist die Eingrenzung der passenden Stelle nahezu eindeutig. Zu beachten ist hier jedoch, dass ein Bewerber auch entsprechende Daten hinterlegen muss, die Menge an Daten variiert dabei. Auch spielt die Form des Accounts eine wichtige Rolle bei der Jobsuche. Denn wer für die Nutzung zahlt, erhält deutlich mehr Leistung.

Auch bieten soziale Netzwerke die Möglichkeit, sich über ein Unternehmen zu informieren. Zum einen ermöglichen diverse Unternehmen, sich eine Übersicht über deren Produkte und Märkte zu verschaffen, zum anderen kann ein Bewerber hier zusätzliche Kenntnisse erlangen, wenn dieser das Profil von den Beschäftigten der Unternehmen besucht.

Viele Mitarbeiter posten in den Profilen, mit welcher Software sie arbeiten oder mit welchen Arbeitsinhalten sie sich beschäftigen. Somit erhalten Sie teilweise Informationen über den Arbeitgeber durch den Besuch von Mitarbeiterprofilen. Diese Informationen können Sie oftmals auf den Unternehmensseiten nicht finden.

Weit verbreitet sind die Stellenbörsen von XING und LinkedIn.

Jobsuche via XING

Um passende Stellen bei XING zu finden, bietet diese Plattform den XING-Stellenmarkt (https://www.xing.com/jobs) an. XING listet automatisch (anhand der eigenen Profileinstellung) Jobangebote auf, welche aus Sicht dieser Plattform am besten passen.

Sie müssen in den entsprechenden Feldern einfach den gesuchten Jobtitel oder ein entsprechendes Stichwort eingeben sowie den gewünschten Arbeitsort und den entsprechenden Radius.

Ich empfehle hier die Vorgehensweise, wie ich sie als Personalberater anwende, die boolesche Suche: (Projekt* OR Project* OR Bau*) AND (manage* OR Leit*) in das Feld Jobtitel oder Stichwort.

Das System erzeugt eine Liste mit passenden Suchergebnissen, welche über zusätzliche Filter am rechten Bildschirmrand weiter eingegrenzt werden können. Als Premiummitglied werden neben den Suchergebnissen auch weitere Informationen wie Gehaltsprognosen angezeigt.

Zudem können bis zu fünf Suchaufträge angelegt werden. Das System informiert Sie automatisiert per E-Mail, falls neue passende Stellenanzeigen vorliegen.

Eine entsprechende XING-(Job)App bietet zudem die Möglichkeit, auch via Smartphone und somit mobil nach Stellenanzeigen zu suchen, bzw. über neue Stellen informiert zu werden.

Jobsuche via LinkedIn

Ähnlich wie bei XING funktioniert die Jobsuche auch bei LinkedIn. Den Stellenmarkt finden Sie unter dem Link https://www.linkedin.com/jobs.

Das erscheinende Suchfenster bietet die Felder:

Position, Unternehmen oder Kenntnisse, ein weiteres Suchfenster erwartet die Eingabe nach der PLZ oder dem gewünschten Arbeitsort.

Selbstverständlich funktioniert auch bei LinkedIn die boolesche Suche.

Weitere Filter verfeinern die Suche. So kann in einem weiteren Fenster beispielsweise angewählt werden, welche Beschäftigungsart gewünscht wird, welche Branche von besonderem Interesse ist oder wie groß der Zeitraum der Veröffentlichung sein darf.

Die passenden Stellen werden angezeigt und der Bewerber kann bei Interesse direkt den *Bewerben-Button* anklicken.

Interessant ist die Übersicht für den Fall, dass ein Premiumaccount vorhanden ist. Falls Sie einen Premiumaccount besitzen, erhalten Sie zudem die Information, wie viele weitere Kandidaten sich via LinkedIn bereits beworben haben.

Die Suche via Job-Apps

Mobile Jobsuche ist mit diversen unterschiedlichen Tools möglich. Diese Apps sind in der Regel einfach zu bedienen und können jederzeit genutzt werden (siehe Tab. 2.9).

Tab. 2.9 Gängige Job-Apps in Deutschland (siehe auch Talention o. J.; Die Bewerbungsschreiber o. J.)

Job-App	Gründung	Fokus	Web-Adresse
Truffls	2014	Young Professionals	www.truffls.de
Meinestadt	2000	Regionale Stellenangebote	www.meinestadt.de
TalentHero	2017	Ausbildungsplätze	www.talenthero.de
Hokyfy	2015	Blue-Collar-Fachkräfte	https://hokify.at/
Bundesagentur		Alle Bereiche	https://www.arbeitsagentur.de/
Indeed	2004	Überregional/global	https://de.indeed.com
Jobrapido	2006	Überregional/global	https://de.jobrapido.com/
Yourfirm	2010	Mittelstand	https://www.yourfirm.de/
Trovit	2007	Alle Bereiche	https://de.trovit.com/jobs/

Am bekanntesten ist hier sicherlich **Truffls** (www.truffls.de).

Mit wenigen Schritten hinterlegen Sie dort ein Profil und stellen die für Sie passenden Filter ein. Die von der App entsprechend vorgeschlagenen Jobs enthalten auf einen Blick die Basisinformationen sowie zahlreiche Angaben zum Unternehmen und zur Kontaktperson. Mit einem Swipe wird Ihr Kurzprofil anonym an das entsprechende Unternehmen übermittelt. Sollte der Ansprechpartner dieser Firma an Ihrem Profil Interesse haben, werden Sie über die App informiert und haben dann die Möglichkeit, sich zu bewerben. Die App bietet zudem eine Messengerfunktion, über welche Sie direkt mit den Ansprechpartnern diverser Unternehmen in Kontakt treten können.

Indeed (www.indeed.com) ist ebenfalls eine weitverbreitete Job-App. Mittels Mailadresse, Facebook- oder Google-Account erstellen Sie ein entsprechendes Konto.

Via Eingabe von Jobtitel oder Unternehmen sowie dem gewünschten Ort/der Entfernung zum Arbeitsort schlägt die App entsprechende Stellenanzeigen vor. Die Anzeige, welche passend erscheint wird dann einfach angetippt, und der Bewerbungsprozess, welcher über die App gesteuert wird, startet. Eine Menüfunktion bietet eine Übersicht der Stellen, auf welche Sie sich bereits beworben haben.

Das Besondere an der Job-App **Trovit** (https://de.trovit.com/jobs) ist die sehr genaue Suche. Der Nutzer kann detailliert definieren, welche Arbeit gesucht wird und welches Beschäftigungsverhältnis angestrebt wird. Die entsprechenden Jobangebote werden differenziert aufgeführt. Ein mitgelieferter Link führt direkt zu der Website des Arbeitgebers oder der Personalberatung.

Zudem werden zu jedem Jobangebot hilfreiche Informationen in Form von einer Kurzbeschreibung geboten. Ferner kann auch ein Link zu der jeweiligen Webseite des Unternehmens genutzt werden. Ebenfalls sollte noch erwähnt werden, dass über die App direkt E-Mails an die Arbeitgeber geschickt werden können. Oder die Jobofferten werden auf die Favoritenliste gesetzt, um die Angebote im Auge zu behalten.

Arbeitsagentur für Arbeit (https://www.arbeitsagentur.de/jobsuche-app) ist die Job-App, welche vom Staat zur Verfügung gestellt wird und stellt das größte Onlinesuchportal in Deutschland dar. In den Einstellungen kann der Nutzer angeben, wie und in welcher Form Vermittlungsvorschläge angezeigt werden sollen. Weiterhin kann ausgewählt werden, welche Arbeitszeitmodelle gewünscht sind, ob eine Befristung erwartet wird oder ob spezielle Angebote für Menschen mit Behinderungen angezeigt werden sollen. Natürlich ist ein Umgebungsradar mit an Bord. Die Suche biete eine einfache Menüführung. Über die Eingabe eines Stichwortes, wie Branche oder Arbeitstitel, erhält der Nutzer eine Anzahl von offenen Positionen. Weiterhin erhält der Suchende die Möglichkeit, die Suche zu verfeinern.

Durch Anklicken der gefundenen Stellen werden die Anforderungen und die Stellenbeschreibung angezeigt. Schließlich wird darauf hingewiesen, wer der Ansprechpartner ist und wie man sich bewerben soll.

Auch die Online Stellenbörsen wie zum Beispiel „Monster" (www.monster.de), oder „Stepstone" (www.stepstone.de) bieten eigene Job-Apps.

Arbeitgeberbewertungsportale
Um sich über potenzielle Arbeitgeber zu informieren, gibt es im Internet neben den sozialen Netzwerken auch die Möglichkeit, sich Informationen über Arbeitgeber-Bewertungsportale zu holen. Eines sollte jedoch dabei beachtet werden. Die eigene Meinung ist immer noch die beste Meinung. Lassen Sie sich nicht davon abhalten, sich bei einem Unternehmen zu bewerben, auch wenn die Bewertungen nicht Ihren Vorstellungen entsprechen.

Glassdoor

Das Unternehmen Glassdoor (www.glassdoor.com) wurde 2007 gegründet und hat seinen Sitz in Kalifornien. Über die Eingabe des Unternehmens haben Sie auf dieser Website die Möglichkeit, sich über dessen Gehälter oder auch über bereits durchgeführte Vorstellungsgespräche anderer Bewerber zu informieren.

Weiterhin kann sich der geneigte Nutzer die unterschiedlichen Bewertungen von Mitarbeitern anschauen.

Kununu

Das ebenfalls im Jahr 2007 gegründete Wiener Unternehmen (www.kununu.de) bildet im deutschsprachigen Raum das wichtigste Arbeitgeberportal. Seit 2013 ist *kununu* ein Teil der XING-Familie.

Die Filtermöglichkeit bei kununu geht über den Unternehmensnamen oder über die Eingabe der Branche. Auch Ort und Region kann eingegrenzt werden. Die Informationen zu den gefundenen Unternehmen werden übersichtlich dargestellt. Der Bewerber kann sich entscheiden, welche Informationen welcher Mitarbeitergruppe von Interesse sind. Weiterhin können auch andere Bewerber Aussagen über den Bewerbungsprozess posten.

2.3.6 Der Besuch von Jobmessen/Karrieretagen

Job- und Karrieremessen bieten eine gute Gelegenheit, sich über den Arbeitsmarkt, die branchenspezifischen Chancen in Bezug auf den beruflichen Einstieg und die Arbeitsinhalte, mögliche Arbeitgeber und unterschiedliche Karrierechancen zu informieren. Diese Messen bieten insbesondere Berufseinsteigenden die Möglichkeit, mit Personalverantwortlichen in den persönlichen Kontakt zu treten und sich über Einstiegs- und Karrieremöglichkeiten zu erkundigen. Nahezu alle Branchen und vor allem namhafte Unternehmen präsentieren sich auf eigenen Ständen und bieten umfassende Informationen über die beruflichen Möglichkeiten im Unternehmen an.

Auch das Handwerk ist dabei mit eigenen Messen vertreten und bietet einen guten Einblick in die unterschiedlichen Branchen.

Die Messen sind breit gestreut, so gibt es Messen für Schüler und Abiturienten, für Studierende und Absolventen oder für Young Professionals.

Auf Jobmessen oder Personalbörsen sowie Karrieretagen gelten, wie bei allen anderen Messen, neue Vorgaben bezüglich der aktuellen Corona-Schutzverordnung, und es werden in enger Abstimmung mit den Behörden vor Ort umfangreiche Hygiene- und Abstandskonzepte umgesetzt, um das Miteinander auf Jobmessen zu regeln.

Ich gehe davon aus, dass solche – oder ähnliche – Konzepte und Sicherheitsbestimmungen auch nach Einführung eines Impfstoffs bestehen bleiben werden.

Tab. 2.10 gibt eine Auswahl an Personalmessen in Deutschland – Stand 2020.

Tab. 2.10 Personalmessen – Stand 2020

Personalmesse	Zielgruppe	Standort	Internet
Jobmesse Dresden	Allgemein, keine Spezialisierung	Dresden	https://www.jobmesse-dresden.de
VDI nachrichten Recruiting Tag	Ingenieure	Dortmund	https://www.ingenieur.de
CAR-Connects	Ingenieurwissenschaften, Informatik und BWL	Bochum	https://www.car-future.com
Karriereforum E-world energy & water	Studenten, Absolventen, Young Professionals Fokus: Energiebranche	Essen	https://www.e-world-essen.com
e-fellows.net: Startschuss Abi	Schüler und Abiturienten	München	https://www.e-fellows.net
Bachelor and More	Schüler und Abiturienten	Münster	https://www.bachelor-and-more.de/
Stuzubi Karrieremesse und Abimesse	Studenten und Young Professionals	München	https://stuzubi.de/messen/
Handwerk 25	Handwerk	Stuttgart	www.personal.handwerk2025.de

2.4 Die Bewerbungsunterlagen

Die perfekten Bewerbungsunterlagen sind der Grundfeiler und bilden oftmals die Eintrittskarte zum Job. Die Bewerbung enthält das Wort WERBUNG, und so sollten Sie diese Unterlagen auch verstehen, als Werbung für Ihre Person. Eine strukturierte und grafisch gut aufbereitete Bewerbungsmappe sagt viel über Sie aus. Diese gilt bei vielen Personalern als eine Art erste Arbeitsprobe und bildet somit eine übergroße persönliche Visitenkarte.

Wichtig sind dabei der richtige Aufbau, die Struktur, der transportierte und vor allem der jeweils passende Inhalt.

Aufgrund der Vielzahl von eingehenden Bewerbungen betrachten viele Personaler – so auch ich – eine Bewerbung zunächst nur oberflächlich.

Der erste Blick, der erste Eindruck ist daher oftmals entscheidend dafür, ob eine Bewerbung genauer begutachtet wird oder nicht. Gehen Sie also davon aus, dass viele Personalentscheider zunächst mit einem „Klick-Blick" die Unterlagen sichten und sich hier der erste Filter befindet (siehe Abb. 2.2).

Sind das Anschreiben, das Foto und die Gliederung ansprechend, ist oftmals die erste Hürde genommen.

Eine gut strukturierte Unterlage hinterlässt den Eindruck, dass Sie ein Profi sind, und erhöht somit Ihre Chance auf eine Einladung zum Vorstellungsgespräch bei Ihrem Wunscharbeitgeber.

Weiterhin sollten Sie Massenbewerbungen vermeiden. Beziehen Sie sich bei jeder Bewerbung spezifisch auf ein Unternehmen (welches erwähnt werden muss) und weiterhin, falls möglich, auf einen konkreten Ansprechpartner.

2.4.1 Das Anschreiben

Wie bekomme ich den Adressaten dazu, mein Anschreiben zu lesen?
Diese Frage stellt sich fast jeder Bewerber.

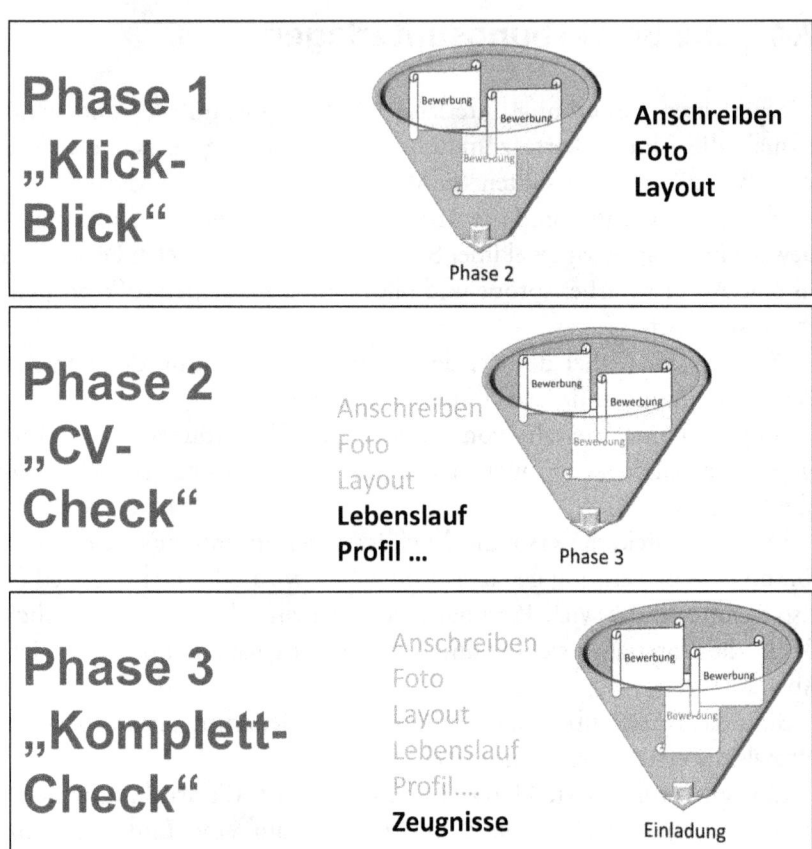

Abb. 2.2 Bewerbungen prüfen. © Thomas Frey 2021. All Rights Reserved

Nehmen Sie sich dazu die Notizen, welche Sie sich erstellt haben, während Sie sehr aufmerksam die Stellenanzeige studiert haben, und beziehen Sie sich am besten genau auf diese Punkte.

Seien Sie dabei sehr konkret und absolut spezifisch. Werden beispielsweise in der Anzeige die Kenntnisse im Umgang mit CAD-Systemen gefordert, führen Sie diese Kenntnisse auf.

Weiterhin sollten Sie den richtigen Ansprechpartner anschreiben, und, falls dieser einen Titel hat, diesen auch benennen.

Da ich mich hier in viele Worte verlieren könnte, möchte ich ein Anschreiben auf eine Stellenanzeige beispielhaft darstellen. Urteilen Sie dann selbst, ob Ihnen diese Art und Weise zusagt:

Ein passendes Anschreiben dazu kann wie folgt aussehen:

Muster einer Stellenanzeige auf welche Sie sich bewerben möchten

Die Firma XYZ Bau GmbH erstellt als Generalunternehmer oder auch als Generalübernehmer schlüsselfertige Wohnanlagen und Büroausbauten.
Zur Erweiterung unseres Teams suchen wir ab sofort
Bauleiter Schlüsselfertigbau im Innenausbau (m/w/d) in Vollzeit
Aufgabenstellung
- Koordinierung und Organisation der Bauabläufe
- Materialdisposition, Terminsteuerung und Bauüberwachung
- Auftragsabwicklung mit Auftraggebern, Endkunden und Nachunternehmern
- Ausschreibungen, Preisspiegel, Auswertungen, Mitwirkung bei Vergaben

Anforderung
Sie verfügen über eine abgeschlossene Ausbildung in der Baubranche (Bautechniker/in, Bauingenieur/in)
- Sie haben Erfahrungen im Innenausbau
- Sie besitzen eine ausgeprägte Organisationsfähigkeit und arbeiten weitestgehend selbstständig
- Sie verfügen über PC-Kenntnisse (MS Office, MS Project, Orca)

Wir bieten
- ein leistungsorientiertes Einkommen
- ein angenehmes Arbeitsumfeld in einem jungen, dynamischen Team
- Baustellenverantwortung in der Region NRW
- Firmenfahrzeug mit 1-%-Regelung

Muster eines Anschreibens

Sehr geehrte Frau Musterfrau,
Sie suchen einen Bauleiter für die Erstellung von Wohnanlagen/Büroausbau.
Als gelernter Maurer, mit Weiterbildung zum Bautechniker verfüge ich seit ca. fünf Jahren über eine praktische Erfahrung als Polier auf der Baustelle und koordiniere seit drei Jahren als Bautechniker Innenausbauprojekte im Umfeld privater Wohnungsbau und Ladenbau.

Auszug meiner bisherigen Hauptaufgaben:
- Teilnahme an Erstbegehungen und Abstimmung mit den Kundenansprechpartnern hinsichtlich Termine und Kosten
- Erstellung von Ausschreibungen mit dem Programm ARIBA
- Erstellung der Bauablaufplanung mit MS Project
- Gewerkeeinkauf mit einem Volumen bis 100.000 EUR
- Koordination u. a. der Gewerke Trockenbau, Elektro, HLKS, Bodenbelag, Maler
- Verantwortlich für die Einhaltung von Projektbudgets bis 500.000 EUR

Selbstverständlich bin ich innerhalb von NRW reisebereit. Zudem liegt mir der Umgang mit anderen Menschen unterschiedlicher Kulturen und unterschiedlichen Alters.
Anbei finden Sie meine ausführlichen Bewerbungsunterlagen.
Auf eine Rückmeldung Ihrerseits freue ich mich ebenso wie auf ein mögliches Gespräch (egal ob telefonisch, via Video oder auch persönlich).

Anlagen:
- Lebenslauf
- Projektprofil
- Zeugnisse

Dieses Anschreiben transportiert wesentliche Inhalte und bezieht sich direkt auf die ausgeschriebene Stelle. Der Empfänger wird somit direkt durch das Anschreiben erkennen, ob es sich lohnt, die weiteren Unterlagen zu begutachten oder nicht.

2.4.2 Der Lebenslauf

Der Lebenslauf ist meiner Meinung nach das entscheidende Dokument Ihrer Bewerbungsunterlagen.

Denn mit der Struktur, dem Aufbau, dem Layout und der grafischen Gestaltung Ihres Lebenslaufs stellt diese Unterlage Ihre persönliche Visitenkarte dar. Sie zeigen damit, ob Sie in der Lage sind, zu strukturieren und diese wichtige Unterlage auch ansprechend zu gestalten. Somit ist der Lebenslauf der Kernpunkt Ihrer Bewerbung.

Je „höher" gelagert die Position im Unternehmen angesiedelt ist, für welche Sie sich bewerben, desto mehr wird auf Ihren CV geachtet. Denn gerade Lebensläufe für Führungskräfte wie Teamleiter, Abteilungsleiter oder Geschäftsführer werden natürlich ganz anders betrachtet als Lebensläufe für Sachbearbeiter oder Praktikanten.

Die Abschnitte des Lebenslaufs gliedern sich wie folgt:

- Im oberen Bereich führen Sie die persönlichen Daten auf,
- im zweiten Abschnitt stehen Ihre beruflichen Stationen,
- im letzten Abschnitt stehen Ihre Ausbildung und Ihre schulische Laufbahn.

Die persönlichen Daten

Der Lebenslauf sollte auf jeden Fall Ihren beruflichen und Ihren familiären Status aufweisen. Weiterhin sollte Ihr Alter daraus hervorgehen (das Geburtsdatum). In jedem Zeugnis wird in der Regel das Geburtsdatum aufgeführt. Also ersparen Sie dem Empfänger bitte die Recherchearbeit. Denn AGG hin oder her, selbstverständlich ist das Geburtsdatum ein wesentlicher Einstellungsfaktor und wird daher für den weiteren Bewerbungsprozess von Bedeutung sein, ob Sie nun im Lebenslauf darauf hinweisen oder nicht.

Wenn Sie kein separates Dokument mit einem Foto von sich mitgeben möchten, ist die Platzierung eines Fotos oder Bildes Ihrer Person im Lebenslauf zu empfehlen (mehr dazu siehe Abschn. 2.4.8).

Der berufliche Werdegang

Wichtig für die professionell wirkende Gestaltung eines Lebenslaufs ist, dass dieser von „oben nach unten" gegliedert ist. Das heißt, die letzte (meist aktuelle) berufliche Station kommt nach oben und die erste berufliche Station kommt nach unten.

Das ist deshalb von Bedeutung, da Ihre letzten beruflichen Jahre für einen Entscheider bedeutender sind als das, was Sie ggf. vor 15 Jahren gemacht haben.

Ich erhalte häufig Lebensläufe, die vollgepackt sind mit Informationen, die mich an dieser Stelle eines CV überhaupt nicht interessieren.

Die beruflichen Erfolge oder Auflistungen von Tätigkeiten überfrachten einen Lebenslauf und gehören dort nicht hinein.

Im ersten Schritt interessiert mich zunächst, wo war der Mensch tätig, von wann bis wann war er dort tätig, was hat er dort gemacht.

Monat/Jahr	Arbeitgeber/Arbeitsort	Tätigkeit/berufliche Aufgabe

Ein Lebenslauf sollte kurz, knapp und präzise die Informationen präsentieren, welche im ersten Schritt für einen Leser von Interesse sind. Lassen Sie daher weitere Informationen weg und führen die zusätzlichen beruflichen Informationen in einem weiteren Dokument, wie einem Projektprofil oder einem Tätigkeitsprofil, auf.

Monat/Jahr

Führen Sie den Beginn und das Ende der jeweiligen Tätigkeit auf und benennen Sie den jeweiligen Monat und das jeweilige Jahr. Wenn ich einen Lebenslauf erhalte, wo nur das Jahr aufgeführt ist, gehe ich automatisch davon aus, dass jemand seine über Monate dauernden Lücken verbergen möchte. Wenn dieses sich dann nach einer Prüfung herausstellt, macht das einen schlechten Eindruck.

Arbeitgeber/Arbeitsort

Führen Sie den kompletten Namen des Unternehmens auf, dazu gehört die Rechtsform, wie GmbH, AG, usw. Weiterhin sind der Sitz des Unternehmens und die Niederlassung, für welche Sie tätig waren, von Interesse. Nützlich ist zudem die stichwortartige Angabe zur Branche des Unternehmens. Dieses erleichtert die Nachvollziehbarkeit, und der Adressat Ihres CV kann schnell entsprechende Recherchen durchführen, da die Eindeutigkeit des Unternehmens gegeben ist.

Tätigkeit/Berufsbezeichnung
Führen Sie auf, was Sie gemacht haben oder was Ihre Aufgabe war. Hier können Sie sich u. a. auch an die Formulierung des entsprechenden Arbeitgeberzeugnisses orientieren. Unter der Bezeichnung Tischlermeister, Betriebswirt oder Architekt wird z. B. nicht transportiert, welcher Arbeit Sie nachgegangen sind, da dies Ausbildungsbezeichnungen sind.

Der Empfänger Ihres Lebenslaufes kann sich hingegen ein besseres Bild Ihrer Tätigkeit machen, wenn aufgeführt wird, dass Sie als Bauleiter (anstatt als Architekt) tätig waren oder als Controller (anstatt als Betriebswirt) oder als Produktionsleiter einer Schreinerei (anstatt als Tischlermeister).

Beispiel Lebenslaufzeile

Zeitraum	Unternehmen	Funktion/Aufgabe
08/2017–01/2020	Musterunternehmen GmbH Branche: Maschinenbau 47111 Musterhausen	Projektleiter XYZ
07/2013–07/2017	Musterbau AG Branche: Metallbearbeitung 47112 Musterdorf	Produktionsleiter Montage

Somit werden die primär wichtigen Informationen der beruflichen Schritte übersichtlich und strukturiert dargestellt.

Selbstverständlich ist es nachvollziehbar, dass jeder gerne an dieser Stelle auch die beruflichen Erfolge kommunizieren möchte, dieses sollte jedoch an der entsprechenden Stelle in den Bewerbungsunterlagen erfolgen und nicht im Lebenslauf mitgeteilt werden, siehe Projektprofil/Tätigkeitsprofil.

Führen Sie im Lebenslauf lückenlos alle beruflichen Stationen auf und seien Sie dabei ehrlich.

Der Bildungsweg
In Ihrem Lebenslauf sollten Sie aufführen, wo Sie zuletzt zur Schule gegangen sind, welchen Schulabschluss Sie haben und wo und wann Sie studiert oder welche Ausbildung Sie absolviert haben.

Und bitte führen Sie auch auf, ob ein Abschluss besteht, oder nicht, falls Sie das Studium oder die Ausbildung abgebrochen haben.

Auch an dieser Stelle habe ich immer wieder festgestellt, dass gerne „Wohlformulierungen" verwendet werden.

Beispiel: Verursacht Rechercheaufwand

2003–2008 Studium Rechtswissenschaften an der Universität Bad Muster

---

Da fehlt die primäre Info!

Beispiel: Verursacht keinen Rechercheaufwand

2003–2008 Studium Rechtswissenschaften an der Universität Bad Muster **(ohne Abschluss)**

Da steht die primäre Info (kein Abschluss), diese Information zu verschweigen ist naiv, denn es kommt doch sowieso heraus.

2.4.3 Projektprofil

Ein Projektprofil ist ein interessantes Dokument für Menschen, welche in vielen unterschiedlichen Projekten tätig waren. Hier ist von Interesse, wann entsprechende Projekte durchgeführt wurden, welcher spezifischer

Projektinhalt verantwortet wurde (Verantwortungsgrad) und/oder welche Rolle Sie in einem Projekt innehatten.

Wenn Sie beispielsweise Projektleiter für eine ERP-Implementierung waren, hat das natürlich eine ganz andere Aussage, als wenn Sie als Key-User andere Mitarbeiter in einzelnen Modulen geschult haben.

Weiterhin sind das zu verantwortende Budget und die termingerechte Fertigstellung von Projekten von Interesse. Achten Sie jedoch darauf, dass solche Angaben auch von Ihnen kommuniziert werden dürfen. Ggf. möchte ein Arbeitgeber nicht, dass Budgetgrößen nach außen getragen werden.

Führen Sie Ihre durchgeführten Projekte in einem separaten Dokument auf. Auch hier empfehle ich knappe und präzise Informationen, keine Projektgeschichten. Am besten lassen Sie das Projektprofil durch Ihren Vorgesetzten noch unterzeichnen. Wenn dieser sich dazu bereit erklärt, erstellen Sie das Profil in der 3. Person.

> **TIPP!!**
>
> Lassen Sie sich die durchgeführten Projekte von Ihrem Vorgesetzten unterschreiben, dadurch erhält das Projektprofil mehr Glaubwürdigkeit.

Beispiel Auszug eines Projektprofils

2017
Herr Walter Muster übernahm neben seiner Tätigkeit als Werksleiter für folgende Projekte die Verantwortung und stellte ausnahmslos eine erfolgreiche und termingerechte Umsetzung sicher.

Einführung eines neuen flexiblen Arbeitszeitmodells
Rolle: Projektleiter (Dauer: 11 Monate)
Eigenverantwortliche Einführung einer neuen flexiblen Arbeitszeitregelung für den Produktions- und Logistik-Standort Musterhausen.
Ergebnis: erfolgreich und termingerecht umgesetzt

Implementierung Modul Fertigungssteuerung
Rolle: Projektleiter (Dauer: 6 Monate)

> Eigenverantwortliche Ausarbeitung und Implementierung eines neuen Fertigungssteuerungsmoduls für das PPS-System MusterSAD mit der Zielsetzung einer termingerechten Steuerung auftragsbezogener Kundenaufträge innerhalb der Produktion.
> **Ergebnis: erfolgreich und termingerecht umgesetzt**
>
> **2019**
> *Einführung Modul Montagesteuerung*
> **Rolle: Projektleiter** (Dauer: 4 Monate)
> Eigenverantwortliche Konzeptionierung, Umsetzung und Einführung einer neuen Montagesteuerung inklusive Formularwesen und Datenbankanwendung, mit der Zielsetzung, via Montagecodes Rückschlüsse auf Montagequalität, Bearbeitungszeit und die jeweils verbauten Einzelkomponenten je Kundenauftrag zu ziehen (Montagemanagement).
> **Ergebnis: erfolgreich und termingerecht umgesetzt**
>
> Umsetzung neue Verpackungsrichtlinie
> **Rolle: Projektleiter** (Dauer: 6 Monate)
> Einführung einer neuen QS-Verpackungsrichtlinie, die sich an Konzernvorgaben orientiert, welche die Verpackung, die Kommissionierung und die Belieferung der Waren via See- und Luftfracht sowie Fernverkehr für 79 Landesgesellschaften sicherstellt.
> **Ergebnis: erfolgreich und termingerecht umgesetzt**

2.4.4 Tätigkeitsprofil

Das Tätigkeitsprofil stellt knapp und präzise die Inhalte Ihrer beruflichen Stationen dar. Während das Projektprofil die durchgeführten Projekte eines Arbeitgebers darstellen sollte (da diese Projekte i. d. R. sehr spezifischer Natur sind), empfehle ich, das Tätigkeitsprofil in Anlehnung an den Lebenslauf zu gestalten und hier abschnittsweise (ebenfalls von oben nach unten) die Arbeitsinhalte und ggf. die Erfolge aufzuführen.

> **Beispiel eines Tätigkeitprofils**
>
> **01/2017–05/2020**
> Einschlägige berufliche Erfahrungen als REFA-Sachbearbeiter erwarb ich mir bei dem Unternehmen „Muster" auf folgenden Gebieten:
>
> - Zeitwirtschaft (Durchführung von Zeitstudien nach REFA im Bereich Oberfläche)

- Personaleinsatzplanung (Bereich Montage und maschinelle Fertigung)
- Arbeitsvorbereitung (Komplettbereich Produktion)
- ERP-Betreuung (SAP, Modul Kapazitätsplanung)
- Moderation von Diskussionsrunden
- Entlohnung (Prämienlohn)
- Kosten- und Wirtschaftlichkeitsberechnungen (Anschaffung BAZ 5-Achs)

01/2015–12/2016
Während meiner Tätigkeit als Geschäftsführerassistent bei der Firma Muster GmbH konnte ich meine beruflichen Erfahrungen in folgenden Gebieten ausbauen:

- Selbstständiger Aufbau eines Controllingkonzeptes für die statistische Überwachung der Lagerbewegungen
- Einführung eines Betriebsabrechnungsbogens (6 Abteilungen)
- Mitarbeiterführung als Leiter der Abteilungen Controlling und Zeitwirtschaft
- Durchführung von Mitarbeiterschulungen
- Anwendung von Nutzwertanalysen

2.4.5 Das Portfolio

Das Portfolio ist eine Zusammenfassung von unterschiedlichen Arbeitsproben und/oder Arbeitsentwürfen. Gerade in kreativen Berufen wie in der Werbung, dem Marketing oder der Architektur, dient diese Unterlage dazu, die bisher erlangten Erfahrungen zu präsentieren. Ein Portfolio kann beispielsweise die Entwicklungsgeschichte einer Website, eines Bauvorhabens oder eine Möbelserie beinhalten. Weiterhin können diverse finalisierte Projekte dargestellt werden, wie die Gestaltung einer Fahrzeugkarosserie oder einer Abteilung in einem Retail-Store.

Das Portfolio ist eine sinnvolle Ergänzung für Studierende, welche sich für einen Praktikumsplatz bewerben, und auch für den professionellen Berufstätigen, welcher sich beruflich neu orientieren möchte.

Bei der Zusammenstellung eines Portfolios muss zwingend darauf geachtet werden, dass das verwendete Material freigegeben ist bzw. die Rechtslage eindeutig geklärt ist. Oftmals unterliegen Entwürfe oder finale grafische Gestaltungen der Geheimhaltung oder wurden im Kundenauftrag entwickelt und dürfen somit nicht für Bewerbungen verwendet werden. Dieses sollten Sie unbedingt beachten.

Ich empfehle, die einzelnen grafischen oder textlichen Elemente zu paragrafieren. Somit signalisieren Sie, dass Sie dazu berechtigt sind, diese zu verwenden.

Weiterhin sollten Sie darauf achten, dass ein lesbares Dateiformat verwendet wird. Ein AutoCAD-File kann beispielsweise nicht von einem HR-Mitarbeiter geöffnet werden. Speichern Sie daher alle Dokumente in das scrollbare PDF-Format ab.

Weiterhin sollte es ein Deckblatt und eine Abschlussseite, versehen mit Ihren persönlichen Daten und ggf. einem persönlichen und aktuellen Foto, Ihrem Portfolio einen Rahmen geben. Die Struktur des Portfolios zeigt, wie auch beim Lebenslauf, die Informationen von der Gegenwart zurück in die Vergangenheit auf. Das Letzte wird also zuerst präsentiert.

2.4.6 Die Arbeitgeberzeugnisse

Hierarchien werden immer flacher, Arbeitsinhalte umfassender, Verantwortlichkeiten komplexer – Arbeitszeugnisse sollten deshalb, mehr denn je, deutlicher zu der Zeit des Arbeitnehmers im Unternehmen Stellung beziehen. Ein Zeugnis sollte Anhaltspunkte für künftige Arbeitgeber dahingehend enthalten, auf welche Weise ein Bewerber zum weiteren Unternehmenserfolg anderer Firmen beitragen könnte.

Dazu gehören unter anderem:

Die Aufgaben
sollten stichpunktartig aufgeführt werden. Zum Beispiel ist eine kurze Erläuterung sinnvoll, dass ein Einkäufer Lieferantengespräche geführt hat oder ein Informatiker für Onlinemarketing zuständig war und dort Blogthemen bearbeitet oder Module für Zahlungssysteme programmiert hat. Aus der Aufgabenbeschreibung sollte somit klar hervorgehen, welche

Themen bearbeitet wurden und ggf. auch mit welchen Mitteln oder Tools. Für einen Vertriebler ist es zum Beispiel wichtig, welche vertrieblichen Erfolge er erzielt hat und in welchem Verkaufsgebiet er aktiv war.

Für einen Einkäufer hingegen ist es interessant, wenn aufgeführt wird, wie hoch das zu verantwortende Einkaufsvolumen war, für welche Produktgruppen die Zuständigkeit bestanden hat oder in welchen Ländern die Waren beschafft wurden.

Kontakte/Schnittstellen
In diversen Berufen sind Kundenkontakte oder Lieferantenkontakte von besonderer Bedeutung. Aber auch die Zusammenarbeit mit Schnittstellen im Unternehmen sind hier erwähnenswert, zudem ob jemand international oder national agiert und erfolgreich gehandelt hat.

Verantwortungsgrad
Falls zutreffend, sollte im Zeugnis aufgeführt werden, ob ein Mitarbeiter auch die Kosten im Blick hatte, Budgets verantwortet hat oder für ein Einkaufsvolumen zuständig war. Zudem ist wichtig, ob eine Person fachliche und/oder disziplinarische personelle Verantwortung innehatte, ob sie Teams geleitet hat und wie viele Mitarbeiter unter der Verantwortung gearbeitet haben. Wenn ein Mitarbeiter eine Budgetverantwortung hatte, sollte darin aufgeführt sein, wie groß der finanzielle Verantwortungsbereich war und für welche Budgetgrößen der Mitarbeiter verantwortlich war.

Projekte
Für den Fall, dass neben dem Tagesgeschäft auch Projekte durchgeführt wurden oder jemand an Projekten mitgewirkt hat, gehören auch solche Informationen in das Arbeitszeugnis.

Jeder Arbeitgeber in Deutschland ist verpflichtet, ein Zeugnis auszustellen. Diese Arbeitgeberzeugnisse müssen **wohlwollend** formuliert sein. Somit dürfen keine negativen Formulierungen verwendet werden, wie zum Beispiel: *„Wir waren mit den Leistungen unzufrieden".*

Das hat dazu geführt, dass viele Personaler und Personalberater aber auch Abteilungsleiter und Chefs die Arbeitgeberzeugnisse anderer Unternehmen sehr kritisch betrachten.

Tab. 2.11 Tabelle Zeugnissprache im Vergleich

Formulierung	Note
„… erledigte die Aufgaben stets zu unserer vollsten Zufriedenheit".	1
„… erledigte die Aufgaben zu unserer vollsten Zufriedenheit".	2
„… erledigte die Aufgaben zu unserer vollen Zufriedenheit".	3
„… erledigte die Aufgaben zu unserer Zufriedenheit".	4

Wie dem auch sei, ich empfehle Ihnen dringend, bestehen Sie auf der Erstellung eines Arbeitgeberzeugnisses, da dieses ein Nachweis darstellt, dass Sie während eines Zeitraums bei dem Unternehmen tätig waren. Je vollständiger Ihre Bewerbungsunterlagen sind, desto besser für Ihre Glaubwürdigkeit.

Informieren Sie sich vor der Erstellung eines Zeugnisses hinsichtlich der „Zeugnissprache", diese ist nirgendwo fest verankert, jedoch gibt es bestimmte Formulierungen, welche in fast jedem Zeugnis anzutreffen sind (siehe Tab. 2.11).

Über die verwendeten Formulierungen können Sie natürlich mit Ihren Vorgesetzten sprechen und diesen bitten, eine andere Formulierung zu verwenden, sofern diese aus Ihrer Sicht nicht passend ist.

Positive Formulierungen über die kreative und innovative Mitarbeit können zum Beispiel lauten: *„Unter Federführung von Herr Muster konnten wir unsere IT-Prozesse konsequent weiterentwickeln. Der Einsatz der von Herrn Muster neu entwickelten Tools und Kennziffern führte zu einem deutlichen Wachstum im Bereich E-Commerce."*

Hervorragende sprachliche Kenntnisse werden mit dem Satz: *„Herr Muster überzeugte in bester Weise, neben seiner hervorragenden Fachkenntnis, auch dahingehend, komplexe technische Sachverhalte auf Englisch verständlich zu vermitteln."*

Sie sollten weiterhin darauf achten, dass in ihrem Zeugnis die korrekten Daten (Anfang, Arbeitsende) verwendet wurden.

Also befassen Sie sich mit dem Arbeitgeberzeugnis kritisch und lesen Sie sich dieses aufmerksam durch. Wenn Sie mit einem Zeugnis nicht zufrieden sind, sprechen Sie mit Ihrem Vorgesetzten und bitten darum, dass man entsprechende Korrekturen vornimmt.

Wichtig ist, dass Ihre gewünschten Korrekturen auch der Wahrheit entsprechen.

2.4.7 Die Schul- und Ausbildungszeugnisse

Hier ist zu unterscheiden, wie lang die berufliche Erfahrung ist. Ein versierter Mensch, welcher eine über 30-jährige berufliche Erfahrung mitbringt, muss seine Schulzeugnisse nicht übermitteln, weiterhin sollten auch keine Seminarbescheinigungen übermittelt werden, welche bereits mehr als 20 Jahre alt sind. Wenn beispielsweise ein IT-Leiter vor 25 Jahren ein Seminar im BASIC-Programmieren besucht hat, ist das heute sicherlich nicht mehr von Interesse.

Ein Berufseinsteiger oder ein Student, welcher sich für einen Praktikumsplatz bewirbt, sollte natürlich sein Abschlusszeugnis übermitteln, und auch die bisher besuchten Seminare sind hier von Interesse.

Weiterhin sind Nachweise von Praktika oder auch Auslandsbesuche, welche einen beruflichen Kontext bilden, für einen Personaler interessant.

2.4.8 Das Bewerbungsfoto

Seit Inkrafttreten des Antidiskriminierungsgesetzes (AGG) ist ein Bewerbungsfoto kein Pflichtbestandteil einer Bewerbung mehr.

Bewerbungen **mit** einem (Achtung) → **aktuellen** Bewerbungsfoto vermitteln jedoch einen besseren Eindruck.

Ab und an erreichen mich Anfragen von Kandidaten, welche Form des Fotos sich am besten eignet.

Meine Standardantwort:

Wenn Ihnen als Bewerber Ihr Foto gefällt wie es ist, dann verwenden Sie dieses auch. Es gibt jedoch einige Feinheiten und Details, welche ich empfehle (siehe Abb. 2.3):

Abb. 2.3 Muster Bewerbungsfoto. © Thomas Frey 2021. All Rights Reserved

- Lächeln Sie auf dem Foto, dadurch wirken Sie sympathischer.
- Achten Sie darauf, dass das Foto einen neutralen Hintergrund aufweist.
- Die Kleidung sollte zu dem angestrebten Job und zum Unternehmen passen, zudem flecken- und faltenfrei sein.
- Verzichten Sie möglichst auf Schmuck oder wenn, dann nur sehr dezent.
- Make-up sollte dazu verwendet werden, den „Hautglanz" zu verbessern, zu dick aufgetragen, kann dieses schnell aufdringlich wirken.
- Bei Ganzkörperfotos sollte der Körper dem Betrachter zugeneigt sein.
- Verwenden Sie ein aktuelles Foto, welches Ihrem derzeitigen Aussehen entspricht.
- Zeigen Sie sich locker, verschränkte Arme bewirken oftmals nicht wie gewünscht den Eindruck von Selbstsicherheit (vgl. Mai 2019).

Oben habe ich einige Fotos von mir in einer Ansicht dargestellt. Durch Blicke, Kleidung, Körperhaltung, oder nur durch das Kämmen der Haare entsteht so durch die gleiche Person ein unterschiedlicher Eindruck.

2.4.9 Bescheinigungen

Eine optimale Ergänzung Ihrer Bewerbungsunterlagen stellt meines Erachtens die Beigabe eines jeweils aktuellen polizeilichen Führungszeugnisses und eine jeweils aktuelle SCHUFA-Selbstauskunft dar.

Diese Beigabe macht aus meiner Sicht für Positionen Sinn, welche (branchenunabhängig) im C-Level angesiedelt sind. Auch wenn Sie sich für eine Stelle im Bereich Finanzen, Buchhaltung und Controlling interessieren oder für Stellen in Bereichen mit höherer Geheimhaltung, wie z. B. Entwicklung oder Revision, macht die zusätzliche Übermittlung dieser Dokumente durchaus Sinn, zumal Sie sich damit oftmals deutlich von anderen Bewerbern abheben.

2.4.10 Die Zusammenfassung der Unterlagen (Datenformat)

Ihr Deckblatt, das Anschreiben, Ihr Lebenslauf, das Projektprofil und das Tätigkeitsprofil haben Sie wahrscheinlich mit Word erstellt, das Portfolio besteht aus unterschiedlichen Dateiformaten wie JPG und TIF. Die Zeugnisse liegen als Papierwerk auf dem Schreibtisch und das Foto liegt in digitaler Form als PNG-Datei vor.

So sieht es in der Regel aus, wenn Sie mit der Erstellung und der Zusammenfassung der Bewerbungsmappe starten. Leider kommt es immer wieder vor, dass mich Bewerbungen erreichen, welche aus diesen unterschiedlichen Formaten bestehen. Somit bekomme ich eine Mail mit 15 Anhängen, und ich muss verschiedene Programme öffnen, um die Unterlagen zu begutachten. Das kostet Zeit, ab und an auch Nerven, somit vermitteln mir solche Bewerber zunächst nicht den besten Eindruck.

Außerdem kann beispielsweise ein Worddokument ein Makrovirus enthalten, daher bin ich misstrauisch, wenn ich solche Dateianhänge erhalte. Ich wäge daher oftmals sorgfältig ab, ob ich mir solche Unterlagen überhaupt anschauen soll.

Also empfehle ich dringend, machen Sie es dem Adressaten Ihrer Bewerbung so einfach wie möglich.

Scannen Sie Ihre Zeugnisse im ersten Schritt mit einer Auflösung von 150 dpi ein. Diese Auflösung ist völlig ausreichend und hat den Vorteil, dass die Dateigröße minimal ist. Als Dateiformat empfehle ich die Speicherung als PDF. Achten Sie beim Scannen darauf, dass die Richtung und somit die Ausgabe stimmig ist, und vor allem, scannen Sie diese Unterlagen gerade und nicht schief ein.

Zusammengefasst:

- Alle Seiten scannen
- Sorgfältig einscannen (nicht schief), immer die gleiche Ausrichtung verwenden
- Keine zu hohe Auflösung wählen
- Auf die Richtung achten, keine Dokumente quer oder seitlich scannen

Alle mit Word erstellten Unterlagen als PDF drucken oder im PDF-Format speichern.

Nachdem alle Unterlagen in digitaler Form als PDF-Dateien vorliegen, empfehle ich, alle Dokumente mittels eines PDF-Editors zusammenzufassen und somit **eine Bewerbungsdatei** zu erzeugen.

Dafür eignet sich zum Beispiel das kostenlose Tool **pdf24**.

Diese Form der Zusammenfassung ist vor allem für solche Bewerber empfehlenswert, die nicht viele unterschiedliche Arbeitgeberzeugnisse oder Ausbildungsnachweise zusammengetragen haben.

Hat ein Bewerber jedoch eine langjährige berufliche Erfahrung gesammelt und ist daher im Besitz von vielen unterschiedlichen Zeugnissen, empfiehlt es sich, mehrere Dateien zu erzeugen:

Eine Datei beinhaltet das Deckblatt, Anschreiben, Lebenslauf und Tätigkeitsprofil, bzw. Projektprofil. Die weitere Datei beinhaltet dann beispielsweise die Zeugnisse.

Ein Portfolio wird generell als separate Datei übermittelt.

Somit senden Sie maximal drei Dateien, alle im PDF-Format, und der Adressat freut sich, dass eine übersichtliche Bewerbung übermittelt wird.

Prüfen Sie die Größe der einzelnen Dateien.

2 Wie finde ich die passende Arbeit?

Achten Sie bei der Erstellung einer PDF-Bewerbungsmappe darauf, dass die Reihenfolge der Unterlage stimmig ist. Im oberen Beispiel liegen die Dokumente unsortiert vor, da der Editor automatisch alphabetisch sortiert hat (siehe Abb. 2.4) Somit muss eine manuelle Sortierung vorgenommen werden, bis die Reihenfolge (Deckblatt, Anschreiben, Lebenslauf ...) korrekt ist (siehe Abb. 2.5).

Diese Sortierung muss natürlich für jede Bewerbung vorgenommen werden, da jeweils ein neues und entsprechendes Anschreiben eingefügt werden muss. Daher empfehle ich, vor jedem Dateinamen eine Nummer einzufügen. Dieser Schritt führt dazu, dass der Editor bei jeder Erstellung der digitalen PDF-Bewerbungsmappe die Sortierung automatisch und in der richtigen Reihenfolge durchführt. (siehe Abb. 2.6)

Prüfen Sie anschließend die Dateigröße. Diese sollte nicht über 5 MB liegen. Für den Fall, dass die Größe überschritten wird, sollten einzelne Dateien erneut gespeichert werden. In der Regel sind häufig Grafiken die Ursache für ein zu großes Volumen. Diese Grafiken können Sie mittels

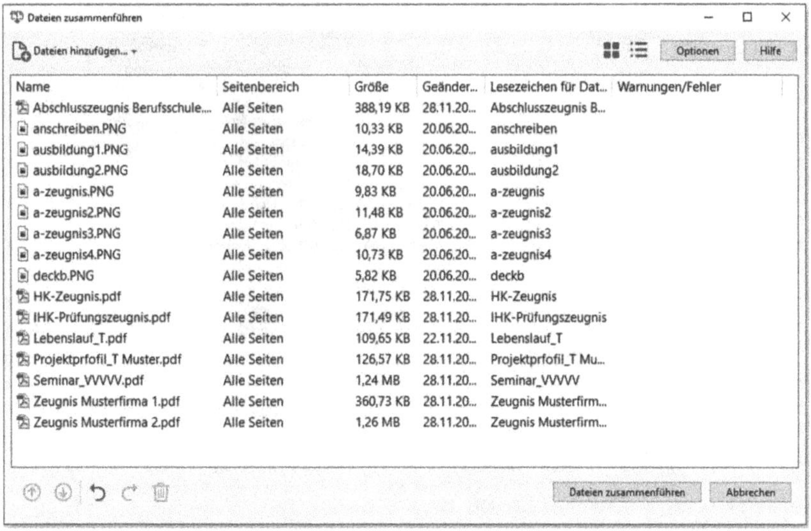

Abb. 2.4 PDF-Dateien zusammenfassen – unsortiert. © Thomas Frey 2021. All Rights Reserved

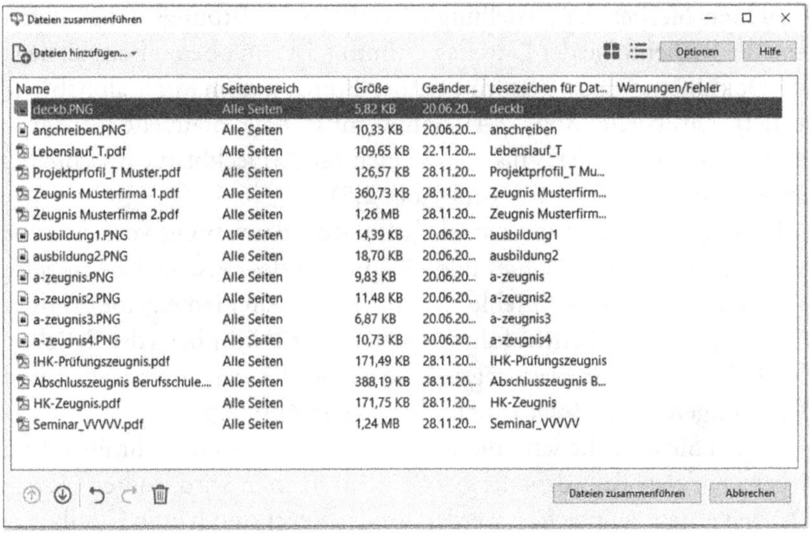

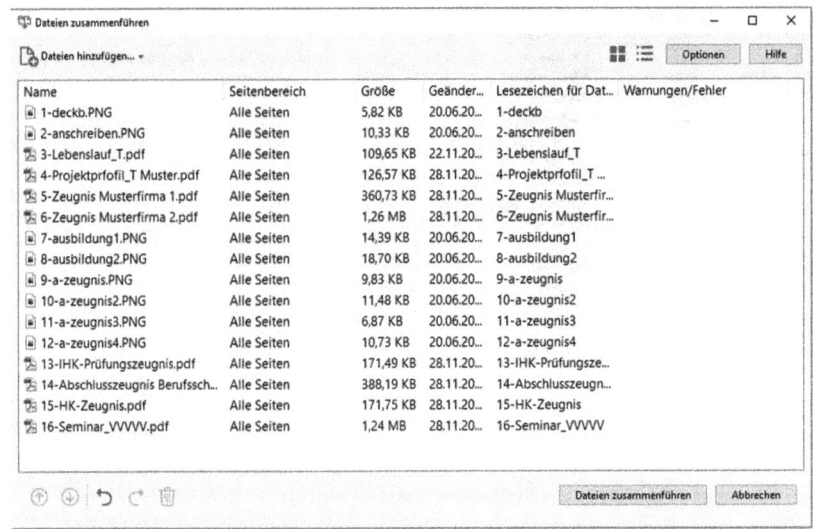

Abb. 2.5 PDF-Dateien zusammenfassen – manuell sortiert. © Thomas Frey 2021. All Rights Reserved

Abb. 2.6 PDF-Dateien zusammenfassen – optimierte Vorgehensweise, automatisch sortiert. © Thomas Frey 2021. All Rights Reserved

entsprechender Software beispielsweise in einer niedrigeren Auflösung speichern und die Prozedur dann entsprechend wiederholen.

Verzichten Sie unbedingt darauf, Dateien zu zippen. Gepackte *ZIP-Dateien* führen dazu, dass der Empfänger unter Umständen misstrauisch reagiert, da *ZIP-Dateien* häufig als Trojaner missbraucht und versendet werden.

Eine andere Möglichkeit, große Dateien zu versenden, bietet sich durch Verwendung von sogenannten Filesharingdiensten, wie beispielsweise Dropbox (www.dropbox.com) an. Fügen Sie dazu einfach den Link in Ihre Mail ein. Bewerber mit einer eigenen Website fügen den Link zu der entsprechenden Landingpage ein.

2.4.11 Der Versand

Geschafft. Die Unterlagen sind erstellt. Auch beim Versenden der Bewerbung via E-Mail sind einige Punkte zu beachten.

Die eigene Mailadresse
Erstellen Sie sich für die Jobsuche oder den Bewerbungsprozess am besten eine eigene Mailadresse. Denn schmusi123@mail.de eignet sich nicht besonders, um einen professionellen Eindruck zu vermitteln. Verwenden Sie dazu am besten „Vorname.Nachname" in Verbindung mit einer Zahl, wie 24 oder 12, oder eine andere Nummer, falls die Syntax Vorname.Nachname bereits durch andere Personen verwendet wird.

Dazu bieten sich diverse Provider im Internet, wie gmx.de, Google oder web.de an. Weiterhin ist es ratsam, die Verknüpfung des Mailkontos mit Ihrem Smartphone herzustellen, das ist in der Regel sehr einfach. Dadurch haben Sie immer und überall die Möglichkeit, den Posteingang zu kontrollieren.

Die Verwendung eines Mailaccounts nur für den Bewerbungsprozess bietet zudem den charmanten Vorteil, dass auf diesen Mailaccount auch wirklich nur Infos eingehen, welche sich auf Bewerbungen beziehen.

WICHTIG: Prüfen Sie regelmäßig diesen Mailaccount, um rechtzeitig auf Anfragen/Antworten zu reagieren.

Der Mailempfänger
Egal ob Sie sich initiativ oder reaktiv (Bewerbung auf eine ausgeschriebene Stelle) beworben haben, in jedem Fall gilt es zu prüfen, an welchen Account im Unternehmen die Bewerbung gesendet werden soll.

Die Verwendung von allgemeinen Mailadressen, wie info@firma.de oder kontakt@firma.com möchte ich ausdrücklich nicht empfehlen, denn diese Mails landen auf einem Server und werden i. d. R. wenig beachtet.

Reaktivbewerbung
In Stellenanzeigen wird i. d. R darauf hingewiesen, an welche Person oder an welchen Account Bewerbungen zu senden sind. Falls ein Ansprechpartner genannt wird, sollte im Mailtext sowie im Anschreiben der Bewerbung dieser Name erscheinen.

Initiativbewerbung
Hier ist zunächst eine gründliche Recherche wichtig. Den entsprechenden Fachbereichsleiter zu kontaktieren, ist da sicherlich die beste Wahl und nicht die Personalabteilung.

Ein Fachbereichs- oder Abteilungsleiter kann i. d. R am besten entscheiden, ob eine initiativ eingereichte Bewerbung zur derzeitigen Situation passend ist.

Hier bietet sich wieder das soziale Netzwerk als erste Adresse für eine Recherche an. Oft ist es ein Leichtes, über den Filter des Unternehmens und der Abteilung den entsprechenden Ansprechpartner zu finden.

Anschließend rufen Sie einfach die Zentrale an und fragen nach der Mailadresse, oder Sie recherchieren auf der Website des Unternehmens, ob dort ein anderer Name eines Mitarbeiters aufgeführt wird. Häufig werden z. B. die Namen und die Mailadressen von Vertriebsmitarbeitern genannt. Somit finden Sie die entsprechende Syntax der Mailadresse und verwenden diese entsprechend, um den Fachbereichsleiter anzuschreiben.

Die Betreffzeile
Wählen Sie hier eine eindeutige Formulierung, denn die Betreffzeile ist ein wesentlicher Baustein. Wenn die Betreffzeile eindeutig ist, landet diese nicht automatisch im Spam. Verwenden Sie beispielsweise den Begriff „Bewerbung" und ergänzen diesen durch die Nummer/den Namen der Stellenanzeige. Bei einer Initiativbewerbung verwenden Sie den Namen des gewünschten Jobs.

Beispiel für die Syntax

2021_01_08_Bewerbung_Kandidat_Thomas Frey: Vakanz→ Technischer Berater (m/w/d)

Diese Syntax hat den Vorteil, dass Sie im Betreff das Datum aufgeführt haben, an welchem Sie sich beworben haben. Das erleichtert Ihnen das Erkennen, bei einer Mailantwort. Weiterhin haben Sie eine schöne Sortierung in Ihrem Eingangspostfach.

Siehe Beispiel→ Posteingang Outlook

2021_11_08_Bewerbung_Kandidat_Thomas Muster: Vakanz→ Technischer Berater (m/w/d)
    Sehr geehrter Herr Muster, vielen Dank für Ihre Bewerbung. Wir werden Ihre …

2021_11_04_Bewerbung_Kandidat_Thomas Muster: Vakanz→ Technischer Leiter (m/w/d)
    Sehr geehrter Herr Muster, vielen Dank für Ihre Nachricht. Leider müssen wir …

2021_10_07_Bewerbung_Kandidat_Thomas Muster: Vakanz→ Leiter Produktion (m/w/d)
    Sehr geehrter Herr Muster, wir bedanken uns für Ihre Bewerbung. Wir werden Ihre …

> 2021_10_02_Bewerbung_Kandidat_Thomas Muster: Vakanz→ Produktmanager (m/w/d)
> Sehr geehrter Herr Muster, wir freuen uns, dass Sie uns Ihre Unterlagen ...

Der Mailtext

Da Sie ein Anschreiben erstellt haben, verfassen Sie nur einen kurzen und knackigen Mailtext, der inhaltlich darstellt, dass Sie sich auf eine Stelle bewerben. Achten Sie auch hier auf die Verwendung der korrekten Anrede. Zudem empfehle ich, am Ende des Textes Ihre komplette Adresse, inklusive Mobilnummer und Mailadresse, einzufügen.

Das hat den Vorteil, dass Ihre Kontaktdaten nicht von verschiedenen Seiten zusammengesucht werden müssen.

Beispiel Anschreiben via E-Mail

Sehr geehrter Herr Musterleiter,
gerne bewerbe ich mich auf die ausgeschriebene Position als Produktmanager (m/w/d), welche ich auf Ihrer Website gefunden habe.

Als Anlage füge ich meine Bewerbungsunterlagen im PDF-Format bei:

Datei: 2021_11_Thomas_Muster_im_Detail.pdf
Anschreiben
Lebenslauf
Projektprofil
Datei: 2021_11_Thomas_Muster_Zeugnisse.pdf
Arbeitgeberzeugnisse
Ausbildungsnachweise

Ich freue mich auf Ihre Nachricht und stehe Ihnen jederzeit und gerne für Rückfragen zur Verfügung.

Mit den besten Grüßen
Thomas Muster
Musterweg 4711
47110 Musterhausen
Thomas.muster.cv24@gmail.com
0177.1234567

Senden

Der letzte Schritt, bevor Sie die Unterlagen versenden (egal ob via Mail, Onlineplattform, Bewerbungsportal der Unternehmen oder via Post (auch das gibt es teilweise noch), ist eines sehr wichtig:
PRÜFEN!

- Prüfen Sie erneut, ob Sie den richtigen Ansprechpartner kontaktieren.
- Prüfen Sie die korrekte Schreibweise der Mailadresse und den Namen des angeschriebenen Empfängers.
- Prüfen Sie vor dem Absenden der Mail, ob alle Anhänge vorhanden sind und ob sich diese öffnen lassen.
- Prüfen Sie den Text in Bezug auf verwendete Formulierungen und auf Rechtschreibfehler und überzeugen Sie sich vom Layout der Mail.
- Prüfen Sie, ob Sie eine ggf. vorhandene Bewerbungsfrist eingehalten haben, diese Infos werden in der Regel kommuniziert.
- Prüfen Sie zum letzten Mal, ob die Stelle wirklich zu Ihnen passt, egal ob Sie sich initiativ oder reaktiv bewerben.
- Sind Ihre Profile auf XING, LinkedIn, Facebook und Co. stimmig und enthalten keine anstößigen Inhalte?

Verzichten Sie auf die Lesebestätigung einer gesendeten Nachricht. Allerdings sollten Sie die **Übermittlungsbestätigung** aktivieren. Diese informiert Sie, ob und wann eine Mail zugestellt wurde.

Antwort abwarten und reagieren

Nach dem Senden beginnt das Warten. Hier beginnt schon nach wenigen Tagen bei dem einen oder anderen die Zeit der Unruhe. Wie gerne möchte man zum Telefon greifen und anrufen, wie gerne per Mail nachfragen, ob die Unterlagen auch angekommen sind. Hier ist eines sehr wichtig: GEDULD!

Für den Fall, dass Sie vor dem Senden alle Checks durchgeführt haben und somit ausschließen können, dass eine nicht erfolgte Antwort aufgrund der oben aufgeführten Gründe ausbleibt, gibt es weitere Gründe, weshalb eine Antwort auf sich warten lässt.

1.) Aufgrund von reaktiven Bewerbungen (also in Bezug auf Stellenanzeigen) kann die Anzahl der eingereichten Bewerbungen sehr hoch ausfallen. Daher dauert eine sorgfältige Prüfung der eingegangenen Bewerbungen auch mal etwas länger.
2.) Bewerbungen werden oftmals von verschiedenen Personen begutachtet, bevor eine Entscheidung hinsichtlich der weiteren Vorgehensweise getroffen wird. Nach dem Personaler prüft ggf. der Team- oder Fachbereichsleiter eine Bewerbungsunterlage. Ggf. stimmt sich dieser zusätzlich mit einem Abteilungsleiter ab. Es kommt auch vor, dass Unternehmen zunächst drei bis vier Wochen abwarten und den Bewerbungseingang dann erst abarbeiten.
3.) Besteht in der Region des Unternehmens gerade eine Ferienzeit? Auch dann lassen Rückmeldungen auf sich warten. Auch kann es vorkommen, dass ein maßgeblicher Ansprechpartner Ihrer Bewerbung erkrankt oder im Urlaub ist.

Daher sollten Sie erst nach fünf bis sechs Wochen Wartezeit nachfragen, ob die ausgeschriebene Stelle, auf die Sie sich beworben haben, schon besetzt ist oder ob sich das Unternehmen bereits in der Phase der Vorstellungsgespräche befindet und der passende Kandidat noch nicht gefunden wurde.

Literatur

Die Bewerbungsschreiber (o. J.) Jobbörsen in Vergleich. https://www.die-bewerbungsschreiber.de/jobboersen-vergleich. Zugegriffen am 09.06.2020

Google Support (o. J.) https://support.google.com/youtube/answer/157177?co=GENIE.Platform%3DDesktop&hl=de. Zugegriffen am 07.06.2020

Hudy F (2015) Bewerber-Check in Sozialen Netzwerken – Was ist erlaubt? (04.06.2015). https://www.dr-datenschutz.de/bewerber-check-in-sozialen-netzwerken-was-ist-erlaubt/. Zugegriffen am 06.06.2020

Mai J (2019) Bewerbungsfoto: Tipps und Beispiele seriöser Bewerbungsbilder (07.03.2019). https://karrierebibel.de/bewerbungsfoto/. Zugegriffen am 20.06.2020

Öllinger T (2017) Bewerbung über Snapchat ??? (11.04.2017). https://snapens.de/bewerbung-ueber-snapchat/. Zugegriffen am 04.07.2020

Ostermeier M (2013) Passwortgeschützte Videos von Vimeo in WordPress (25.10.2013). https://ostermeier.net/wordpress/2013/10/passwortgeschuetzte-videos-von-vimeo-in-wordpress/. Zugegriffen am 25.06.2020

Talention (o. J.) Übersicht: 90 Jobbörsen auf einen Blick. https://www.talention.de/blog/uebersicht-91-jobboersen-auf-einen-blick. Zugegriffen am 09.06.2020

Wikipedia (o. J.) Künstliche Intelligenz. https://de.wikipedia.org/wiki/K%C3%BCnstliche_Intelligenz. Zugegriffen am 20.06.2020

Vaupel A, Legal N (o. J.) Social Media – Selbstdarstellung in sozialen Netzwerken. https://www.beck-stellenmarkt.de/ratgeber/karriere/ratgeber-karriere/social-media-selbstdarstellung-sozialen-netzwerken. Zugegriffen am 06.06.2020

Vimeo.de (o. J.) https://vimeo.zendesk.com/hc/de. Zugegriffen am 25.06.2020

Weitere Literatur

www.glasdoor.de, www.twitter.com, www.facebook.de, www.xing.com, www.linkedin.com, www.experteer.de, www.stepstone.de, www.placement24.com, www.kununu.de, www.vimeo.com

3

Die passende Arbeit bekommen

Zusammenfassung In der offenen digitalen Welt, wo Profile zur Massenware geworden sind, der User durch Facebook, YouTube und Co. gläsern geworden ist, gilt es mehr und mehr darauf zu achten, wie und in welcher Form die eigene Präsentation erfolgen soll. Egal ob via Video, Telefon, E-Mail oder persönlich – der präsentierte digitale Anschein muss dem analogen Erscheinungsbild entsprechen. Der Auftritt, das Erscheinungsbild und somit die eigene Präsentation, bilden den Kern dieses Kapitels. Dabei gibt es zudem hilfreiche Infos, welche körperlichen Signale der Bewerber bei der Kommunikation sendet, welche Reaktion der Bewerber auf Fragen zeigt und worauf ein geschulter Personalberater oder Recruiter wirklich achtet. Werfen Sie einen Blick hinter die Kulissen des Bewerbungsgespräches.

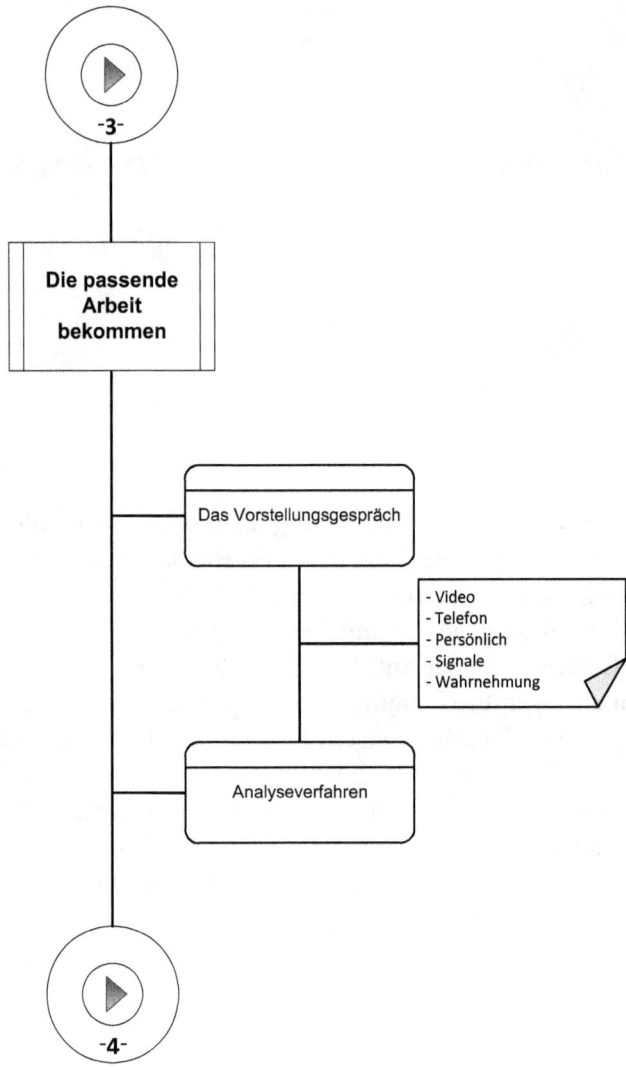

> **Einladung Vorstellungsgespräch**
>
> *"Sehr geehrte Frau Muster, vielen Dank für die Übermittlung Ihrer Bewerbungsunterlagen und das damit verbundene Vertrauen. Nach sorgfältiger Prüfung Ihrer Unterlagen möchten wir Sie sehr gerne zu einem Vorstellungsgespräch einladen und fragen hiermit an, ob Ihnen ein Termin am … genehm ist".*

So oder ähnlich wird die nächste Phase des Bewerbungsprozesses eingeleitet. Sie erhalten eine Mail oder einen Anruf. Nun gilt es zu reagieren, und das bitte schnell und gründlich, denn das Vorstellungsgespräch beginnt mit dieser Nachricht.

3.1 Das Vorstellungsgespräch vorbereiten

Wenn der Termin für das Vorstellungsgespräch gesetzt ist, informieren Sie sich über das Unternehmen. Hier bieten diverse Plattformen und soziale Netzwerke sinnvolle Infos an. Weiterhin empfehle ich, einen Blick in Arbeitgeberbewertungsportale zu werfen, wie kununu (www.kununu.com).

Im Übrigen empfehle ich **erst jetzt** einen Blick in solche Arbeitgeberbewertungsportale (siehe Abschn. 2.3.5). Denn es gibt immer persönliche Gründe, weshalb sich Menschen über einen Vorgesetzten und somit über ein Unternehmen negativ oder auch positiv äußern. Solche „Empfehlungen" sollten Sie jedoch nicht davon abhalten, sich bei einem Unternehmen zu bewerben. Es kommt immer wieder vor, dass mir Kandidaten mitteilen, dass diese sich vorab über ein Unternehmen informiert haben, daher den Ruf des Unternehmens als fragwürdig erachten und sich nicht bewerben möchten. Ich empfehle jedoch, sich einen persönlichen eigenen Eindruck zu verschaffen, und das gelingt am besten durch ein Vorstellungsgespräch. Wer sich vor einer Bewerbung informiert, lässt sich ggf. dann von einer Bewerbung abschrecken. Meines Erachtens nach sollte man sich einen eigenen Eindruck von einem Unternehmen oder den Einblick in dieses verschaffen und sich nicht blindlings von der Meinung anderer abhalten lassen. Verschaffen Sie sich daher nach Möglichkeit selbst ein Bild und ein Urteil von einem potenziellen Arbeitgeber.

Sie sollten sich die im Netz gefundenen Informationen bei einem etwaigen Vorstellungsgespräch auf jeden Fall in Erinnerung bringen und solche Inhalte ansprechen.

Selbstverständlich darf der gründliche Check auf der Homepage des Unternehmens nicht fehlen.

Machen Sie sich entsprechende Notizen und clustern Sie diese. Somit bereiten Sie eine Art Checkliste vor und haben einen selbst erstellten Guide für das kommende Vorstellungsgespräch.

- Was sind die Kernbranchen, in welchen sich ein Unternehmen bewegt?
- Welche Umsätze wurden in den vergangenen Jahren getätigt?
- Gibt es interessante Neuerungen/Erfindungen?
- Gab es positive/negative Pressemeldungen innerhalb der letzten sechs Monate?
- Gibt es Einschätzungen hinsichtlich der Entwicklung der Branche, in welchem das Unternehmen aktiv ist?
- Wie präsentieren sich Mitarbeiter des Unternehmens in sozialen Netzwerken?
- Äußern sich Mitarbeiter in sozialen Netzwerken über Themen des Unternehmens?
- …

3.2 Das Vorstellungsgespräch

In der Regel kommt es selten vor, dass nur ein einziges Vorstellungsgespräch geführt wird. Das erste Gespräch dient oftmals dazu, erste Eckwerte abzustimmen, sich ein wenig heranzutasten und auszuloten, ob ein vertiefendes und somit ein weiteres Gespräch durchgeführt werden soll. Gehen Sie am besten davon aus, dass nach einem ersten Vorstellungsgespräch keine Entscheidung bezüglich einer Anstellung fallen wird.

Vorstellungsgespräche haben in der Regel (egal ob telefonisch, per Videocall oder persönlich) folgenden Ablauf:

- Smalltalk (allgemeine Fragen zum Verkehr, zur Anreise …)
- Vorstellung des Bewerbers, frei erzählt oder geleitet durch gezielte Fragen der Personaler oder Fachbereichsleiter
- Vorstellung des Unternehmens, der Abteilung, der Eckdaten der Stelle, auf welche Sie sich bewerben
- Raum für Fragen/Rückfragen des Bewerbers
- Abschlussphase, Verabschiedung
(vgl. Mai 2020; Vgl. Jansen o. J.)

3.2.1 Das Vorstellungsgespräch via Telefon

Es kommt vor, dass Unternehmen einen Kandidaten nicht sofort zu einem persönlichen Gespräch einladen, sondern zunächst telefonisch die Eignung und somit das Passen bezüglich einer Vakanz abklären möchten. Telefonische Interviews dienen in der Regel dazu, die fachlichen Eignungen zu prüfen.

Somit hat ein Kandidat bei der Anreise eine deutlich bessere Ausgangsposition, da dieser schon besser auf die Fragen und Themen des kommenden Gespräches eingestimmt ist. Das Unternehmen koordiniert die terminliche Abstimmung mit den notwendigen Teilnehmern ebenfalls vor dem Hintergrund, dass ein Gespräch einen erfolgreichen Verlauf nimmt, da einige fachliche Themen bereits abgeklärt wurden.

Ein weiterer Grund kann auch darin bestehen, dass man den Kandidaten entgegenkommt, da eine Anreise für diese oftmals mit entsprechenden Aufwänden verbunden ist.

Also nicht wundern, wenn erste Gespräche via Telefon durchgeführt werden.

Geplante Telefoninterviews
Geplante Telefoninterviews können zum einen darauf abzielen, lediglich erste Basisinformationen von Ihnen bezüglich Ihres Lebenslaufes einzuholen.

In der Regel dauern solche Gespräche ca. 15 Minuten.

Dagegen sind Gespräche mit einer Dauer von 30 bis 60 Minuten schon als vollwertiges Vorstellungsgespräch zu betrachten. Hier geht es dann schon sehr in die Tiefe.

Spontane Telefoninterviews
Es kommt ebenfalls (seltener) vor, dass Unternehmen einen Bewerber für ein kurzes Telefoninterview anrufen, ohne vorher einen Termin dafür festzulegen. Solche Spontaninterviews werden angestoßen, um zu prüfen, wie ein Bewerber in solchen Situationen reagiert.

Für den Fall, dass ein Anruf zeitlich oder örtlich nicht passend ist und Sie keine Möglichkeit haben, sich an einen ruhigen Ort zurückzuziehen, bitten Sie höflich um einen anderen Termin.

Bei dem Anrufer hinterlassen Sie dadurch einen professionellen Eindruck und vermeiden außerdem, dass sich das Telefonat durch äußere Störungen zu einem Misserfolg entwickelt. Selbstverständlich ist ein Bewerbungsgespräch während der Arbeitszeit absolut nicht zulässig, auch hier vermitteln Sie durch einen entsprechenden Hinweis, ein Gespräch bitte in die Abendstunden zu verlegen, einen positiven Eindruck.

Allgemeines zum Telefoninterview
Da während eines Telefonates wichtige Kriterien der Kommunikation fehlen, wie Körpersprache, Mimik oder Gestik, ist es umso wichtiger, dass Sie sich im Interview auf Ihre Stimme fokussieren. „Ölen" Sie daher Ihre Stimme, vorher viel trinken, ein wenig summen, zudem das Gespräch virtuell oder mit einem Partner üben, um ggf. vorab einige mögliche Fragen zu beantworten. Der Vorteil von Telefoninterviews liegt für Sie als Bewerber auch darin, dass Sie Notizen mit wichtigen Eckdaten neben sich positionieren können, um diese ggf. griffbereit zu haben. Auch empfiehlt es sich, die Website des Unternehmens auf den Monitor zu holen, um hier zum Beispiel mit wenigen Klicks eine „Nebenbeirecherche" anzustoßen.

3.2.2 Videorecruiting via App – das Stand-Alone-Videointerview

Auch das Videorecruiting wird immer beliebter, um eine Vorauswahl der passenden Bewerber durchzuführen.

Spezielle Videoapplikationen unterstützen Unternehmen dabei, die Kollektion an Kandidaten vorab zu filtern.

Nachdem Sie eine Stellenanzeige gefunden haben, welche Sie interessiert, erstellen Sie oftmals einen menügesteuerten CV und übermittelt die Daten und die notwendigen Anhänge.

Für den Fall, dass Ihre Unterlage auf Interesse stößt, erhalten Sie einen Link und beantworten die vorgefertigten Fragen via Videocall. In der Regel wird dieses Verfahren via App, also mit dem Smartphone durchgeführt.

Die Unternehmen führen somit zeitversetzte Videointerviews mit Ihnen durch, Sie erhalten lediglich eingeblendete Fragen und müssen diese innerhalb einer festgelegten Zeit beantworten. Die Personaler oder Fachbereichsleiter definieren vorab diese konkreten Fragen für die Bewerber, welche softwaregesteuert eingeblendet werden. Ihre Antworten zeichnen Sie dabei mithilfe einer Software auf.

Der Vorteil dabei ist, dass diese Fragen quasi standardisiert sind und jeder Bewerber gleichbehandelt wird. Diese Form dieser Interviewführung wird sicherlich weiter an Beliebtheit gewinnen.

Gängige Softwaretools:

Talentcube (www.talentcube.de)
Viasto (www.viasto.com)

3.2.3 Das Videointerview

Die Corona-Pandemie hat sich massiv auf die Durchführung von Vorstellungsgesprächen ausgewirkt. Viele Unternehmen sind dazu übergegangen, erste Gespräche via Videocall durchzuführen. Daher ist auch hier eine gute Vorbereitung absolut notwendig.

Kennen Sie das? Sie besuchen ein Theaterstück oder erleben eine Präsentation und Ihnen fällt auf, dass der Vortragende in seiner rechten Hosentasche eine „dicke Beule" hat. *Wahrscheinlich ein Schlüssel*, denken Sie bei sich, *oder vielleicht ein Portemonnaie?* Und sie ertappen sich immer wieder dabei, dass sie während des Vortrags nur auf diesen dicken Knubbel und nicht auf den Vortragenden achten.

Ich erzähle Ihnen dieses Beispiel, weil ich Ihnen vermitteln möchte, wie wichtig auch Nebensächlichkeiten für ein gut funktionierendes Vorstellungsgespräch sind.

Ich habe mich kürzlich mit einer Personalreferentin unterhalten, wir sprachen über die erhöhte Anzahl an Videointerviews aufgrund der Corona-Pandemie. Diese Personalreferentin erläuterte mir, dass es sehr interessant sei zu sehen, wie andere Leute wohnen und leben, welche Bilder diese an der Wand hängen haben, was sich alles auf den Fensterbänken tummelt oder aber auch, was gerade im Fernsehprogramm läuft. Somit vermitteln solche Kandidaten, allein aufgrund der unbeabsichtigten Übermittlung von Hintergrundinformationen ihres Wohnraumes, einen schlechten Eindruck.

Für ein erfolgreiches Videointerview sei daher ebenfalls eine gute Vorbereitung angeraten:

- Ausreichendes Datenvolumen, schnelle Internetverbindung
- Funktionales Equipment, wie Kamera und Mikrofon
- Die notwendigen Einwahldaten und die relevanten Informationen stehen zur Verfügung
- Gut gestalteter Hintergrund
- Ausreichend Ruhe während der Konferenz, keine zu erwartenden „Störungen"

Diese Punkte lenken ab und sorgen dafür, dass nicht Sie als Person, sondern der Hintergrund im Vordergrund steht.

Achten Sie also darauf, dass während des Videointerviews Ihr Hintergrund stimmig ist. Am besten eignet sich dafür eine weiße Wand oder ein neutraler anderer Hintergrund. Selbstverständlich können im Hintergrund auch ein gutes Bild zu sehen sein oder ein Foto oder eine Blumenvase, aber Sie sollten darauf achten, dass der Hintergrund möglichst neutral ist und nicht zur Ablenkung beiträgt.

Unter Skype wie auch anderen Videokonferenzsystemen besteht zudem die Möglichkeit, ein Bild als Hintergrund auszuwählen (siehe Abb. 3.1):

Die jeweils aktuelle Anleitung finden Sie auf den Seiten des jeweiligen Anbieters.

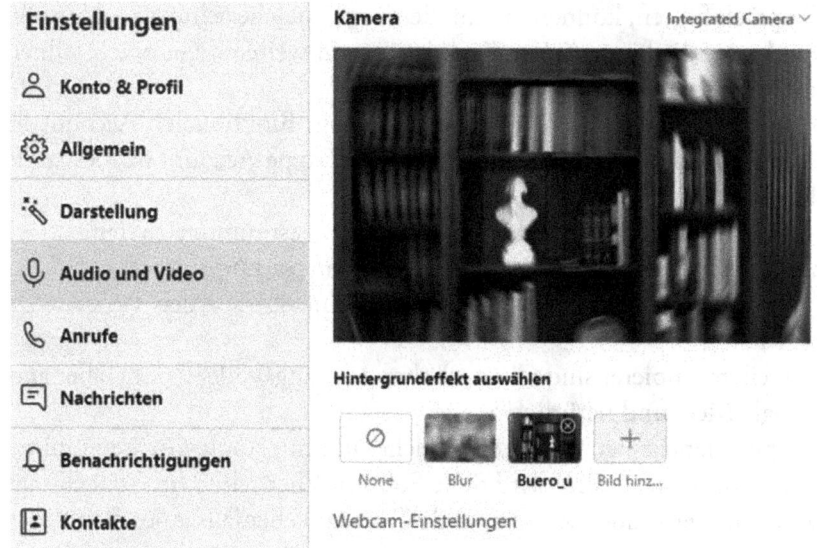

Abb. 3.1 Der Hintergrund als Hintergrund. © Thomas Frey 2021. All Rights Reserved

Während des Videointerviews sollten Sie darauf achten, dass keine Störgeräusche entstehen.

Haben Sie z. B. eine Baustelle in der Nähe, dann sollen Sie die Fenster besser schließen.

Erwarten Sie eine wichtige Lieferung oder Gäste, die ggf. anschellen, dann sollten Sie die Teilnehmer der Konferenz direkt am Anfang darauf hinweisen, dadurch bereiten Sie eine mögliche Unterbrechung vor, und eine kleine Unterbrechung wirkt dann nicht so störend.

Für den Fall, dass Ihre Internetverbindung nicht schnell genug ist und Sie keine andere Ausweichmöglichkeit haben, ist es auch sinnvoll, den Gesprächsteilnehmern zu signalisieren, dass Sie aufgrund von technischen Restriktionen unter Umständen mal eine langsame Datenleitung haben.

Ansonsten läuft ein Videointerview im Grunde so ab wie auch ein persönliches Interview.

Ein Videointerview ist jedoch aus meiner Sicht ein wenig schwieriger als ein normales persönliches Interview. Denn wenn Sie ein persönliches

Gespräch führen, können Sie auf die Körpersprache achten, und Sie können besser die körperlichen Reaktionen von weiteren Gesprächsteilnehmern registrieren.

Wichtig: Sorgen Sie dafür, dass Sie einen funktionalen Account bei einem Videokonferenzanbieter haben. Ein Skype-Account ist hier auf jeden Fall zu empfehlen.

Viele Unternehmen arbeiten auch mit bestimmten Systemen, wie bluejeans (www.bluejeans.com) oder jitsi (https://meet.jit.si/).

In der Regel erhalten Sie dann einen Link sowie einen Passcode/Pin via Mail.

Weitere Anbieter sind Cisco (Webex-Meetings) oder Zoom, aber auch Google Meet und natürlich Skype.

Apple hat ein eigenes System, welches nur mit Apple-Geräten funktioniert, FaceTime. Daher wird diese Software eher selten für Vorstellungsgespräche verwendet. Zudem wird WhatsApp ebenfalls ab und an für ein Videointerview genutzt.

3.2.4 Das persönliche Interview

Geschafft: Sie sitzen im Foyer des Unternehmens, haben sich an der Zentrale angemeldet, gleich kommt ein Mensch, welcher Sie zu dem Interview begleitet. Ggf. haben Sie bereits ein Telefoninterview oder ein Videointerview durchgeführt und haben somit schon viele Punkte geklärt, oder es handelt sich um den ersten Kontakt mit den Ansprechpartnern des Unternehmens. Wie dem auch sei, auch hier gilt es einige Punkte zu beachten, damit das Gespräch optimal verlaufen kann.

Die Kleidung
Eine Regel für die richtige Kleidung gibt es meiner Meinung nach nicht (mehr). Achten Sie auf ein berufstypisches Erscheinungsbild. Ein Mitarbeiter im Umfeld Banken sollte sicherlich keine zerrissene Jeans anziehen, hingegen kann eine solche in kreativen Berufen passend sein. Ich empfehle, dass Sie sich so kleiden, wie Sie sich wohl fühlen, somit bewirkt die Kleidung gleichzeitig ein positives Gefühl und gibt Sicherheit.

Die Anreise

Verschaffen Sie sich früh genug einen Überblick über die Verkehrslage, für den Fall, dass Sie die Anreise mit dem eigenen Fahrzeug durchführen möchten. Ich empfehle Ihnen, sich genügend zeitlichen Puffer für die Anreise einzubauen. Füllen Sie einen Tag vorab Ihren Tank bzw. laden Sie Ihr Fahrzeug rechtzeitig auf. Bedenken Sie auch die Parkplatzsituation vor Ort.

Falls Sie mit der Bahn oder dem Flugzeug anreisen, organisieren Sie im Vorfeld die Weiterreise via Taxi, Uber oder dem Nahverkehr.

Das Warten

Für den Fall, dass Sie am Ort des Geschehens früher eintreffen, warten Sie außerhalb des Unternehmens ab. Sie sollten sich nicht bereits 30 Min vorher an der Zentrale anmelden, da hier ggf. ein falscher Eindruck *("Der hat es aber nötig!")* entstehen kann. Kalkulieren Sie eine maximale Wartezeit vor Ort mit 15 Minuten ein (ab Anmeldung an der Zentrale – Beginn des Gespräches).

Während Sie nun warten, macht sich ggf. eine gewisse Nervosität breit. Vielleicht fängt das Herz an zu rasen oder Sie bemerken, wie Sie anfangen zu schwitzen. Dafür habe ich einen guten Trick entwickelt, dieser hat mir während meiner Bewerbungsphasen oft gut geholfen.

Vielleicht hilft diese Technik auch Ihnen dabei, sich in einen „guten Zustand" zu versetzen. Dieses Verfahren wende ich heute noch an, wenn ich vor einem größeren Publikum einen Vortrag halte … (*bitte nicht weitersagen*).

Selbstcoaching

Setzen Sie sich aufrecht auf den Stuhl, legen Sie Ihre Unterarme auf die Oberschenkel und „spitzen" Sie dabei Ihre Finger, so dass sich Daumen, Zeige- und Mittelfinger an den Fingerkuppen berühren (siehe Abb. 3.2).

Atmen Sie ruhig und gleichmäßig ein, spüren in der Brust das Ein- und Ausatmen und denken Sie dabei an eine Situation, welche für Sie Entspannung bedeutet.

Das kann eine Situation aus dem letzten Urlaub sein oder eine Situation, welche für Sie sehr angenehm war. Ggf. „malen" Sie diese Situation

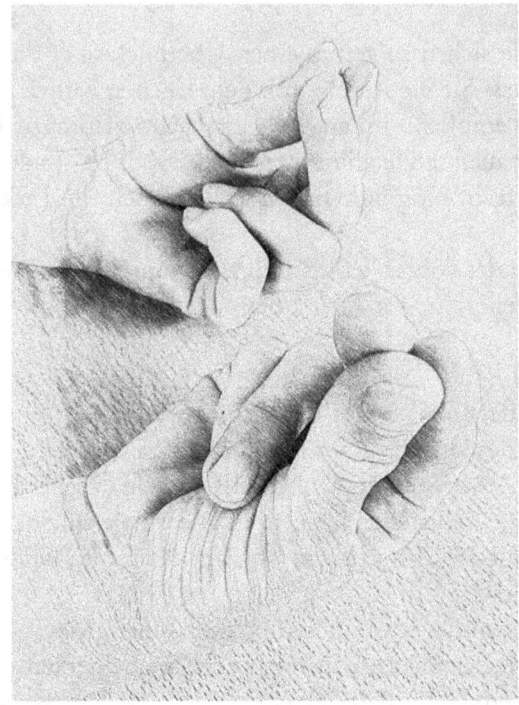

Abb. 3.2 Fingerstellung im Selbstcoaching. © Thomas Frey 2021. All Rights Reserved

mit den Gedanken nach und visualisieren dabei diese entspannte Situation.

Versuchen Sie sich tiefer und tiefer in diese Situation hineinzuversetzen und „spüren" Sie dabei, wie sich die sanfte Energie der Entspannung in den Fingerkuppen entlädt. (Die Fingerkuppen fangen an zu kribbeln oder werden warm). Üben Sie dieses Selbstcoaching doch einfach mal zu Hause. Es wird Ihnen bei den ersten zwei, drei Versuchen vielleicht lächerlich erscheinen, oder Sie fühlen nicht sofort ein Kribbeln oder eine Wärme in den Fingerkuppen. Für den Fall, dass es funktioniert, werden Sie feststellen, dass Sie deutlich ruhiger werden und die Anspannung abfällt.

Mir hat diese Übung, ich nenne es „*den inneren Kreis schließen*" oftmals sehr geholfen – und sie wirkt auch noch heute.

Das Gespräch
Nachdem Sie das Zimmer betreten haben, warten Sie, bis Ihnen ein Platz angeboten wird, setzen Sie sich nicht als erster hin. Weiterhin achten Sie darauf, ob Ihnen die Hand gereicht wird. Bedingt durch die Corona-Pandemie hat sich das höfliche Händeschütteln komplett verabschiedet. Da dieses Buch entstanden ist, während die Pandemie in Deutschland präsent war, kann ich zu dem heutigen Zeitpunkt keine definitive Aussage geben, ob diese Form des persönlichen Begrüßens zurückkehren wird. Ich gehe jedenfalls davon aus, dass auch künftig viele Menschen darauf verzichten möchten. Weiterhin empfehle ich, dass Sie einen Mundschutz bei sich tragen und sich vorab erkundigen, ob auf dem Campus oder in den Büros das Tragen einer Mundschutzmaske gewünscht wird.

3.2.5 Die Wahrnehmung im Gespräch

Egal ob das Interview via Telefon, Video oder persönlich erfolgt, neben der Körperhaltung bildet die verwendete Sprache die wesentliche Grundlage, für ein „Go" oder „No-Go" in Bezug auf die neue Stelle.

Daher möchte ich dem Thema Interview auch einen großen Raum geben. Beginnen möchte ich mit dem Thema der Wahrnehmung.

Im folgenden Verlauf gebe ich den Ausschnitt eines Interviews mit einer Kandidatin wieder, welche ich für eine Stelle als Business-Development-Managerin interviewt habe. Die Kandidatin hatte mir die ersten beruflichen Stationen ihres Werdegangs geschildert. Im Lebenslauf war zu erkennen, dass die Kandidatin, nachdem sie lange Zeit in einer festen Anstellung bei renommierten Unternehmen tätig war, schließlich einer freiberuflichen Tätigkeit nachgegangen war.

Im Lebenslauf wurde die Tätigkeit wie folgt beschrieben:

Senior Vertriebsmanagerin
Verantwortung für das Identifizieren, für die Entwicklung und die anschließende Umsetzung von Maßnahmen zur Neukundengewinnung und der anschließenden Geschäftsentwicklung bei Bestandskunden im internationalen Umfeld.

Ich befragte die Kandidatin nach ihrer damaligen Wechselmotivation in die Selbstständigkeit und welche Produkte und Märkte sie während dieser selbstständigen Zeit betreut hatte. Den Namen der Kandidatin habe ich selbstverständlich verfremdet, es handelt sich hier um einen Fantasienamen, der Inhalt entspricht jedoch im Wesentlichen dem Gesprächsverlauf.

„Wunderbar Frau Mahler, die Aufgabe als Vertriebsbeauftragte bei dem Unternehmen Musterbau hat Sie ja demnach sehr erfüllt, die Erfolge waren entsprechend, weshalb sind Sie dann einer freiberuflichen Tätigkeit nachgegangen?"

„Ich wollte einfach etwas Neues ausprobieren, nach vier Jahren im Vertrieb für die Produktgruppe XYZ hatte ich einfach Lust, auf eine selbstständige Aufgabe und der bin ich gerne nachgegangen."

…

Welche Kunden haben Sie erfolgreich identifiziert und welche Produkte haben Sie vertrieben?

„Nun ich habe Kunden angesprochen, welche im Freizeitbereich aktiv sind."

Ok, welche Kunden?

„Hauptsächlich waren das Kunden, welche unterschiedliche Aktivitäten im Bereich der Freizeitgestaltung anbieten."

Ok, welche Kunden denn speziell?

„… naja, zum Beispiel Betreiber von sportlichen Aktivitäten."

„Frau Mahler, sorry, darunter kann ich mir immer noch nichts vorstellen, welche sportlichen Aktivitäten speziell?"

„Naja, zum Beispiel Fitnessstudios oder Schwimmbadbetreiber."

„Aha, und welche Produkte oder Leistungen haben Sie vertrieben?"

„Ohhh, darüber darf ich nicht sprechen, ich habe eine Verschwiegenheitserklärung unterschrieben."

„Nun Frau Mahler, ich möchte ja keine Markennamen wissen, aber ich denke, dass Sie mir schon mitteilen dürfen, welche Art von Produkt Sie vertrieben haben, waren das zum Beispiel Kosmetikartikel oder Handtücher oder Geräte oder technische Ausstattung?"

„Nein, ich habe das Personal der entsprechenden Sportstätten geschult, wie diese Kunden ansprechen sollen."

Ich möchte hier abbrechen und nun eine direkte Frage an den Leser richten!

3 Die passende Arbeit bekommen

Was empfinden Sie beim Lesen dieser Zeilen?
Welchen Eindruck hat die Kandidatin bei Ihnen hinterlassen?
Versetzen Sie sich dabei in die Rolle des Interviewers und nehmen mal dessen (also meinen) Platz ein.

Antworten von Bewerbern auf Fragen sowie Erläuterungen bez. Aufgaben, Tätigkeit oder Werdegang sollten so formuliert sein, dass der Fragesteller sich darunter etwas vorstellen kann.

Beispiel: Wenn ich drei Leute auffordere, sich einen Tisch vorzustellen und mir diesen anschließend zu beschreiben, kommen drei unterschiedliche Tische dabei heraus.

Fordere ich Menschen auf, sich einen viereckigen quadratischen Tisch aus Buchenholz vorzustellen, welcher an einer Seite eine blaue Kante hat, ist das Ergebnis der Vorstellung, welche ich durch meine Fragestellung bei den Menschen erzeuge, sehr spezifisch. Ich rege durch diese Fragestellung den visuellen Wahrnehmungskanal der Menschen gezielt an.

Hätte die Dame wie folgt geantwortet, hätte ich keine Zeit mit Nachfragen verschwendet und mein Eindruck bezüglich der Dialogfähigkeit der Kandidatin wäre deutlich besser gewesen.

„Ich wurde von Betreibern von Sportstätten, wie Fitnessstudios oder Schwimmbadbetreibern, damit beauftragt, deren Personal dahingehend zu schulen, wie diese den Endkunden ansprechen können, um auf die Produkte und Dienstleistungen hinzuweisen.

Ich habe dabei auf die Möglichkeiten von Social Media aufmerksam gemacht und auf die Aspekte hinsichtlich der Bespielung von Content Management hingewiesen. Dabei habe ich erklärt, wie z. B. ein Werbespot aussehen kann, welcher auf den Monitoren im nahegelegenen Umfeld, wie Tankstellen oder dem eigenen Foyer, aussehen kann".

Mit einer solchen Formulierung wäre mein visueller Wahrnehmungskanal aktiviert worden und ich hätte sofort eine Vorstellung dieser Tätigkeit gehabt.

Wahrnehmungskanäle? **Was ist denn das?**

3.2.5.1 Die Wahrnehmungskanäle

Im Allgemeinen verfügt der Mensch über fünf Wahrnehmungskanäle, über welche Informationen und Signale aufgenommen werden (siehe Abb. 3.3):

An jedem Tag prasseln Millionen von Eindrücken auf uns ein. Es vergeht kaum eine Sekunde, in der uns keine Informationen oder Eindrücke erreichen. Egal ob ein Witz erzählt wird, eine Lampe eingeschaltet wird,

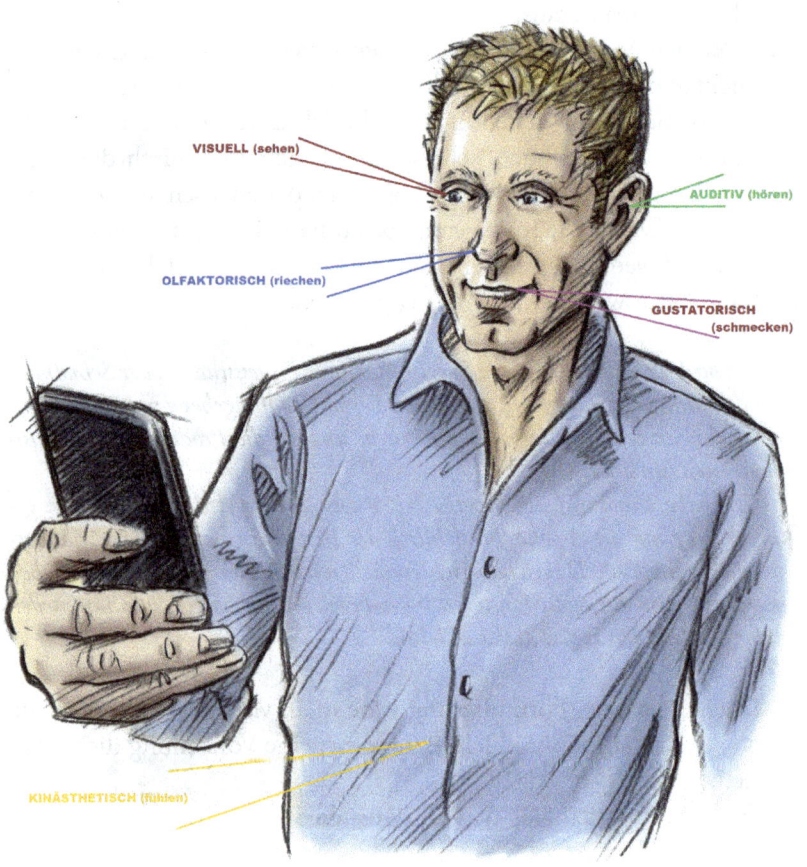

Abb. 3.3 Wahrnehmungskanäle – Informationsfluss. © Thomas Frey 2021. All Rights Reserved

ein Ampelsignal umspringt, eine Hupe ertönt, die Suppe zu salzig ist oder das Eis nussig schmeckt, der Bauch „grummelt" oder das weiche kuschelige Kissen sich an uns schmiegt, die Tass' Kaff wohlig duftet oder Mutters Suppe angebrannt schmeckt.

Wir nehmen über unsere Sinne Informationen auf und nehmen somit (bewusst oder auch unbewusst) unsere Umgebung wahr. Dabei sind die Sinne oder auch Wahrnehmungskanäle bei den Menschen unterschiedlich stark ausgeprägt. Somit sortiert unser Gehirn diese vielen Eindrücke nach der jeweils persönlichen Relevanz. Je nachdem, welcher Wahrnehmungskanal bei jemanden stärker ausgeprägt ist, werden die unterschiedlichen Reize aufgenommen und verarbeitet (siehe Abb. 3.4).

Dazu möchte ich zu einem kleinen Test einladen und eine Geschichte aus dem Urlaub erzählen und dabei bewusst die unterschiedlichen Wahrnehmungskanäle ansprechen.

Wahrnehmungskanal		Ausprägung
	Visuell	Sehen
	Kinästhetisch	Fühlen
	Olfaktorisch	Riechen
	Gustatorisch	Schmecken
	Auditiv	Hören

Abb. 3.4 Wahrnehmungskanäle – Informationsfilter. © Thomas Frey 2021. All Rights Reserved

Die visuelle Geschichte
Durch SPRECHEN Bilder erzeugen
    Als ich die weiß gestrichene Persianertür öffnete und auf meinen Balkon trat, konnte ich das strahlend blaue Meer sehen. Die Wellen trafen mit einer weißen Krone auf den goldgelben Sandstrand. Auf der linken Seite meines Balkons wehten saftig grüne Palmenblätter im Wind. Ab und an konnte ich eine weiße Segelyacht am hölzernen Kai auf der rechten Seite erkennen.

Die auditive Geschichte
Durch SPRECHEN das Hören aktivieren
    Als ich am Morgen mit einem leichten hölzernen Knarren die Persianertür öffnete und auf den Balkon trat, konnte ich von der Ferne am Strand die Wellen hören, wie diese auf die steinige Küste trafen. Unterhalb meines Balkons vernahm ich zudem die leise spanische Musik aus dem Restaurant und ein leichtes Klappern von Geschirr. Ab und an konnte ich zwei Möwen lautstark schreien hören.

Die kinästhetische Geschichte
Durch SPRECHEN Gefühle bewirken
    Als ich am frühen Morgen am Sandstrand mit nackten Füßen über den Strand schritt, spürte ich ein leichtes wohliges Kribbeln der feinen Sandkörner unter meinen Fußsohlen. Und der Wind strich sanft über meine Oberarme und erzeugte ein feines angenehmes Kitzeln, welches sich im ganzen Körper vom kleinen Finger bis in die Fußspitzen ausbreitete.

Die olfaktorische Geschichte
Durch SPRECHEN den Geruchsinn aktivieren
    Als ich morgens nach dem Aufstehen auf meinen Balkon trat, vernahm ich den angenehmen wohligen Geruch von gebratenem Ei und frisch gebrühtem Kaffee in meiner Nase. Die Luft war erfüllt von einem süßlichen Blütenduft.

Die gustatorische Geschichte
Durch SPRECHEN den Geschmackssinn anregen

Als ich morgens nach dem Aufstehen auf meinen Balkon trat, atmete ich tief ein und schmeckte die angenehme salzige Luft des Meeres in meinem Mund. Die frisch zubereitete Tasse Kaffee schmeckte angenehm nach Koffein und der Biss in den morgendlichen Apfel erzeugte eine angenehme Süße in meinem Gaumen.

Wie Sie feststellen können, kann eine scheinbar einfach erzählte Geschichte eine starke Auswirkung auf das Empfinden des Zuhörers erzeugen, nur durch das Ansprechen der unterschiedlichen Sinne.

Der Handel, diverse Medien und die Werbeindustrie nutzen dieses Wissen, um Menschen tagtäglich dazu zu bewegen, Dinge zu kaufen oder einen Vertrag abzuschließen. Richtig eingesetzt, können Reize auf den Sinneskanälen eine manipulative Wirkung auf Menschen haben. Gehen Sie mal **bewusst** durch die Verkaufsabteilungen von diversen Geschäften.

Achten Sie dabei auf die unterschiedliche Beleuchtung, die unterschiedlichen Gerüche oder die Musik, die von den Geschäften dabei, an verschiedene Stellen im Geschäft, eingesetzt wird.

Visuell (Sehen)

Unsere Augen versorgen den visuellen Wahrnehmungskanal mit Informationen. Oft entsteht der vielumschriebene erste Eindruck durch den ersten Blick. Daher achten Sie darauf, dass Ihre Kleidung ordentlich (gepflegt) ist, die Frisur sitzt und Sie visuell einen guten Eindruck machen. Menschen mit einem stark ausgeprägten visuellen Wahrnehmungskanal erkennt man daran, dass diese oftmals sehr modische Kleidung tragen oder deren Büros sehr aufgeräumt wirken. Jeder Stift und jeder Zettel hat auf dem Tisch seinen fest zugewiesenen Platz. Diese Menschen benutzen auch häufig visuell geprägte Metaphern wie:

„Das **bilden** Sie sich ein."
„Es **scheint** so, als ob Sie **klarsehen**."
„Ihre Unterlagen wirken sehr **übersichtlich**."
„Unsere Prozesse sind sehr **transparent**."

Kinästhetisch (Fühlen)
Kinästhetisch geprägte Menschen schätzen es, Dinge anzufassen, zu ertasten. Haptik ist für diese Menschen bei einem Kauf sehr wichtig. Für diese Menschen muss alles irgendwie „greifbar" sein. Diese Menschen haben zudem häufig ein stark ausgeprägtes Temperaturempfinden. Menschen mit einem stark ausgeprägten kinästhetischen Wahrnehmungskanal erkennt man oft an weiter Kleidung oder daran, dass des Öfteren die Temperatur geregelt wird oder dass eine Unterlage oder ein Stift lange in der Hand gehalten und „gefühlt" wird.

Diese Menschen benutzen auch häufig kinästhetisch geprägte Metaphern wie:

„Ihre Aussagen sind absolut **greifbar**."
„Ich **fühle**, dass Sie mit dieser Antwort noch nicht alles gesagt haben."
„Es fällt mir **leicht**, Ihnen zu folgen."
„Unsere Prozesse laufen **stabil**."

Auditiv (Hören)
Ein stark auditiv geprägter Mensch schätzt das Musikalische und Klänge. Diese Menschen wählen den Klingelton Ihres Telefons sehr sorgfältig aus. Auch achten diese Menschen auf den Klang einer Stimme und den Tonfall einer Aussage. Auditiv geprägte Menschen hören gerne zu und hinterfragen Aussagen bewusst. Diese Menschen benutzen auch häufig auditiv geprägte Metaphern wie:

„Das **klingt** gut."
„Sie **sprechen** sicherlich aus Erfahrung."
„Ihre Unterlagen sind **stimmig**."
„Wir **hören** Ihnen gerne zu."

Gustatorisch (Schmecken) und olfaktorisch (Riechen)
Diese Wahrnehmungskanäle sind bei den meisten Menschen eher weniger ausgeprägt vorhanden. Diese Sinne fungieren unterstützend und sind daher im Vorstellungsgespräch nicht so relevant. Allerdings sollten Sie

sich bewusst einen passenden Duft auswählen, welchen Sie ggf. auftragen möchten, denn ein zu starkes Parfüm wirkt schnell auch aufdringlich. Weiterhin sollten Sie vor einem Vorstellungsgespräch auf keinen Fall eine Zigarette rauchen. Auch der „Schluck aus der Pulle" ist auf keinen Fall anzuraten, auch das habe ich leider schon bei dem einen oder andern Kandidaten erlebt.

Zusammenfassend
Achten Sie auf Metaphern und insbesondere auf verwendete Signalwörter Ihrer Gesprächspartner, um Ihre Gesprächsführung ggf. anzupassen und somit die „Bedürfnisse" der Zuhörer entsprechend zu „bedienen". Es gehört natürlich Übung dazu, die einzelnen Kanäle von Ihrem Gegenüber nur durch reines Zuhören und durch das Beobachten herauszufiltern, aber für ein positiv verlaufendes Vorstellungsgespräch kann sich diese Übung und die damit verbundene Anwendung der „Sprachmuster" lohnen.

TIPP!!
Bereiten Sie sich auf Vorstellungsgespräche bewusst vor und denken Sie daran, dass Ihre Gesprächspartner unterschiedlich ausgeprägte Sinnesorgane (Wahrnehmungskanäle) haben und mit diesen Ihren Auftritt wahrnehmen und Sie komplett „scannen".
Der bei Menschen im Allgemeinen am häufigsten ausgeprägten Wahrnehmungskanal ist der Visuelle, gefolgt vom Kinästhetischen und vom Auditiven. Versuchen Sie daher Ihren beruflichen Werdegang möglichst bildhaft zu beschreiben.

3.2.5.2 Die Wahrheit erkennen

Der geschulte Interviewer erkennt relativ leicht, ob eine Aussage stimmig ist oder es sich ggf. um eine Ausrede bei einer Antwort handelt. Wenn ich mir die Antworten meiner Interviewpartner anhöre, achte ich sehr fokussiert darauf, ob das Gesprochene zum Erscheinungsbild passt. Das Erscheinungsbild manifestiert sich an der Körpersprache oder auch an der Resonanz der Mimik des Erzählers. Auch dazu möchte ich gerne ein Beispiel eines Interviews zum Besten geben:

Eine Kandidatin hatte sich bei mir auf eine Stelle als kaufmännische Leiterin beworben. Der Schwerpunkt dieser Tätigkeit bestand darin, die bestehenden Kalkulationsprozesse im Unternehmen zu durchleuchten, neue Warengruppen im Einkauf zu etablieren, die komplette Betriebsabrechnung neu zu gestalten und ein neues Entlohnungssystem einzuführen.

Die Dame war Diplom-Betriebswirtin und hatte bereits sechs Jahre berufliche Erfahrung. In Ihrem CV hatte die Kandidatin zudem aufgeführt, dass sie als Projektleiterin für die Einführung eines neuen ERP-Systems verantwortlich war.

Das Gespräch verlief gut, die Kandidatin schilderte ihren beruflichen Werdegang ruhig und sachlich, setzte ab und an ein angenehmes Grinsen auf, betonte bestimmte Passagen aus ihrer beruflichen Praxis und wies bei den Ausführungen eine kongruente Körpersprache auf. Sie blickte mir bei der Beantwortung der Fragen in die Augen, ab und an schweiften ihre Blicke immer nach rechts oben ab, wenn diese in den „Erinnerungen" kramte. Ihre Körperhaltung war bei den Aussagen ruhig, ein Ellenbogen lag dabei auf dem Tisch, der andere wurde für Gestik eingesetzt. Ihre sitzende Körperhaltung war ruhig, sie lehnte sich an die Rückenlehne Ihres Stuhles. Alles Topp.

Nachdem wir ihren Lebenslauf durchgegangen waren, begann ich mit den Fragen bezüglich ihrer durchgeführten Projekte.

„Wunderbar Frau Muster, Sie bringen ja eine sehr breite berufliche Erfahrung mit. Sie haben im Controlling bereits neue Kennzahlen und KPIs installiert, haben einen neuen BAB aufgebaut und neue Kostenstellenstrukturen etabliert. Ich möchte nun gerne auf Ihre Tätigkeit als Projektleiterin eingehen. Aus Ihrem CV geht hervor, dass Sie eine verantwortliche Aufgabe bei der Implementierung des ERP-Systems SAP innegehabt haben. Darüber möchte ich gerne mehr erfahren, gerade auch deshalb, weil auch ich während meiner Zeit als angestellter Bereichsleiter bei dem Unternehmen XYZ dafür zuständig war, das ERP-System NAVISION einzuführen, und daher diese Herausforderung gut nachvollziehen kann".

Bereits während ich diese Ausführungen an die Kandidatin richtete, bemerkte ich eine gewisse Unruhe, welche sich in ihren Blicken und dem Reiben ihrer Hände zeigte. Da die Kandidatin bisher einen sehr gefassten Eindruck vermittelte, bekräftigte ich meine Erfahrung als Projektleiter und richtete anschließend die Frage an die Kandidatin. Dadurch, dass ich der Kandidatin erläuterte, dass ich in diesem Feld eine breite Erfahrung mitbringe, erzeugte ich natürlich ganz bewusst eine gewisse Spannung, da diese davon ausgehen musste, dass ich etwaige Unstimmigkeiten sofort erkennen würde.

„Frau Muster, ich war für ca. zwei Jahre als Teilprojektleiter verantwortlich, für die Implementierung der Module Produktion und Logistik und die Anbindung der Schnittstellen an die Buchhaltung. Zudem mussten wir die kompletten Buchungen von manuell auf Scanner umstellen, das war natürlich mit gewissen Herausforderungen verbunden." Für welche Module waren Sie verantwortlich und vor allem, was stellte während dieser Zeit die größte Herausforderung für Sie dar?

Und jetzt passierte es, die Kandidatin führte einen extrem Physiologiewechsel durch. Das bedeutet, dass Frau Muster sich zum ersten Mal komplett umsetzte, ihre Beine über Kreuz schlug, sich aufrichtete und sich zudem die Hände rieb. Zudem schwenkte ihr Kopf nach links und ihr Blick ging nach unten.

Wenn ein Kandidat bei einer Fragestellung eine solche Veränderung der Physiologie an den Tag legt, ist das für mich ein Signal, dass die Frage unangenehm war, und ich achte dann ganz besonders auf Körpersignale während der Beantwortung meiner Fragen.

Auch zeigt diese körperliche Umstellung, dass der Erzähler von Rekonstruktion (Erinnerung) auf Konstruktion (Erfindung) umstellt. Schwelgt jemand beim Erzählen in Erinnerungen, dann sind die Aussagen rekonstruiert. Versucht jemand in seinen Aussagen jedoch etwas zu erfinden oder sucht nach Formulierungen, dann spreche ich von der Konstruktion einer Aussage.

Es gibt kaum einen Menschen, der in solchen Fällen keine oder kaum eine bemerkbare Reaktion zeigt. Die Wahrheit zu erzählen und auch in Bewerbungsunterlagen zu transportieren, ist somit immer am besten, denn ein geschulter Gesprächspartner erkennt schnell, dass an einer Aussage „etwas faul ist".

Die Kandidatin hatte schließlich nach erneutem Nachfragen zugegeben, dass sie „nur" als Key-Userin gearbeitet hat und nicht als Projektleiterin verantwortlich war. Ich habe daher diese Kandidatin nicht für ein Gespräch bei meinem Auftraggeber empfohlen, da ich dieses nicht mit meinen Vorstellungen hinsichtlich der Vertrauenswürdigkeit vereinbaren konnte.

Achten Sie darauf, dass Ihre Unterlagen ehrlich sind und Sie zu jeder Angabe, welche Sie in darin aufgeführt haben, auch griffige Beispiele parat haben. Erzählen Sie auch ruhig kleine Geschichten aus Ihrem beruflichen Alltag, achten Sie jedoch bitte darauf, dass es echte Geschichten sind, und keine Märchen!

3.2.5.3 Signalsprache der Mimik

Seit langem ist bekannt, dass unsere Empfindungen, Stimmungen und Gefühle unsere Körpersprache und auch unsere Mimik direkt beeinflussen.

Innerhalb von 70 bis 500 Millisekunden zeigen sich im Gesicht, je nach Situation, nicht steuerbar, sogenannte Mikroexpressionen. Entsprechend geschulte Mitarbeiter, beispielsweise aus dem Umfeld Personal oder Berater und Trainer sind (nach entsprechender Schulung) in der Lage, diese mimischen Signale zu erkennen, entsprechend zu interpretieren und angemessen damit umzugehen. Wenn Sie also im Gespräch den Mundwinkel leicht verstellen oder die Stirn in Falten ziehen, wenn die Augen den Blick verändern, oder der Kiefer sich nach links oder rechts bewegt, dann senden Sie (fast immer unbewusst) Signale aus, welche entweder eine Aussage bekräftigen oder ein Indiz für eine Lüge sein können. (vgl. Mimikresonanz-Institut o. J.)

3.2.5.4 Körpersprache

Auch wenn wir nichts sagen, wir kommunizieren immer. Kommunikation ist nicht nur sprechen, sondern zeigt sich auch und gerade in der

Körpersprache. Der Gang oder die Körperhaltung, die Kleidung, der Haarschnitt, ein Lächeln oder der starre strenge Blick, all das ist Kommunikation. Gestik unterstützt Aussagen und verleiht dem Gesprochenen zudem Authentizität. Neben echter passender Gestik gibt es auch falsche, verräterische Gesten. Nämlich, wenn diese nur gespielt sind. In solchen Fällen passen sie häufig nicht genau zur Geschichte und kommen zu früh oder zu spät. Gewisse Redewendungen, in Bezug auf die Körpersprache, (Metaphern) verwenden wir oft, um unsere Haltung oder besser gesagt unsere Einstellung gegenüber anderen zum Ausdruck zu bringen:

- Haltung bewahren
- Eine große Last auf den Schultern tragen
- Die Nase hoch tragen
- Die kalte Schulter zeigen
- Sich der Situation beugen

Diese alltäglichen Redewendungen beziehen sich eindeutig auf Körpersprache und -haltung.

Empfindungen und Emotionen werden hauptsächlich über Körpersprache ausgedrückt. So kann ein „Am-Kopf-Kratzen", oder ein „An-die-Nase-Fassen" bedeuten, dass eine Aussage des Erzählers mit Unsicherheit verbunden ist (vgl. Marx 2018).

Auf solche Physiologieveränderungen achtet der geschulte Gesprächspartner, ein plötzlich auftretendes „Umsetzen", wie oben beschrieben, weckt somit die Aufmerksamkeit.

Die Körpersprache oder Körperhaltung ist auch wesentlich für den ersten Eindruck.

In den ersten Minuten bilden sich Menschen eine Meinung über einen anderen Menschen. Hier werden automatisiert und unbewusst Urteile in Bezug auf Freundlichkeit, Alter, Stimme, Kleidung, Körperhaltung zusammengefasst – und schon wird die Persönlichkeitsschublade geöffnet und der Gesprächspartner ist eingeordnet.

Hier können Sie wesentlich zu einem positiven Eindruck beitragen, wenn Sie sich Ihrer Körperhaltung bewusst sind.

Schon die Art und Weise, wie Sie ein Besprechungszimmer betreten, hat einen großen Einfluss auf das kommende Bewerbungsgespräch. Bleiben Sie nicht in der Tür „hängen", sondern gehen Sie auf den Ansprechpartner zu oder sondieren Sie gezielt die Lage, da sonst der Eindruck vermittelt wird, Sie würden sich nur sehr vorsichtig auf einem „fremden" Territorium bewegen.

Bewegen Sie sich mit aufrechter Körperhaltung, gehen Sie schwunghaft, das vermittelt einen selbstbewussten Eindruck.

Weiterhin wirkt ein breitbeiniges Stehen nicht souverän, verschränkte Arme vermitteln Abstand und Unsicherheit. Wenn ein Bewerber sich unbewusst vor dem Fragenden abschirmt, können die verschränkten Arme oder ein Gegenstand, den der Befragte vor sich als „Schutzmauer" auf den Tisch legt, ein entsprechendes Signal sein.

Und wie bereits erwähnt, achten Sie auf angemessene Kleidung, in welcher Sie sich wohl fühlen, das unterstützt Authentizität. Die Redensart *Kleider machen Leute* besitzt noch immer seine Gültigkeit.

In der Regel passen eine (nicht zerrissene) Jeans, weißes Hemd oder Bluse mit einem modischen Sakko oder einem Blazer immer.

> **TIPP!!**
> Kleidung erzeugt Sicherheit, Bindung, Selbstwert. Dadurch lassen sich Menschen beeinflussen. Die Kleidung hat einen wesentlichen Einfluss darauf, wie man sich selbst fühlt und wie man von anderen wahrgenommen wird. Kleider machen eben Leute!

Währen des Gespräches sollten Sie die Blickrichtung Ihrem Gesprächspartner zuwenden. Für den Fall, dass mehrere Gesprächspartner am Tisch sitzen, achten Sie darauf, dass Ihr Körper nicht nur zu einer Person gerichtet ist, sondern quasi in die Mitte zeigt, da Sie sonst durch Ihre Sitzrichtung schnell einer Person „die kalte Schulter" zeigen und sich diese Person ausgegrenzt fühlt (siehe Abb. 3.5).

3.2.5.5 Sprache

Sprachliche Steuerung im Gespräch ist ein weiteres wichtiges Kriterium, um den Job zu bekommen. Neben dem Inhalt wirken sich Tonlage und

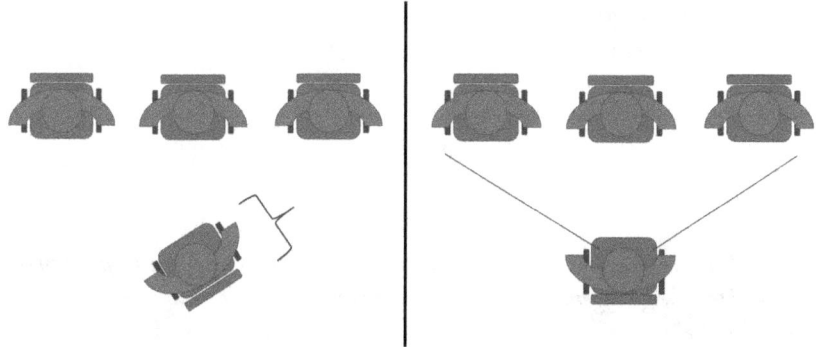

Abb. 3.5 Die passende Sitzordnung. © Thomas Frey 2021. All Rights Reserved

Erzähldauer eines Beitrags entscheidend darauf aus, ob das Erzählte als interessant wahrgenommen wird oder nicht. Eine unterstützende Gestik (keine übertriebene Gestik) bildet die Würze des Wortbeitrages.

Überlegen Sie während des Vorstellungsgespräches genau, was Ihnen und Ihrem Gegenüber jetzt, in dieser Situation wichtig ist. Um diese Inhalte möglichst interessant und verständlich rüber zu transportieren, können Sie sich die „**3 Ks**" merken:

Klar, konkret, konstruktiv.

- KLAR → Eindeutige Informationen
- KONSTRUKTIV → Lösungsorientiert
- KONKRET → Verbindlich

Je mehr Raum Sie beim Erzählen für Interpretation lassen (z. B. durch Weglassen von Informationen), erzeugen Sie unnötiges Nachfragen. Je mehr Interpretationsraum der Zuhörer durch Ihre Erläuterungen hat, desto unspezifischer ist Ihre Kommunikation:

unspezifisch

„Bei einem Projekt war ich sehr erfolgreich"

Ableitende Fragen:
- Welches Projekt?
- Inwiefern erfolgreich?

spezifisch

„Bei dem Projekt XYZ aus dem Jahr 2016 habe ich durch mein Controllingtool dazu beigetragen, dass eine Einsparung von XYZ Euro erzielt werden konnte".

Neben der spezifischen Ausdrucksweise bildet auch das verwendete Sprachmuster eine große Rolle. Je nach Situation ist es gut, wenn hier die Klaviatur der Sprache gut gespielt werden kann (siehe Tab. 3.1).

Der **statusorientierte Sprachstil** führt dazu, dass der Erzähler als kompetent wahrgenommen wird und eine entsprechend positive Aufmerksamkeit erhält, da ein gewisses Selbstbewusstsein transportiert wird.

Der **teamorientierte Sprachstil** führt dazu, dass der Erzähler als höflich wahrgenommen wird und eine gewisse Bindung zu den Gesprächsteilnehmern erzeugt.

3.2.5.6 Zuhören, zuhören, zuhören …

Das kann ich gar nicht oft genug betonen. Die Zeiten der „Dampfplauderer" sind (zu meiner großen Freude) vorbei.

Es ist noch nicht sehr lange her, da rief mich ein Kunde an und teilte mir mit, dass er mich beauftragen möchte, weil er bisher für seine aus-

Tab. 3.1 Sprachmuster im Vorstellungsgespräch

Statusorientiert	Teamorientiert
Verwendung von „ich"	Verwendung von „wir"
Mehr reden als Fragen	Gezieltes Nachfragen
Sachbezogene Kommunikation, jedoch mit „Ausschmückungen"	Kurze Redezeit

geschriebene Stelle noch keinen passenden Kandidaten gefunden habe. Die bisher geführten Gespräche verliefen ergebnislos, fast immer, weil die Bewerber nicht zuhören konnten. Auch gab es Kandidaten, welche ihm *„einen Knopf an die Backe gelabert"* hatten.

> *„Herr Frey, da gab es zum Beispiel einen Kandidaten, der hat erzählt und erzählt und erzählt. Wenn ich den konkret nach etwas gefragt habe, dann kam erst mal nur Laberei, sinngemäß ich frage nach dem Fußballergebnis und er erzählt mir davon, wie der Weg ins Stadion war und wen er unterwegs alles getroffen hat."*

Labern, labern, labern, (ich gebrauche hier an dieser Stelle bewusst das Wort *labern* anstatt *reden*). Kommunikationsstark ist, wer knapp und präzise erzählt, zuhören kann und auf Fragen eingeht.

Gut zuhören können die wenigsten Menschen, das weiß ich mittlerweile aus hunderten geführten Gesprächen. Daher ist diese Form der Kommunikation schon etwas Besonderes. Denken Sie daran, *„man kann sich um Kopf und Kragen reden"*, aber nicht *„um Kopf und Kragen zuhören"*, um auch hier eine Metapher zu bemühen.

Im folgenden Verlauf gebe ich einen weiteren Ausschnitt eines Interviews wieder.

Ein Gegenbeispiel für (gutes) Zuhören:

Von einem Bewerber habe ich den Lebenslauf erhalten, dieser sah ausschnittsweise wie folgt aus:

Auszug Lebenslauf eines Kandidaten

01.2019–aktuell	Leitung Projektmanagement …
05.2017–03.2018	Key Account Operation Manager …
05.2016–05.2017	Produktmanager …
10.2014–02.2016	Projektleiter …
11.2012–09.2014	Arbeitsvorbereitungskoordinator …

Nachdem ich dem Kandidaten den Eingang seiner Unterlagen via Mail bestätigt hatte, meldete dieser sich direkt telefonisch bei mir und wir führten folgenden Dialog:

… *„Guten Mittag Herr Mahler, danke für den superschnellen Rückruf. Auch noch einmal via Telefon möchte ich mich für die Übermittlung Ihrer Unterlagen und das damit verbundene Vertrauen bedanken. Sie interessieren sich also für die ausgeschriebene Stelle als Projektkoordinator?"*
„Ja Herr Frey, diese Stelle ist für mich von sehr großem Interesse, da sie genau meinem Profil entspricht."
„Nun Herr Mahler, was genau in der Anzeige hat denn Ihr Interesse geweckt?"
„Sie suchen für die Branche im Bereich XYZ, diese Branche hat mich schon immer interessiert."
„Hm, Herr Mahler, darf ich offen sein? Ich möchte Ihnen gerne meine Meinung zum ersten Eindruck Ihres Lebenslaufes mitteilen, und dazu möchte ich Ihnen schonungslos offen den Eindruck geben, welcher dieser auf mich macht. Ich denke, solch offene Rückmeldungen werden Sie sonst nicht bekommen, daher meine Frage."
„Herr Frey, das wäre toll, legen Sie los."
„Sie haben in den letzten Jahren, also von Ende 2012 bis heute also im Mai 2020 *die fünfte Stelle inne und wollen nun schon wieder wechseln. Das macht auf einen Personaler wie mich einen schlechten Eindruck, da hier der Eindruck eines Job-Hoppers entsteht."*
„Herr Frey, derzeit bin ich als Leiter Projektmanagement für die komplette Koordination der Produkte XYZ zuständig. Auch deshalb denke ich, dass die von Ihnen ausgeschriebene Vakanz genau auf mich zutrifft."
„Herr Mahler, alles gut, es geht mir zunächst darum, Ihnen mitzugeben, dass Sie sich einen weiteren Wechsel gut überlegen sollten." …

Soweit der Dialog mit dem Kandidaten. Dieser ist in keiner Weise auf meine Anmerkung eingegangen, das zeugt davon, dass dieser nicht zugehört hat oder ihm meine Anmerkung nicht zugesagt hat. Wie dem auch sei, entsteht in solchen Fällen sofort ein schlechter Eindruck.

Wichtig: Lassen Sie Ihren Gesprächspartner ausreden. Nicht unterbrechen, das wirkt extrem unhöflich. Gehen Sie konkret auf Fragen ein.

Für den Fall, dass Sie eine Antwort ausschmücken möchten, erläutern Sie dieses vorab.

Zum guten Zuhören gehört auch, dass Sie die Wahrnehmungskanäle visuell und auditiv auf Empfang stellen.

Ein guter Zuhörer beobachtet die Körpersprache des Gegenübers, registriert z. B. das in Falten Legen der Stirn, den gelangweilten Blick an die Decke oder das Flattern der Stimme.

Unterbrechen Sie die Gesprächspartner nicht oder vervollständigen nicht die Sätze des anderen. Versuchen Sie die „Stille auszuhalten" während der andere nach Worten sucht.

Beim guten Zuhören geht es nicht einfach darum, Gesagtes zu wiederholen um damit ein Zuhören zu signalisieren, sondern es geht darum, den anderen wirklich zu verstehen. Dazu zählt auch, dessen Emotionen und dessen Motive zu erfassen.

Zuhören ist aus meiner Sicht eine hohe Form von Empathie, und damit zeigen Sie „emotionale Intelligenz".

3.2.6 Typische Interviewfragen

Ein genaues Rezept für *das richtige* Vorstellungsgespräch gibt es natürlich nicht, zum einen hängt das von den Teilnehmern des Gespräches ab, zum anderen auch von der jeweiligen Branche oder von Ihrer bisherigen beruflichen Erfahrung.

Weiterhin stellt ein Personaler oftmals andere Fragen als beispielsweise ein Fachbereichsleiter, jedoch kann es auf keinen Fall schaden, sich auf folgende Themenblöcke einzustellen.

Der berufliche Werdegang

„Schildern Sie bitte Ihren beruflichen Werdegang"

Das ist ein Thema, welches gerne angesprochen wird. Hier ist es auf jeden Fall empfehlenswert, sich auf die eigenen bisherigen Aufgabeninhalte zu fokussieren. Immer wieder erlebe ich in Gesprächen, dass ein Bewerber zu viel Zeit aufwendet, um über ehemalige Unternehmen zu berichten oder sich über die früheren Kollegen oder Vorgesetzten auszulassen.

Natürlich ist es sinnvoll, (kurz) anzuschneiden, mit welchen Schwerpunkten sich der ehemalige Arbeitgeber beschäftigt hat, primär von Interesse ist jedoch **Ihre** bisherige berufliche Erfahrung, wie der Aufgabeninhalt, sowie der Verantwortungsbereich oder Ihre bisher durchgeführten Projekte. Stellen Sie dabei Schwerpunkte heraus, zum Beispiel welches Projekt eine Herausforderung darstellte und weshalb.

Bevor Sie mit der Erläuterung Ihres beruflichen Werdeganges starten, fragen Sie gerne nach, ob nur die letzten beruflichen Stationen von Interesse sind oder auf welche Inhalte Sie ggf. besonders eingehen sollen.

Schmücken Sie die Schilderung auch gerne mit kleinen „Geschichten" aus. Beispielsweise wie lange es gedauert hat, um einen bestimmten Kunden zu gewinnen oder welche Verhandlung besonders schwierig war. Erzählen Sie dabei bildhaft und regen Sie somit den visuellen Wahrnehmungskanal an (siehe Abschn. 3.2.5.1.).

Für den Fall, dass Sie firmeninterne Infos preisgeben, sollten Sie Vorsicht walten lassen. Wenn Sie beispielsweise ein Gespräch mit einem Wettbewerber führen, dann halten Sie sich mit Kundendaten oder Lieferantendaten zurück. Hier kann schnell ein Eindruck entstehen, dass Sie Firmeninterna preisgeben und dieses wohl auch machen würden, wenn Sie bei dem Unternehmen beschäftigt wären, für welches Sie sich gerade interessieren.

Beantworten Sie ggf. solche Fragen mit einem höflichen:

„Sorry, bitte haben Sie Verständnis dafür, dass ich spezifische Infos meines bisherigen Arbeitgebers nicht nennen möchte."
„Natürlich bringe ich gerne mein komplettes Wissen, im Falle einer Zusammenarbeit ein, jedoch noch nicht zu diesem frühen Zeitpunkt."

Auch sollten Sie keine Namen von Kundenansprechpartnern oder Ansprechpartnern aus dem Einkauf oder der Entwicklung etc. Ihres derzeitigen Arbeitgebers nennen. Auch diese Infos gehören erst dann kommuniziert, wenn der Arbeitsvertrag unterschrieben wurde.

Ich möchte hier gerne folgendes Zitat in Erinnerung bringen:

„*Wer ausplaudert, was er weiß, wird auch ausplaudern, was er nicht weiß!*"
(Hans Kilian, deutscher Schriftsteller, 1890–1935)

Begründen Sie bei der Schilderung zudem von selbst, weshalb Sie ein Unternehmen in der Vergangenheit verlassen haben.

Diese Wechselmotivation ist in der Regel immer von Interesse, und Sie nehmen bei einer „freiwilligen" Schilderung diese Frage vorweg.

Fragen zur Wechselmotivation/zur Motivation der Bewerbung

„*Was reizt Sie besonders an der Position, was interessiert Sie am meisten?*"
„*Weshalb bewerben Sie sich bei unserem Unternehmen?*"
„*Was erwarten Sie von unserem Unternehmen?*"

Auch diese Fragen werden gerne gestellt. Bereiten Sie sich daher gut auf dieses Thema vor. Selbstverständlich kommt die Beantwortung dieser Frage dann gut an, wenn Sie einen Bezug Ihres fachlichen Könnens oder Ihre Erfahrungen zur ausgeschriebenen Vakanz herstellen können. Auch Ihre Einschätzung einer persönlichen Entwicklung bei dem Unternehmen (natürlich mit einer sinnvollen Begründung) ist hier sehr zu empfehlen.

Räumliche Nähe, weil der Arbeitsort in einer für Sie interessanten Region liegt, ist ebenfalls eine gern gehörte Wechselmotivation, da Sie hier klar signalisieren, dass Ihr Lebensmittelpunkt im Umfeld des Arbeitsplatzes gelegt oder verlegt werden soll.

Fragen zu Ihren Stärken/Schwächen

„*Erzählen Sie mal, was mögen Sie nicht, bzw. was könnte Ihnen im Rahmen Ihrer Tätigkeit unangenehm sein?*"
„*Was genau hat Sie in die Lage versetzt, mehr Verantwortung zu übernehmen?*"

Gerne werden Ihre Stärken und Ihre Schwächen in Vorstellungsgesprächen hinterfragt. Eine gute Vorbereitung auf diesen Fragen finden Sie in Kap. 1, primär die Themen *Werte* und *Kompetenzen* geben Ihnen dazu entsprechende Informationen.

Fragen zu Ihrer Persönlichkeit

„Was könnten Sie besser als andere Bewerber?"
„Weshalb sollen wir uns für Sie entscheiden?"

Stellen Sie bei solchen Fragen Ihre ganz persönlichen Stärken heraus. Hier lohnt sich der Bezug zu den Anforderungen der Vakanz. Siehe hierzu ebenfalls Kap. 1.

Für den Fall, dass ein Vergleich mit anderen Bewerbern von Ihnen durchgeführt werden soll, beantworten Sie höflich, dass Sie die anderen Bewerber nicht kennen und Sie davon ausgehen, dass Ihr Ansprechpartner schon die richtige Wahl treffen wird.

Stellen Sie Fragen

Bitte, bitte, bitte stellen Sie im ersten Gespräch keine Fragen bez. Gehalt, Urlaub, Arbeitszeit oder Ähnliches, solche Themen werden in der Regel erst im zweiten Gespräch behandelt. Es sei denn, Sie werden direkt darauf angesprochen.

Gute Fragen beziehen sich immer auf Ihre Arbeitsaufgaben, Ihr Arbeitsumfeld, das Unternehmen oder das Team, mit welchem Sie ggf. zusammenarbeiten werden.

Über die Arbeitsaufgabe

Beziehen Sie sich hier beispielsweise auf Fragen der zur Verfügung gestellten Technik, wie ERP-System, Bestellprozesse, mit welcher Software oder mit welchen Maschinen gearbeitet wird. Auch sind Fragen zur Dokumentation von Arbeitsergebnissen interessant oder auf welche spezifischen Schwerpunkte der anstehenden Tätigkeit besonders viel Wert gelegt werden wird.

Über das Team

Stellen Sie Fragen zur Teamstruktur, wie Internationalität oder Zusammensetzung, oder wie häufig und in welcher Form Abstimmungen durchgeführt werden.

Über die Vorgesetzten
Informieren Sie sich bezüglich der Berichtsstruktur im Unternehmen oder wie häufig und in welcher Form ein mögliches Reporting stattfinden soll.

Weiterhin ist die Frage berechtigt, weshalb die Vakanz besetzt werden soll. Handelt es sich um eine Altersnachfolge oder hat der bisherige Stelleninhaber das Unternehmen verlassen?

Zum Unternehmen
Erläutern Sie, was Sie bisher über das Unternehmen in Erfahrung gebracht haben und stellen Sie zur künftigen Ausrichtung des Unternehmens einige Fragen, dies signalisiert echtes Interesse am potenziell neuen Arbeitgeber und der künftigen Aufgabe. Zudem signalisieren Sie damit, dass Sie sich auf Neues gut vorbereiten.

Auch ist die Besetzung einer Stelle möglich, weil eine Expansion des Unternehmens ansteht oder der Fachbereich ausgebaut werden soll, welches sich dann im Gespräch herausstellt.

Die Beantwortung dieser Frage durch den Personaler oder den Fachbereichsleiter sollte dann ggf. weitere Fragen nach sich ziehen. Steht ggf. eine Expansion an, dann sollten Sie hier den Schwerpunkt hinterfragen, im Falle einer Nachfolgebesetzung ist die Nachfrage zur Übergangsregelung im Hinblick auf die Einarbeitung interessant.

Zusammenfassend: Zeigen Sie Charisma im Interview
Eine charismatische Ausstrahlung bedeutet unter anderem, mit einem hohen Grad an Authentizität, verbunden mit entsprechender Souveränität, untermauert mit Selbstsicherheit und einem gesunden Optimismus etwas darstellen oder etwas präsentieren.

Dabei transportieren charismatische Menschen ein Interesse an anderen Menschen.

Gezeigte Elemente von charismatischen Menschen:

- Individualität: Imponiert andere
- Inspiration: Motiviert andere
- Intellekt: Ermutigt andere
- Idealismus: Beruhigt andere

Tipps für charismatisches KOMMUNIZIEREN im Vorstellungsgespräch:

1 Teilnehmer mit Namen ansprechen.
2 Versuchen Sie zu Beginn des Gespräches einen persönlichen Bezug zu dem Unternehmen oder den Teilnehmern zu schaffen.
3 Zu Beginn Ihrer persönlichen Vorstellung einen zeitlichen Rahmen setzen, z. B. *„Gerne stelle ich Ihnen meinen Lebenslauf in den nächsten 10 Minuten vor."*
4 Nehmen Sie Einwände anderer generell nicht persönlich.
5 Hören Sie den Teilnehmern sehr gut zu und nehmen Sie die Bedürfnisse genau auf. In der Regel wollen die Teilnehmer wissen, ob Sie kompetent sind, Ihr Fachgebiet beherrschen und mit welchen Expertisen Sie im Besonderen ausgestattet sind.
6 Greifen Sie Wortbeiträge von anderen auf.

Es lohnt sich auf jeden Fall im Vorfeld des kommenden Gespräches darüber nachzudenken, welche Arbeitsinhalte stärkend, welche Inhalte saugend wirken.

- Was schenkt Ihnen bei der Arbeit Kraft und Lebensfreude?
- Was raubt Ihnen Energie und Stärke?
- Welche Maßnahmen führen bei einem Jobwechsel dazu, Ihren Energiehaushalt aufzufüllen beziehungsweise zu stabilisieren?

Wenn Sie sich darüber bewusst sind, haben Sie eine gute Vorbereitung auf folgende Fragengruppen getroffen:

- den Werdegang schildern
- Inhalt des Jobs
- persönliche Highlights
- herausfordernde Erlebnisse
- persönliches Scheitern

Und können auch dank guter Vorbereitung entsprechend charismatisch auftreten.

Tipp!!
Sprechen Sie während des Gespräches die Teilnehmer mit Namen an. Nehmen Sie Fragen oder Einwände nicht persönlich. Schaffen Sie sprachliche Rahmen, z. B. wenn Sie Ihren Lebenslauf schildern, machen Sie vorab eine Angabe zur Dauer.

3.3 Analyseverfahren

Während der Bewerbungsphase ist das Durchlaufen oder Erleben von diversen Analysen durchaus geläufig. So erstellen diverse Personalberatungen im Kundenauftrag oder Spezialisten der Personalabteilungen von Unternehmen mit Hilfe von Diagnoseprogrammen entsprechende Profile von Kandidaten, welche einen Aufschluss zulassen, wie stressresistent ein Kandidat ist oder welcher Führungstyp in einem Bewerber schlummert. Die Auswahl und die Möglichkeiten dazu sind sehr breit.

Es ist kaum möglich, alle unterschiedlichen Verfahren vorzustellen, daher möchte ich an dieser Stelle lediglich eine Information über das Spektrum von solchen diagnostischen Verfahren geben.

Assessment-Center
Ein Assessment-Center, abgekürzt AC, ist ein Personalauswahlverfahren in einem Unternehmen. Gerade große Firmen und Konzerne nutzen die Methoden dieses Auswahlverfahrens, um die vielversprechendsten Bewerber zu ermitteln.

Ein AC ist sehr komplex, da dieses je nach Ausgestaltung eine breite Möglichkeit bietet, die Kandidaten in unterschiedlichen Situationen zu bewerten. So kann sich ein AC über einen Zeitraum von bis zu mehreren Tagen hinziehen. Die Kandidaten werden dabei auf „Herz und Nieren" bezüglich ihrer fachlichen Kompetenz und ihres sozialen Verhaltens getestet. Während der gesamten Dauer des AC sind sogenannte Assessoren zugegen, die jeden Bewerber fortwährend beobachten, beurteilen und Empfehlungen aussprechen.

Dabei werden die Teilnehmer in Gruppen eingeteilt, und es werden Einzel- und auch Gruppenarbeiten durchgeführt. Bei den Gruppenaufgaben kommt es oftmals nicht nur auf die Lösung der gestellten Aufgaben an, sondern auch auf die Interaktion der Gruppenmitglieder untereinander (vgl. traineegefluester o. J.).

Aber auch während der Pausen (welche oftmals je Stunde durchgeführt werden) gilt es, als Teilnehmer wachsam zu sein, denn auch während dieser Zeit werden die Beteiligten hinsichtlich Ihres Verhaltens bewertet.

Häufig werden AC durchgeführt, wenn Menschen in Teams arbeiten sollen oder im ständigen Dialog mit anderen Menschen stehen werden.

Dabei werden die Teamfähigkeit, das logische und analytische Denkvermögen sowie die Durchsetzungsfähigkeit betrachtet – außerdem die Kommunikationsstärke sowie die Rhetorik, die sozialen Kompetenzen, die Überzeugungskraft, das zielorientierte Vorgehen u. v. m.

Üblicherweise beschäftigen sich Unternehmen, welche Personal mit folgenden Schwerpunkten besetzen, mit der Durchführung von AC:

Leading/Management, IT, Beratung, Ingenieurwesen, Finance, Marketing und Vertrieb sowie Einkauf.

Die Aufgaben sind dabei vielfältig. Sie starten mit der üblichen Vorstellungsrunde, gehen über in die Lösung von Teamaufgaben wie die bekannte Postkorbübung (einfach mal googeln) oder dem Abhalten von Rollenspielen bis hin zur Lösung von komplexen Einzelaufgaben mit dem Fokus auf fachliche Themen (vgl. Azubiyo o. J.).

Häufig werden AC durchgeführt, wenn Traineestellen zu besetzen sind. Gerade begehrte namhafte Konzerne führen AC durch, um aus einer Vielzahl von Bewerbern die Besten zu ermitteln.

In der Regel werden AC in Gruppen durchgeführt. Einzel-Assessment-Center werden deutlich geringer angewendet und kommen in der Regel nur für Führungspositionen in Betracht.

Diagnostik
Mit Hilfe der Personaldiagnostik werden im Bewerbungsprozess die Bewerber durch Anwendung diverser Methoden und Instrumente dahingehend analysiert, welche Kompetenzen und Fähigkeiten besonders ausgeprägt vorhanden sind. Auch persönliche (berufsbezogene) Wünsche und Neigungen können Teil eines diagnostischen Verfahrens sein. Solche Analysen werden zum Beispiel mittels Fragebögen durchgeführt. Der Kandidat beantwortet vorgefertigte Fragen mit der Technik des Multiple-Choice-Verfahrens.

Gerade im Bereich der Personalführung werden gerne Analysen durchgeführt. Hier wird unter anderem der persönliche Führungstyp durchleuchtet oder die mögliche Stressresistenz mittels eines Stressindikators ermittelt.

Bei einer Stressanalyse beantwortete der Kandidat zum Beispiel einen Katalog von ca. 50 Fragen. Hier wählt der Bewerber zwischen verschiedenen Antworten aus.

Beispiel einer Frage: **Ich kontrolliere jeden Arbeitsschritt genau**

Antwortmöglichkeit:

- Mache ich niemals
- Mache ich hin und wieder
- Mache ich häufig
- Mache ich grundsätzlich und immer

Jede einzelne Frage entspricht einem bestimmten Stresstyp oder einer Stressklasse. Stressklassen sind zum Beispiel:

- Übermäßige Kontrolle verursacht Stress
- Hohe Arbeitsbelastung verursacht Stress
- Wenig Entscheidungsspielraum verursacht Stress
- …

Jede Antwortmöglichkeit ergibt schließlich eine Punktezahl. Diese werden am Ende (je Stresstyp) summiert.
Als Ergebnis wird schließlich ein sogenanntes Stressprofil ermittelt. Diagnostik kann in folgenden Phasen der Bewerbung zum Einsatz kommen:

- Auswertung von Bewerbungsschreiben
- Analyse des Lebenslaufs
- Dateneingabe im Onlineportal
- Während der Durchführung von Bewerbungsgesprächen/Interviews
- Assessment-Center
- Eignungs- und Einstellungstests
- Persönlichkeitstests
- Psychologische Testverfahren

Eine gute Übersicht über die Breite von Testverfahren findet sich im Internet, einfach mal bestimmte Begriffe googeln wie: „personaldiagnostik" oder „personalanalyse".

Recruiting Games
Diese Form der Personalauswahl sortiere ich ebenfalls in die Rubrik Analyseverfahren ein, denn Recruiting Games sind Eignungstests, die mittels spielerisch gestaltbarer Elemente bei der Selektion von Bewerbern helfen sollen.

Den Anfang machte der taktische Egoshooter *America's Army*, welcher für das US- Militär entwickelt wurde. Im Spiel treten zwei Teams auf verschiedenen Kriegsschauplätzen gegeneinander an. Hier wurden und werden die Kandidaten quasi spielerisch auf Belastbarkeit und Stressresistenz getestet.

In Deutschland werden solche Games in Form von Simulationen oder für Wissensabfragen verwendet.

Beispielsweise müssen Bewerber in entsprechend realistischen Szenarien, wie die Leitung eines virtuellen Unternehmens oder die Planung von digitalen Städten, ihre Kompetenz, ihre Kreativität und ihre Belastbarkeit unter Beweis stellen. Entweder alleine oder in Zusammenarbeit mit mehreren Mitspielern müssen Lösungswege erarbeitet werden, somit werden gleichzeitig Teamfähigkeit und strategisches Geschick untersucht. Derzeit setzen bisher nur wenige Unternehmen Recruiting Games ein. Diese Form der Bewerberauswahl wird sich in den kommenden Jahren meines Erachtens nach jedoch weiter entwickeln.

Literatur

Azubiyo (o. J.) Assessment-Center: https://www.azubiyo.de/bewerbung/assessment-center/. Zugegriffen am 12.07.2020

Janson S (13.09.2017 Mehr Job-Erfahrung durch Selbstvermarktung: 10 Tipps für die richtige Eigenpräsentation. https://berufebilder.de/erfolg-arbeiten-selbstdarstellung/. Zugegriffen am 06.06.2020

Mai J (2020) Selbstpräsentation: Tipps fürs Vorstellungsgespräch (11.08.2020). https://karrierebibel.de/selbstpraesentation/. Zugegriffen am 06.06.2020

Marx S (2018) NLP und Körpersprache (29.09.2018). https://nlpsachsen.de/nlp-und-koerpersprache/. Zugegriffen am 01.07.2020

Mimikresonanz-Institut (o. J.) Mimikresonanz® Gefühle sehen. Menschen verstehen. https://mimikresonanz-institut.de/. Zugegriffen am 01.07.2020

trainee-gefluester.de (o. J.) Assessment Center: Die 7 häufigsten Aufgaben (15.06.2020). https://www.trainee-gefluester.de/tipps/vorstellungsgespraech/assessment-center. Zugegriffen am 12.07.2020

4

Vertragliches und Rechtliches

Zusammenfassung Die rechtlichen Aspekte im Bewerbungsprozess sind durch das AGG (Allgemeines Gleichbehandlungsgesetz) und die DSGVO (Datenschutz-Grundverordnung) festgelegt.

Dadurch sind die rechtlichen Aspekte komplexer und vielschichtiger geworden – hier gilt es einiges zu beachten. Ein wesentlicher Bestandteil dieses Kapitels beinhaltet zudem relevante Informationen zu den notwendigen Ausführungen im Arbeitsvertrag. Denn die vertraglichen Formulierungen in Arbeitsverträgen sind genauestens zu prüfen. Auch das Thema Gehalt wird ausführlich behandelt, dieses Thema ist ein entscheidendes Kriterium, wenn es um die Wechselmotivation oder um die Einstellung geht. Gerade in der freien Arbeitswelt, bedingt durch das Corona-Homeoffice, kann die freie Wahl des Arbeitsplatzes schnell zur Enge werden. Auch das Thema Arbeitszeit wird daher genauer betrachtet.

© Der/die Herausgeber bzw. der/die Autor(en), exklusiv lizenziert durch
Springer-Verlag GmbH, DE, ein Teil von Springer Nature 2020
T. Frey, *#BeWerbung*, https://doi.org/10.1007/978-3-662-62381-7_4

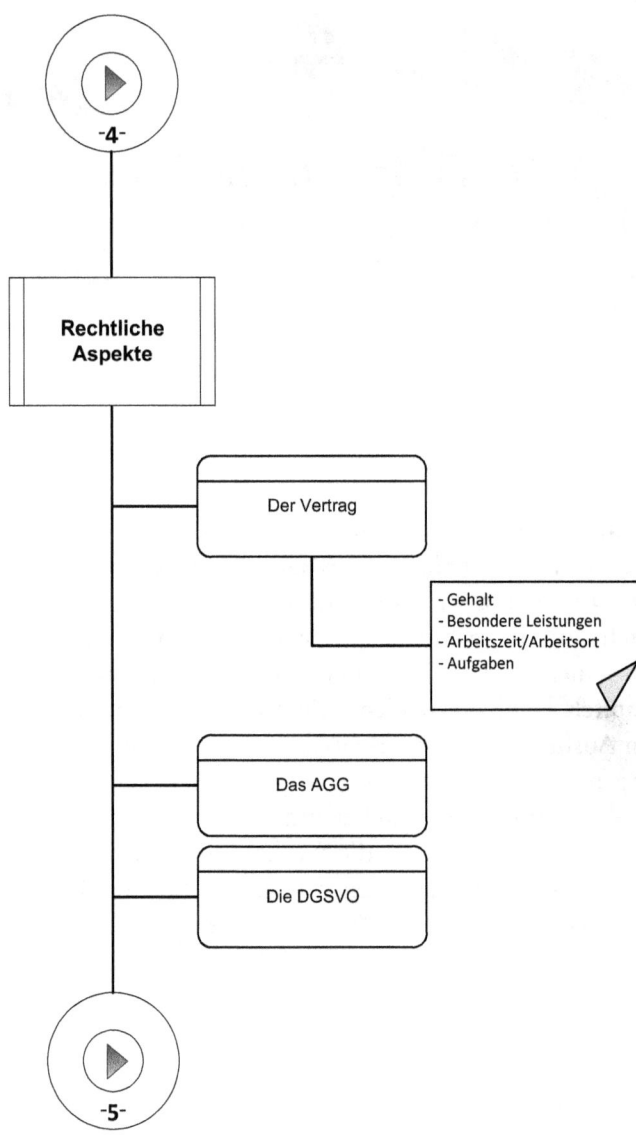

Die rechtlichen Aspekte während des Bewerbungsverfahrens wurden teilweise schon an anderer Stelle des Buches dargestellt. Achten Sie zum Beispiel auf Nutzungsrechte von Unternehmen und Mitmenschen, wenn Sie sich bewerben. Auch ist das Thema Datenschutzeinstellungen auf diversen Plattformen zu beachten. In diesem Kapitel möchte ich daher den Schwerpunkt auf den Arbeitsvertrag legen und die DSGVO und das AGG in knappen Worten darstellen. Im Internet finden Sie diverse Quellen, wo Sie sich zudem detailliert informieren können.

4.1 Der Arbeitsvertrag

4.1.1 Das Gehalt

Das Thema Gehalt möchte ich gerne ganz bewusst hier platzieren, da dieses wichtige Thema an diversen Stellen während der Bewerbungsphase zu behandeln ist.

Kommunikation des Gehaltsrahmens in sozialen Netzwerken
Bedenken Sie auf jeden Fall einen wichtigen Punkt: Jede Person, welche Zugriff auf Ihr Profil erhält (in der Regel dadurch, dass Sie die Person dafür freigeben) hat die Möglichkeit, Ihren Eintrag in der Rubrik Gehalt oder Gehaltswunsch zu erkennen.

Wichtig ist auch, dass Sie berücksichtigen, dass Recruiter und Personalberater über einen Filter auswählen können, in welchem Gehaltsrahmen eine Kandidatenlistung erfolgen soll. Geben Sie daher entweder Ihr tatsächliches aktuelles Gehalt an oder ein wirklich realistisches Zielgehalt. Ich stoße immer wieder auf Kandidaten, welche als Gehaltswunsch eine utopische Zahl platzieren – diese Kandidaten fallen somit direkt durch das Raster.

> **TIPP!!**
>
> Wer aktiv auf der Suche nach einer neuen Aufgabe oder Stelle ist, sollte entweder ein realistisches Gehalt angeben oder keine Angabe dazu machen, damit Ihr Profil entsprechend Ihrer Berufsgruppe auch von Recruitern/Beratern beachtet wird.

Kommunikation des Gehaltsrahmens im Anschreiben

Generell sollten Sie bei der Nennung von Gehaltswünschen immer ein Jahresgehalt angeben, *welches Urlaubsgeld und Weihnachtsgeld sowie alle weiteren gehaltlichen Bestandteile beinhaltet.*

Dazu bieten sich drei Optionen, wie sie Ihre Gehaltsvorstellung formulieren können:

1. Sie nennen einen festen Wert
2. Sie nennen eine Spanne
3. Sie machen dazu keine Angabe

1. Fester Wert

Wenn Sie eine klare Vorstellung haben und Sie dieses mitteilen möchten, dann schreiben Sie zum Beispiel:
Meine Gehaltsvorstellungen liegen bei 60.000 EUR im Jahr.
Auch bietet sich die Möglichkeit, Ihr derzeitiges Einkommen aufzuführen:
Mein derzeitiges Jahresgehalt beläuft sich auf 58.500 EUR.
Der charmante Vorteil in diesem Fall: Sie setzen eine klare Marke, denn in der Regel will sich kein Mensch bei einem Wechsel verschlechtern. Sie machen keine feste Angabe hinsichtlich Ihres Wunsches, somit ist der Verhandlungsspielraum deutlich offener.

2. Feste Spanne

Sie geben an, dass Ihre gehaltlichen Vorstellungen zum Beispiel *zwischen 40.000 und 42.500 EUR brutto im Jahr betragen*
oder sich Ihre Gehaltsvorstellungen *im Bereich von 45.000 EUR brutto im Jahr bewegen.*

Dadurch signalisieren Sie natürlich eine gewisse Verhandlungsbereitschaft, laufen dabei jedoch auch Gefahr, dass der „künftige" Arbeitgeber sich auf den unteren Bereich fokussiert.

3. Keine Angabe

Wenn Sie keine Angabe zum Gehaltswunsch machen möchten, weil Sie zum Beispiel Ihren derzeitigen Marktwert nicht abschätzen können, formulieren Sie zum Beispiel:
Meine Gehaltsvorstellungen teile ich Ihnen gerne in einem persönlichen Gespräch mit.

Kommunikation des Gehaltsrahmens während des Vorstellungsgespräches

Das Gehaltsthema bildet normalerweise den Abschluss des Bewerbungsgespräches oder der Bewerbungsgespräche. Das erste Gespräch dient in der Regel dazu, Sie als Bewerber kennenzulernen, zudem soll Ihnen die Möglichkeit gegeben werden, das Unternehmen und ggf. Ihren Vorgesetzten kennenzulernen.

Sprechen Sie von sich aus das Thema Gehalt, Urlaub, Dienstwagen oder sonstige Benefits **nicht** an, sondern lassen Sie „die andere Seite" diesen Zug machen. Keine Sorge, dieses Thema wird angesprochen, wenn Sie von Interesse für den Ansprechpartner des potenziell neuen Arbeitgebers sind.

Beziehen Sie in den Zahlen immer das komplette Jahresgehalt (inklusive Weihnachts- und Urlaubsgeld sowie Prämien, Boni etc.) mit ein.

Gehaltsvorstellung ermitteln

Das Einstiegsgehalt einer neuen Arbeitsstelle (ob Anfänger oder beruflich erfahren, ob Sachbearbeiter oder Geschäftsführer) hat eine große Auswirkung auf den weiteren beruflichen Werdegang.

Daher ist es sehr wichtig, sich darüber bewusst zu sein, welchen Marktwert die zu besetzende Position mitbringt und somit welches Gehalt „erzielbar" ist. Bei dem Gehaltsrahmen spielen die Ausbildung und die berufliche Erfahrung eine zentrale Rolle.

Weiterhin ist es von wesentlicher Bedeutung, ob eine Branche gerade händeringend nach Fachkräften sucht (Bewerbermarkt) oder ob der Markt von Arbeitskräften übersättigt ist (Arbeitgebermarkt). Es ist, wie im freien Markt üblich: Die Nachfrage regelt das Angebot.

Für diverse Branchen waren die „2010"er-Jahre davon geprägt, dass händeringend Fachkräfte gesucht wurden. Das hat dazu geführt, dass gut informierte Kandidaten sehr genau wussten, wie hoch ihr Marktwert war und ich teilweise Probleme hatte, passende Kandidaten zu finden. Auch hatte ich so manche Diskussionen mit einigen meiner Auftraggeber, da diese nicht nachvollziehen wollten oder konnten, dass einige Gehälter quasi „durch die Decke geschossen" sind.

Die Corona-Pandemie im Jahr 2020 hat auf jeden Fall dazu geführt, dass in diversen Branchen aus dem Bewerbermarkt ein Arbeitgebermarkt wurde und die Gehälter sich dadurch drastisch reduzierten.

Daher ist es ungeheuer wichtig, sich genau über die Situation einer Branche zu informieren und diese Informationen in den eigenen gehaltlichen Vorstellungen zu berücksichtigen. Informieren Sie sich weiterhin darüber, welche Gehälter für vergleichbare Positionen gezahlt werden. Das hängt nicht nur von Ihrem Fachgebiet ab, sondern auch von der Größe des Unternehmens sowie von der jeweiligen Region (Nord-Süd), in der Sie sich bewerben.

> **TIPP!!**
>
> Bei der Ermittlung des Gehaltsrahmens spielen folgende Faktoren eine Rolle:
> Branche, Fachbereich, Ausbildung, Berufserfahrung, Region, Unternehmensgröße und die branchenbezogene wirtschaftliche Situation (Fachkräftebedarf).

Zur Ermittlung von Gehältern stehen diverse Möglichkeiten zur Verfügung:

Businessnetzwerke
Businessnetzwerke wie XING und LinkedIn. Hier liegen diverse Informationen der jeweiligen Mitglieder vor.

Stellenanzeigen in Onlineportalen
Mittlerweile beinhalten viele Stellenanzeigen Informationen über das erzielbare Gehalt. Suchen Sie daher nach passenden Anzeigen, welche mit Ihren beruflichen Wünschen vergleichbar sind.

Jobbörsen
Die Jobbörse Stepstone biete beispielsweise Gehaltsreports für Fach- und Führungskräfte an.

Verbände
Einzelne Verbände bieten ebenfalls diverse Gehaltsreports an.

Personalberater
Personalberatungen haben einen guten Überblick über die jeweilige Branche und können ebenfalls werthaltige Auskünfte erteilen.

Datenbanken
Die Plattform GEHALT.de bietet einen guten Überblick über Gehälter (www.gehalt.de).

Freunde und Kollegen
Informieren Sie sich in Ihrem Freundeskreis oder bei ehemaligen Kollegen.

Bundesagentur für Arbeit
Der Entgeltatlas der Bundesagentur für Arbeit bietet eine gute Übersicht von Gehältern, gegliedert nach Berufsgruppen, Regionen, Altersgruppen und Geschlechtern. (https://entgeltatlas.arbeitsagentur.de/entgeltatlas/)

> **Achtung**
>
> Seien Sie sich darüber bewusst, dass der neue Arbeitgeber bei einem unterjährigen Wechsel feststellen kann, wie hoch Ihr Einkommen bei dem vorhergehenden Arbeitgeber war, denn Sie geben Ihre Steuerkarte weiter. Sie sollten daher besser keine falschen Zahlen bezüglich des letzten Einkommens mitteilen.

Neben dem Gehalt gilt es noch weitere Inhalte mit dem künftigen Arbeitgeber abzustimmen und zu vereinbaren.

Dazu zählen weitere Arbeitgeberleistungen, die Arbeitszeit und die damit verbundene Erreichbarkeit sowie die Arbeitsinhalte und die unternehmensinternen Richtlinien.

4.1.2 Weitere Arbeitgeberleistungen

Weiterhin können Themen wie die Regelung eines Dienstwagens oder eines Fahrrades, Gutscheine für die öffentlichen Verkehrsmittel, Gutscheine für den Besuch von Fitnessstudios, o. Ä., die private Nutzung von überlassener Hard- und Software, wie Notebook oder Smartphone, wie auch eine mögliche Gesundheitsförderung u. v. m. berücksichtigt werden

Welche dieser Leistungen steuerfrei sind und in welcher Höhe, ist gesetzlich geregelt. Dazu sollten Sie sich im Vorfeld entsprechend informieren. Weitere zusätzliche Leistungen können auch in Form einer Betriebsrente erfolgen oder Sie erhalten die Möglichkeit von jährlichen Weiterbildungen, welche durch das Unternehmen gefördert werden. Große Unternehmen bieten zudem die Möglichkeit der Weiterbildung auf dem eigenen Campus an.

4.1.3 Arbeitszeiten und Erreichbarkeit

Hier sollten Sie einen scharfen Blick auf die Arbeitszeiten, auf die Überstundenregelung und auf die Urlaubstage legen. Auch ist es interessant, sich im Vorfeld dahingehend zu erkundigen, ob Arbeitszeitkonten geführt werden, wie und in welcher Form die Zeiterfassung erfolgt. Bedingt durch die Corona-Pandemie haben sich bei diversen Arbeitgebern neue Modelle bezüglich des Arbeitsplatzes ergeben. Homeoffice wird mehr und mehr angeboten. Das hat zur Folge, dass das tägliche Pendeln entfällt, und somit (scheinbar) mehr Freizeit entsteht. Denn aufgrund von Homeoffice und der damit einhergehenden Digitalisierung bedeutet Freizeit aber längst nicht mehr, dass Sie von der Arbeit abschalten können, sobald der Rechner ausgeschaltet wird.

Bei diversen Arbeitgebern gehört es zum guten Ton, dass Sie auch außerhalb der Arbeitszeiten für den Vorgesetzten, den Kollegen, für das Team oder für die Kunden erreichbar sein müssen.

Daher ist es notwendig, die Arbeitszeit oder den Erreichbarkeitskorridor genau festzulegen, zum Beispiel durch eine Kernzeitregelung, an der gearbeitet werden muss. Gerade das Arbeitszeitmodell Vertrauensarbeitszeit, also die Arbeitszeit ohne Nachweis durch Stempeln, benötigt meines Erachtens nach gewisse Spielregeln, denn sonst klingelt das Smartphone auch am Wochenende und Ihre E-Mails beantworten Sie am Sonntagabend oder im Urlaub.

Das kann zu einer echten gesundheitlichen Belastung werden (z. B. Burnout), oder der Familienfrieden wird erheblich beeinträchtigt.

TIPP!!

Prüfen Sie die Klauseln zu den Arbeitszeiten und den Arbeitsortregelungen sehr genau und hinterfragen Sie uneindeutige Formulierungen. Gerade diese Punkte führen zu Unstimmigkeiten im späteren Verlauf der Tätigkeit. Vereinbaren Sie mit Ihrem neuen Arbeitgeber feste Regeln, wann und in welcher Form (Handy, Mail …) Sie erreichbar sein müssen und wann Sie beruhigt in den „Offlinemodus" wechseln können. Diese Regelung sollte als Klausel im neuen Arbeitsvertrag aufgeführt werden, somit haben Sie eine schriftliche Grundlage, auf welche Sie, auch bei einem Vorgesetztenwechsel, immer wieder verweisen können.

4.1.4 Der Aufgabenbereich

Der Arbeitnehmer erklärt sich bereit, auch Tätigkeiten außerhalb seiner Tätigkeitsbeschreibung zu übernehmen.

Das ist ein häufig verwendeter Satz in Arbeitsverträgen. Hinterfragen Sie solche Formulierungen, denn ein häufiger Kündigungsgrund ist die Arbeitsverweigerung. Von daher hinterfragen Sie genau, welche Tätigkeiten oder welche Art von Tätigkeiten Sie erbringen müssen. Weiterhin ist es erforderlich, dass Sie Ihren Verantwortungsbereich kennen, Ihre Weisungsbefugnis aufgeführt wird oder Sie Ihr zu verantwortendes Budget kennen. Im Arbeitsvertrag sollte Ihre genaue Berufsbezeichnung aufgeführt sein, und ein bis zwei Sätze sollten Ihren Aufgabenbereich beschreiben.

Zum Beispiel:
Frau Muster wird als Gebietsverkaufsleiterin Produktgruppe X eingestellt. Ihre zu betreuende Region umfasst das Gebiet NRW und Niedersachsen.

Frau Muster erklärt sich bereit, vertretungsweise auch andere Regionen innerhalb von Deutschland zu betreuen.

Hier ist eine relativ genaue Definition gegeben und auch eine mögliche Abweichung der eigentlichen Tätigkeit ist aufgeführt.

Für den Fall, dass eine Stellenbeschreibung oder eine Funktionsbeschreibung vorhanden ist, kann auch im Arbeitsvertrag darauf verwiesen werden, etwa wie:

Bez. der Aufgabeninhalte wird auf das jeweils aktuelle Stellenprofil verwiesen.

Vorsicht bei der Formulierung: „*jeweils aktuelle*". Hier sollten Sie angeben, dass Sie im Arbeitsvertrag auf das aktuell gültige Stellenprofil vom Tag Ihrer Einstellung verweisen möchten.

Unternehmensinterne Richtlinien
Es empfiehlt sich, dass Sie sich die aktuell gültigen Richtlinien des Unternehmens aushändigen lassen und dass im Arbeitsvertrag darauf verwiesen wird.

Gerade große Unternehmen haben Richtlinien, welche die Nutzung von sozialen Netzwerken, die Nutzung von Internet, Dienstwagenregelungen, Überlassungsvereinbarungen von Smartphone oder Notebook, Homeofficenutzung etc. regeln.

Auch bestehen oft Stellenprofile oder Funktionsbeschreibungen, welche als Anhang zu einem Arbeitsvertrag ausgehändigt werden.

Prüfen Sie, ob Sie alle Richtlinien erhalten haben und ob diese auch im Arbeitsvertrag aufgeführt wurden.

4.2 Das Allgemeine Gleichbehandlungsgesetz (AGG)

Das Allgemeine Gleichbehandlungsgesetz (AGG) ist das einheitliche zentrale Regelungswerk in Deutschland zur Umsetzung von vier europäischen Antidiskriminierungsrichtlinien. Es trat am 18. August 2006 in Kraft.

Mit diesem Gesetz wurde auch in Deutschland ein Gesetz geschaffen, das den Schutz vor Diskriminierung aus rassistischen Gründen oder wegen der ethnischen Herkunft, des Geschlechts, der Religion oder Weltanschauung, einer Behinderung, des Alters oder der sexuellen Identität durch Unternehmen oder Personen (z. B. Arbeitgeber, Vermieter, Anbieter von Waren und Dienstleistungen) umfassend regelt.

Primäre Inhalte des AGG
- Geschlecht
- Rasse oder ethnische Herkunft
- Religion und Weltanschauung
- Behinderung
- Alter
- Sexuelle Identität

Das Gesetz enthält Rechte und Pflichten für Arbeitgeber gleichermaßen wie für Arbeitnehmer. Der gesamte Bewerbungsprozess, beginnend mit der Stellenausschreibung, muss diskriminierungsfrei gestaltet sein. Bei bestehenden Arbeitsverhältnissen haben Arbeitnehmer Anspruch auf Schutz vor Benachteiligungen. Sie können Schadensersatz oder Entschädigung verlangen und sich bei den Arbeitgebern über Benachteiligungen beschweren. Dafür muss in allen Betrieben eine entsprechende Beschwerdestelle eingerichtet werden, über deren Existenz alle Beschäftigten informiert sein müssen.

Arbeitgeber müssen dafür sorgen, dass Diskriminierungen unterbleiben. Darüber hinaus sind sie verpflichtet, gegen Mitarbeiter vorzugehen, die andere Kollegen diskriminieren. Die möglichen Maßnahmen reichen dabei von einer Versetzung über eine Abmahnung bis hin zur Kündigung. (vgl. Antidiskriminierungsstelle des Bundes o. J.)

Die AGG im Bewerbungsprozess
Neben der Vermeidung von den oben aufgeführten Ungleichbehandlungen ist auch die Dokumentation und Archivierung des gesamten Bewerbungsvorgangs verpflichtend. Beginnend von der Stellenausschreibung über das Vorstellungsgespräch bis zum Auswahlprozess und den Entscheidungsgründen für Ablehnungen oder Einstellungen. Somit haben Sie im Fall einer Ablehnung das Recht zu erfahren, weshalb Sie für eine Position einen ablehnenden Bescheid erhalten haben. Das Unternehmen ist verpflichtet, diese Auskunft zu erteilen und muss eine entsprechende Dokumentation führen.

Die Stellenausschreibung und die AGG
Stellenausschreibungen müssen grundsätzlich „geschlechtsneutral" formuliert sein.

Oftmals wird in einer Stellenausschreibung nur die Funktionsbezeichnung (Geschäftsleitung, Abteilungsleitung, Sachbearbeitung, Verkauf) verwendet. Anderenfalls müssen alle geschlechtlichen Formen genannt werden (männlich/weiblich/divers). Auch sind Altersangaben wie „jung und dynamisch" nicht gestattet. Somit muss bei einer Stellenausschreibung zunächst grundsätzlich jeder Mensch berücksichtigt werden.

Wenn eine Vakanz zwingende fachliche Anforderungen mitbringt, wie ausgezeichnete Englischkenntnisse, da der Einsatz zum Beispiel im Ausland erfolgt, sind solche fachbezogenen Einschränkungen zulässig.

Somit können Ungleichbehandlungen zulässig sein, wenn wesentliche berufliche Gründe dies erfordern, § 8 AGG.

In Betracht kommt etwa die Erfordernis spezieller Sprachkenntnisse (besonders in den Bereichen Import/Export, Einkauf, Vertrieb etc.) oder auch bestimmte körperliche Voraussetzungen für einzelne Berufsgruppen (volle Sehkraft und gesundes Gehör für Piloten, körperliche Belastbarkeit im Gerüstbau oder für die Forstarbeit oder auch für bestimmte Tätigkeiten im Sicherheitsbereich – etwa Geldboten oder Personenschützer). Dies gilt jedoch nur, soweit diese Voraussetzungen gerade für die bestimmte Stelle erforderlich sind. Auch ist die notwendige berufliche Erfahrung ein Faktor, der in einer Stellenausschreibung genannt werden darf.

Somit kann sich grundsätzlich jeder Mensch auf eine Stellenausschreibung bewerben, natürlich muss die fachliche Eignung gegeben sein.

Das Bewerbungsgespräch und die AGG
Im Bewerbungsgespräch geht es darum, die Eignung für eine Vakanz zu ergründen. Daher müssen sich Fragen auf die berufliche Qualifikation beziehen und sollten sich zwingend am Stellenprofil orientieren.

Zum einen spielen dabei objektive Kriterien, wie Schulnoten, Ausbildung, Berufserfahrung oder Sprachkenntnisse sowie spezielle fachliche Kenntnisse wie der Umgang mit spezieller Software, eine Rolle.

Zudem fallen oftmals auch subjektive Elemente ins Gewicht, wie die Gründe für einen Arbeitgeberwechsel oder weshalb möchte ein Bewerber in einem bestimmten Unternehmen oder einem speziellen Bereich oder einer Branche tätig sein? Weiterhin ist der persönliche Eindruck entscheidend, wie Höflichkeit oder der persönliche Auftritt (unsicher, arrogant, geschwätzig oder wortkarg).

Fragen nach Merkmalen, die mit unzulässigen Kriterien in Zusammenhang stehen und somit das AGG direkt betreffen, sind unzulässig (vgl. Scheibig und Börner o. J.):

- Alter oder Geburtsdatum
- Schwangerschaft
- Familienplanung
- Sexuelle Ausrichtung oder Orientierung
- Glaube
- Mitgliedschaft in einer Partei oder Gewerkschaft
- Etwaige Behinderung oder einem Schwerbehindertenausweis
- Zugehörigkeit zu einer Religionsgemeinschaft oder Weltanschauung

Das Absageschreiben
Damit möglichst keine Angriffsfläche für etwaige juristische Streitigkeiten gegeben wird, sind die Unternehmen fast ausnahmslos dazu übergegangen, ein Absageschreiben möglichst inhaltsleer zu formulieren. Häufig kommen dabei Formulierungen wie:

"Wir haben uns für einen anderen Bewerber entschieden und müssen Ihnen daher leider absagen."

"Wir konnten Sie bei dem Auswahlprozess nicht weiter berücksichtigen und wünschen Ihnen für den weiteren beruflichen Weg nur das Beste."

"Das Ergebnis der Absage bezieht sich ausschließlich auf die ausgeschriebene Position und stellt keinesfalls Ihre Qualifikationen in Frage. Wir bedauern es, Ihnen dieses Mal keinen positiven Bescheid zukommen lassen zu können".

Auch werden in der Regel telefonisch keine genauen Angaben zum Absagegrund erteilt.

Das ist meiner Meinung nach ein großer Nachteil, welcher das AGG mit sich gebracht hat, da leider oftmals ein Kandidat nicht weiß, weshalb eine Absage erteilt wurde. Nur wer seine Fehler und Schwächen kennt, kann an sich arbeiten, diese Informationen werden jedoch fast kaum noch kommuniziert.

4.3 Die Datenschutz-Grundverordnung (DSGVO)

Seit dem 25. Mai 2018 gilt in Deutschland die Datenschutz-Grundverordnung (DSGVO) der Europäischen Union (EU). Durch dieses EU-Recht wurden unmittelbar das bis dahin geltende Bundesdatenschutzgesetz (BDSG a. F.) und die EU-Datenschutzrichtlinie (Richtlinie 95/46/EG), auf der das BDSG basierte, abgelöst. (vgl. Datenschutz-Grundverordnung o. J.)

Das Ziel der DSGVO besteht darin, dass die Rechte und Kontrollmöglichkeiten von Personen gestärkt werden, deren personenbezogene Daten verarbeitet werden, dazu zählen auch Bewerber.

Diese Rechte haben Sie als Bewerber
Durch die DSGVO haben Sie bestimmte Rechte in Bezug auf Ihre Daten, welche den jeweiligen Unternehmen vorliegen.

So haben Sie jederzeit das Recht auf Auskunft über die jeweils verarbeiteten personenbezogenen Daten. Außerdem können sie die Berichtigung oder Löschung der Daten sowie die Einschränkung der Verarbeitung von bestimmten Daten verlangen. Bei dem jeweiligen Datenschutzbeauftragten können sie zudem auch vollständig der Verarbeitung Ihrer Daten widersprechen.

Eingangsbestätigung Ihrer Bewerbung
Nach den Bestimmungen der DSGVO haben Sie als Bewerber das Recht zu erfahren, dass und wie eine Datenverarbeitung erfolgt.

Die Eingangsbestätigung, welche auf Ihre Bewerbung zu erfolgen hat, sollte folgende Punkte beinhalten (vgl. Wilde Beuger Solmecke Rechtsanwälte Partnerschaft mbB o. J.):

- Name und Kontaktdaten des Unternehmens sowie den Ansprechpartner.
- Falls das Unternehmen über einen Datenschutzbeauftragten verfügt, sollten dessen Kontaktdaten benannt sein.
- Der Zweck muss erwähnt werden, weshalb die Verarbeitung der personenbezogenen Daten erfolgt. In der Regel: (Datenverarbeitung für Zwecke des Beschäftigungsverhältnisses).
- Wer bzw. welche Abteilung Zugang zu den Daten hat.
- Die Dauer, für die die personenbezogenen Daten gespeichert werden oder, falls dazu seitens des Unternehmens keine Angabe erfolgen kann, da beispielsweise die Dauer des Bewerbungsprozesses nicht absehbar ist, die Hintergründe und Kriterien für die Festlegung dieser Dauer. Eine Ausnahme kann für die Kandidatenpools von Personalberatungen oder größerer Unternehmen gelten, welche dauerhaft Positionen besetzen. Hier stimmen die Bewerber in der Regel zu, dass persönliche Daten aus ihrer Bewerbung auch dauerhaft verwendet werden dürfen – sollte etwa zu einer späteren Zeit eine passende Stelle frei werden.
- Bezüglich der Dauer der Speicherung von personenbezogenen Daten sollten Sie auf jeden Fall die Möglichkeit erhalten, diese zu bestätigen und somit zu genehmigen.
- Der Hinweis, dass die übermittelten Daten ausschließlich zur Abwicklung der Bewerbung verarbeitet werden.
- Der Hinweis auf die oben aufgeführten Rechte.
- Der Hinweis auf das Beschwerderecht bei der Aufsichtsbehörde. Aufsichtsbehörden sind die Datenschutzbehörden der Länder.

Die DSGVO in sozialen Netzwerken
Social-Media-Plattformen (siehe Abschn. 2.1) und der Datenschutz sind nur schwer vereinbar, da diese Plattformen auch ein Stück weit der Selbstdarstellung dienen. Die Privatsphäreeinstellungen der jeweiligen Plattformen sind daher äußerst wichtig, um den Datenschutz bei sozialen Netzwerken so gut wie möglich zu gewährleisten. Daher empfehle ich hier genaueste Beachtung bei der Bearbeitung oder Erstellung Ihres Profils. So können Sie durch einen sorgfältigen Anmeldeprozess eventuelle Datenschutzprobleme von vorneherein ausschließen.

- Vergeben Sie für jedes Netzwerk (XING, LinkedIn, Facebook, Twittter ...) eine separate E-Mail-Adresse.
  Dies bedeutet natürlich einen höheren Aufwand, da die Mailadressen entsprechend gepflegt werden müssen (z. B. Passwort). Jedoch erhöht dieses den Schutz vor Missbrauch und Ihre Datensicherheit deutlich, zudem können Sie diverse Mailadressen umsonst beantragen, wie z. B. gmail.com, web.de, gmx.de.
- Wenn Sie eine bestimmte Plattform nur privat nutzen möchten, besteht auch die Möglichkeit, mit einem Pseudonym zu agieren. Denn auch im privaten Leben trennen Sie ja in der Regel Geschäftliches und Privates voneinander.

Literatur

Antidiskriminierungsstelle des Bundes (o. J.) Das Allgemeine Gleichbehandlungsgesetz (AGG). https://www.antidiskriminierungsstelle.de/DE/Themen-UndForschung/Recht_und_gesetz/DasGesetz/dasGesetz_node.html. Zugegriffen am 09.07.2020

Datenschutz-Grundverordnung (o. J.) EU-Datenschutz-Grundverordnung (EU-DSGVO) (27.04.2016).

Scheibig B, Börner F (o. J.) AGG bei Stellenausschreibungen und Bewerbungsverfahren. https://www.ihk-wiesbaden.de/recht/rechtsberatung/personal/auswirkungen-des-gleichbehandlungsgesetzes-agg-auf-stellenaussc-1255690. Zugegriffen am 10.07.2020

Wilde Beuger Solmecke Rechtsanwälte Partnerschaft mbB (o. J.) Die EU-Datenschutzgrundverordnung (DSGVO) – ein Überblick. https://www.wbs-law.de/it-und-internet-recht/datenschutzrecht/dsgvo/. Zugegriffen am 11.07.2020

5

Ziel erreicht: die ersten Tage …

Zusammenfassung Hier werden die Probezeit und die ersten Tage im Unternehmen beleuchtet. Besteht ein Einarbeitungsplan? Werden in gewissen Abständen Feedbackgespräche geführt? Welches Verhalten ist sowohl als neuer Mitarbeiter aber auch als Führungskraft angebracht? Welche Informationen liegen zu Beginn der neuen Tätigkeit vor?

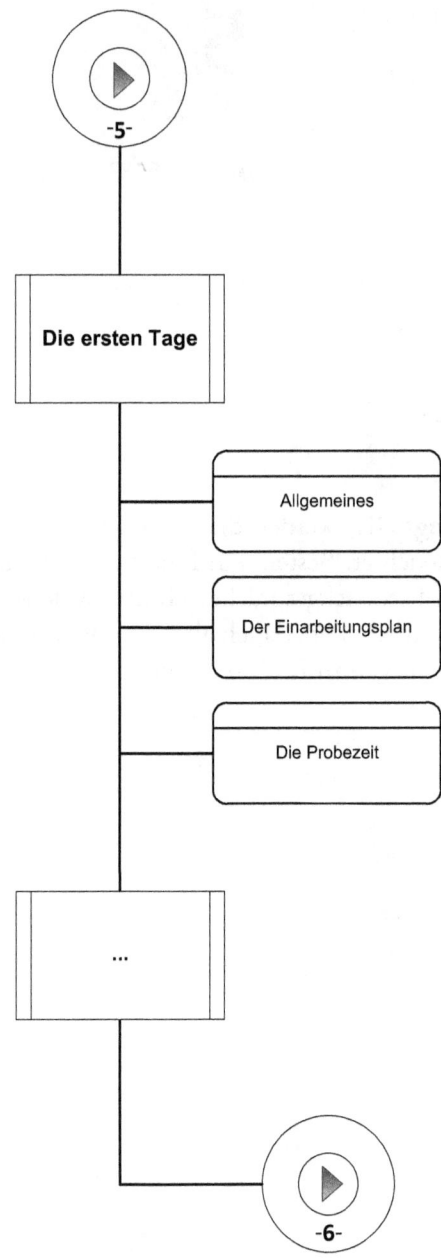

Veränderungen sind nicht einfach und teilweise sehr nervenaufreibend. Das haben Sie sicherlich in den letzten Monaten nach der aufwendigen Jobsuche feststellen müssen. Das Bewerbungsverfahren haben Sie mit Bravour gemeistert, sonst wären Sie jetzt nicht da, wo Sie sind.

Und schon wartet die nächste Hürde auf Sie: Der erste Arbeitstag. Damit dieser entsprechend positiv verläuft, einige Tipps:
Legen Sie sich bereits am Vorabend die passende Kleidung zurecht.

Schnappen Sie sich Ihre Notizen zum Bewerbungsgespräch und frischen Sie die Informationen rund um die Branche, über das Unternehmen, Ihr Team, die Aufgaben und Zielsetzungen auf. Zudem lohnt sich der Blick ins Internet, um die aktuelle politische Lage oder aktuelle Branchennews zu verinnerlichen.

Somit haben Sie einen aktuellen Überblick über wesentliche Inhalte und Neuigkeiten.

Erarbeiten Sie den Anreiseweg und planen Sie ein wenig Zeitpuffer ein, zum Beispiel, um eine mögliche Parkplatzsuche oder Behinderungen durch Baustellen zu berücksichtigen. Fahren Sie den Arbeitsweg am besten an einem normalen Wochentag probeweise ab, um zu prüfen, wie viel Zeit Sie benötigen.

Wissen Sie, wer Ihr Ansprechpartner am ersten Tag ist? Falls nicht, informieren Sie sich bei der Personalabteilung vorab, an wen Sie sich am ersten Tag wenden sollen.

Wenn Sie am ersten Tag Ihren neuen Kollegen oder dem neuen Team vorgestellt werden, dann bleiben Sie zurückhaltend und höflich. Kommunizieren Sie nicht ausschweifend, halten Sie bitte keine großen Monologe. Beantworten Sie präzise und ohne Ausschmückungen die Fragen Ihrer neuen Kollegen.

Lästern Sie vor allem nicht über vorherige Arbeitgeber, halten Sie sich mit privaten Informationen zurück, stellen Sie Fragen zum Ablauf und zum Unternehmen, zur einzusetzenden Software oder zur allgemeinen Organisation. Machen Sie sich sichtbar Notizen, das signalisiert, dass Sie die erhaltenen Informationen für wichtig erachten.

Die ersten 100 Tage im Unternehmen führen dazu, dass Sie als Arbeitnehmer einen maßgeblichen Stempel Ihrer Persönlichkeit bei den Kollegen, Ihrem Team, den Kunden oder Lieferanten und natürlich bei Ihren Vorgesetzten hinterlassen. Mit der entsprechenden Vorbereitung und der

Beachtung einiger Hinweise werden diese Tage einen nachhaltig positiven Eindruck hinterlassen, sodass die Probezeit einen guten Verlauf nimmt.

Auch der Arbeitgeber hat bestimmte Vorbereitungen zu treffen. Achten Sie daher auch darauf, wie sich Ihr neues Unternehmen auf Sie vorbereitet hat.

Organisatorisches
Sind alle vertraglichen Themen geklärt?

Haben Sie alle notwendigen Unterlagen (Lohnsteuerkarte, Sozialversicherungsnummer etc.) für den Arbeitgeber vorbereitet?

Liegen Ihnen die relevanten wichtigen Informationen des Unternehmens (z. B. Merkblatt über mitzubringende Unterlagen, Verpflichtungserklärung, Betriebsordnung etc.) vor?

Haben Sie die notwendigen Informationen über den Arbeitsbeginn am ersten Arbeitstag?

Wo erfolgt ggf. die Ausgabe von Betriebs- und Parkausweis?

Ist Ihr Arbeitsplatz, z. B. Ihr Büro, bezugsfertig, stimmt die Einrichtung, wurden PC, Telefon etc. vorbereitet, werden Kennwörter übergeben?

Gibt es einen Einarbeitungsplan? Wurde ggf. ein Pate für Sie festgelegt?

Der Einarbeitungsplan
Der Einarbeitungsplan ist ein zentrales Instrument zur Sicherstellung einer erfolgreichen und effizienten Einarbeitungsphase und sollte folgende Kriterien berücksichtigen:

- Einführungsgespräch
- Information über den Verlauf der Einarbeitungsphase
- Ggf. Übergabe der Arbeitsunterlagen
- Kennenlernen wichtiger Ansprechpartner/Vorstellungsrunde
- Kennenlernen allgemeiner Prozesse und Abläufe
- Tätigkeitsinhalte
  Einarbeitung in die wichtigsten Aufgaben der Funktion mit Zeitplan/Milestones

(Bis wann sollen Sie in der Lage sein, welche Aufgaben eigenständig zu übernehmen?!?)
Wie wird ggf. die Einbindung in laufende Projekte sichergestellt?

Die Probezeit
Nutzen Sie die ersten Tage, um Organisation und Abläufe kennenzulernen und Ressourcen zu erkunden.
Sammeln Sie dabei so viele Informationen wie möglich. Verschaffen Sie sich einen guten Überblick über die Kollegen und die Schnittstellen.

- Kümmern Sie sich um Beziehungen, Erwartungen und Schlüsselpersonen.
- Ermitteln Sie (informelle) Spielregeln der Abteilung.
- Suchen Sie so viele Gelegenheiten wie möglich für Gespräche.
- Bedenken Sie: Der Erstkontakt bleibt besonders stabil haften.

Beachten Sie dabei, dass am Anfang jede Ihrer Handlungen eine hohe Symbolik hat bzw. diese in sie hineininterpretiert wird.
Orientierungs- bzw. Zwischengespräche sollten bewusst im Rahmen der Einarbeitungsphase durch Ihren Vorgesetzten eingeplant werden, um der Führungskraft und Ihnen einen Raum für Feedback zu geben und frühzeitig ein steuerndes Eingreifen in den Verlauf der Einarbeitungsphase/Probezeit zu ermöglichen.
Spätestens nach vier Wochen, je nach Länge der Probezeit (i. d. R. sechs Monate), ist ein erstes Orientierungsgespräch empfehlenswert.
Inhalte: erste Eindrücke und emotionale Befindlichkeiten abklären.
Spätestens nach der Hälfte der Probezeit ist ein Zwischengespräch angebracht. Wichtig ist hierbei die Rückkopplung zu den Eindrücken des Paten/Mentors (falls nicht identisch mit der Führungskraft, die das Gespräch durchführt); bei Bedarf auch mehrere Gespräche.
Inhalte: Details zum Aufgabengebiet, zur Position, zum Unternehmen, z. B.:

- Wie nehmen Sie Ihre Aufgaben bzw. Ihr Umfeld wahr?
- Wie werden Sie im Unternehmen gesehen?

Das Abschlussgespräch oder das Probezeitendgespräch sollte spätestens 14 Tage vor Probezeitende erfolgen. Dieses gibt Aufschluss über die weitere Zusammenarbeit und wird ggf. auf einem speziellen Probezeitbeurteilungsbogen dokumentiert.

Inhalte: Abschließende Beurteilung der Einarbeitung; der Integration ins Team; der Leistung. Es gibt weiterhin einen Ausblick auf die weitere Zusammenarbeit und ggf. weiterer Qualifikationsschritte.

Als neuer Chef
Als neue Führungskraft machen Sie keine Ankündigungen, keine großen Programme – stattdessen lernen, beobachten und fragen Sie.

- Vermeiden Sie es, jemandem zu sagen „wo es lang geht".
- Berücksichtigen Sie, dass neue Situationen bei vielen eine Verunsicherung auslösen.
- Definieren Sie Ihren persönlichen Standort und klären Sie die neue Rolle.
- Überdenken Sie alte (auch erfolgreiche) Verhaltensweisen und seien Sie bereit, neue auszuprobieren.
- Suchen Sie nach Verbündeten.
- Finden Sie die besten Mitarbeiter heraus und gewinnen Sie diese als Mitstreiter.
- Ermitteln Sie die strategischen Erfolgsfaktoren des Bereichs.
- Erkennen Sie Kompetenzen und Potenziale Ihrer Mitarbeiter und orientieren Sie die neuen Anforderungen an ihnen.
- Formulieren Sie klar die Schwerpunktaufgaben und berücksichtigen Sie diese im Rahmen Ihrer Zielvereinbarung.
- Treffen Sie klare Vereinbarungen am Ende der ersten 100 Tage.
- Treffen Sie erste sichtbare und spürbare Entscheidungen.
- Klären Sie Anforderungen, vereinbaren Sie Ziele und Entwicklungsschritte mit Ihren Mitarbeitern.
- Vereinbaren Sie ein gemeinsames Verständnis und Spielregeln der Zusammenarbeit.
- Erzielen Sie Erfolge, die für alle sichtbar und nützlich sind.
- Erkennen Sie eigene Entwicklungspotenziale und vereinbaren Sie Entwicklungsmaßnahmen mit Ihrem Vorgesetzten.

6

Zum Ende

Zusammenfassung Bildet den Abschluss dieses Buches und führt Sie wieder zurück an den Ausgangspunkt des Bewerbungsprozesses. Hier möchte ich zudem einen Denkanstoß liefern, sich einen beruflichen Wechsel im Vorfeld gut zu überlegen. Zu häufige Wechsel im Lebenslauf wirken nämlich nicht für jeden Personaler (ich kenne jedenfalls keinen) interessant, sondern häufig abschreckend. Es kommt ganz auf die Wechselmotivation an …

Geschafft, die neue Arbeit macht Spaß, die Vorgesetzten sind klasse, die Aufgaben anspruchsvoll, aber irgendetwas stört doch …

Vielleicht sollten Sie sich doch wieder neu orientieren?

Bitte bedenken Sie vor einer neuen Orientierung, Jobhopper sind nicht gerne gesehen. Ich kann Ihnen einige Beispiele von Menschen nennen, welche aufgrund der häufigen Wechsel kaum noch (z. B. für einen Personalberater) zu vermitteln sind.

Da gibt es zum Beispiel den 43-Jährigen, der mit seiner 20-jährigen Erfahrung 16 Stellen innehatte. Seine längste Station war einmal 1 Jahr und 7 Monate. Nach einer zweijährigen Arbeitslosigkeit unternimmt dieser den Versuch zur Selbstständigkeit, was bleibt ihm auch anderes übrig.

Natürlich machen einige kurze Stationen im Lebenslauf nicht sofort einen schlechten Eindruck. Wichtig ist jedoch, dass es auch Positionen gegeben hat, in denen Sie Standhaftigkeit unter Beweis gestellt haben.

Wechseln Sie daher nicht zu oft, denken Sie vor jeder neuen Bewerbung an Ihren Lebenslauf, auch wenn die Medien etwas anderes kommunizieren, wie etwa:

„Dass es in der heutigen Zeit schick ist zu wechseln, dass junge Menschen Erfahrung sammeln sollten …", klar, wenn die Wechsel im Rahmen bleiben.

Ich habe bisher in meiner über zehnjährigen Tätigkeit als Personalberater noch keinen Arbeitgeber, keinen Personaler, keine Führungskraft getroffen, die es gut fanden, wenn ein Kandidat jedes Jahr oder alle zwei Jahre wechselte.

Denken Sie immer auch an die Wirkung Ihres Lebenslaufes. Eine längere Station (ab und mehr als vier Jahre bei einem Arbeitgeber) signalisiert Werte wie Loyalität, Zuverlässigkeit, Verlässlichkeit und Vertrauenswürdigkeit.

Weiterhin empfehle ich Ihnen, dass Sie ein kleines Erfolgstagebuch Ihrer Arbeit führen. An welchen Projekten Sie mitgewirkt haben, welche Erfolge Sie erzielt haben, welche Sonderaufgaben erledigt wurden oder welche zusätzlichen Aufgaben Sie übernommen haben. Solche Aufzeichnungen sind dann für ein kommendes Arbeitgeberzeugnis hilfreich, und zudem haben Sie auch Anhaltspunkte für eine möglicherweise neue Bewerbung.

Solche Informationen können Sie dann auch in einem möglichen Anschreiben verwenden, dann unterfüttern Sie die wohlklingenden, nichtsagenden Aussagen am Anfang dieses Buches mit echten Fakten.

Auch wenn ich als Personalberater davon lebe, dass ein Kandidat wechselwillig ist, lassen Sie sich von äußeren Umständen und Aussagen anderer nicht beeinflussen, wechseln Sie wirklich nur dann, wenn es sich für **Sie** richtig anfühlt.

Zuletzt möchte ich daher noch eine Weisheit meiner Mutter ans Herz legen:

„Du weißt erst, was du hast, wenn du es nicht mehr hast."

Ich wünsche Ihnen viel Erfolg, und bleiben Sie gesund!

GPSR Compliance

The European Union's (EU) General Product Safety Regulation (GPSR) is a set of rules that requires consumer products to be safe and our obligations to ensure this.

If you have any concerns about our products, you can contact us on

ProductSafety@springernature.com

In case Publisher is established outside the EU, the EU authorized representative is:

Springer Nature Customer Service Center GmbH
Europaplatz 3
69115 Heidelberg, Germany

www.ingramcontent.com/pod-product-compliance
Lightning Source LLC
LaVergne TN
LVHW020329260326
834688LV00037B/938